国家卫

供药学、

U0503115

药品生产质量管理规范实用技术教程

YAOPIN SHENGCHAN
ZHILIANG GUANLI GUIFAN
SHIYONG JISHU JIAOCHENG

● 主编　张庆岭

郑州大学出版社

图书在版编目(CIP)数据

药品生产质量管理规范实用技术教程/张庆岭主编. —郑州:郑州大学
出版社,2013.8(2025.1 重印)
(国家中等职业教育创新教材)
ISBN 978-7-5645-1480-8

Ⅰ.①药… Ⅱ.①张… Ⅲ.①制药工作-质量管理-
中国-中等专业学校-教材 Ⅳ.①F426.7

中国版本图书馆 CIP 数据核字(2013)第 126863 号

郑州大学出版社出版发行
河南省郑州市高新技术开发区长椿路 11 号(450001)
发行部电话:0371-66966070
出版人:卢纪富
全国新华书店经销
河南龙华印务有限公司印制
开本:787 mm×1 092 mm 1/16
印张:14.5
字数:343 千字
版次:2013 年 8 月第 1 版   印次:2025 年 1 月第 3 次印刷

书号:ISBN 978-7-5645-1480-8   定价:35.00 元

本书如有印装质量问题,由本社负责调换

国家卫生职业教育创新教材

编审委员会

国家卫生职业教育创新教材
《药品生产质量管理规范实用技术教程》

作者名单

主　编　张庆岭

副主编　李　冬　李颖梅

编　者　李　冬　卫　峰　李雪雁

　　　　李颖梅　张庆岭　高　月

前　言

药品生产质量管理规范(以下用英文缩写 GMP)是在药品生产全过程中,用科学、合理、规范化的条件和方法来保证生产优良药品的一整套科学管理方法。其主要目的是使药品不仅通过检验证明达到质量要求,而且还要通过全面管理和严密监控获得预期质量。在国际上,GMP 已成为药品生产和质量管理的基本准则,是世界药品市场的准入证。2010 年 10 月 19 日经卫生部部务会议审议通过,新版GMP 予以发布,自 2011 年 3 月 1 日起施行。

随着医药经济的发展,医药生产领域规模不断扩大,许多医药专业的学生毕业后将从事药品生产工作。为了缩短从毕业到正式上岗的时间进程,让学生能更快更早地接触一线生产的实际,故编写本教程。

本教程在编写过程中,以 2010 年版 GMP 实施指南为指导,结合制药企业 GMP实施与认证指南,突出了实践性和可读性,体现了岗位需要(教材内容满足药品生产岗位实际需求,有利于学生建立对今后工作岗位的全面认识和把握,形成良好的工作思维和方法)、教学需要(教材内容满足教学需要,有利于教师"教"和学生"学",符合教学规律和学生的认知前提)和社会需要(教材内容符合国家职业资格认证考试或考核的知识和技能要求)。

本教程着重从 GMP 自身规范性比较强、实践性比较突出的特点出发,在编写体例上做出调整。理论部分按新版 GMP 章节走,每章都设计有"学习目标""法规解读""实例解析"。"学习目标"醒目地列在每章前面,使学生在学习之前,先明确目标、内容、重点,增强学习的主动性;"法规解读"紧紧围绕法规条文,结合学生的认知前提以及当前制药企业实际生产现状,主要介绍学生在本门课程中必须掌握的,在今后的工作岗位上要用到的知识理论和技能,以"适宜、够用、有针对性"为度;"实例解析"通过增加实际案例分析,模拟制药岗位进行探讨训练,训练学生对所学知识的综合应用。

实训部分是在教程后集中设计了实训指导。具体实训项目主要选择了影响药品质量的关键环节,从实施要点、规定、系统建立、管理以及确认几点出发,保证实训内容、过程与实际生产岗位的"零距离"对接。

本教程注重职业能力的培养和提高，理论联系实际，深入浅出，力求简明。在编写过程中参考了部分教材和有关著作，从中借鉴了许多有益的内容，在此向有关的作者和出版社一并致谢。本教程同时也得到了焦作卫生医药学校的大力支持，在此表示诚挚的感谢。

为了使教材更加贴近岗位生产，我们在编写形式上做了一些尝试。但由于编者水平有限、编写时间仓促，难免有不足和错误之处，敬请各位专家、同行及使用者及时提出修改意见及建议，以便进一步修改订正，更臻完善。

张庆岭

2013 年 3 月

目 录

第一章

概述

一、GMP 的概念

GMP 是英文名 good manufacturing practice 的缩写,中文译为"药品生产质量管理规范"。

GMP 是在药品生产全过程中,用科学、合理、规范化的条件和方法来保证生产优良药品的一整套科学管理方法。其主要目的是使药品不仅通过检验证明达到质量要求,而且还要通过全面管理和严密监控获得预期质量。在国际上,GMP 已成为药品生产和质量管理的基本准则,是国际贸易药品质量鉴证体制(certification scheme in the quality of pharmaceutical moving in international commerce)不可分割的一部分,是世界药品市场的准入证。

二、GMP 的由来

在人类社会发展的历史长河中,药物的发现与不断的发展,给人类带来了福音。特别是进入 20 世纪后,制药工业有了巨大的发展,同时也促进了药品贸易的发展,一种新上市的药品可以在很短的时间内销往全国,甚至到达世界各地。因此,药品的质量控制和质量保证也随之发生了根本的改变,个别企业在生产上发生的错误就有可能产生较之以前更为严重的后果。

在 20 世纪发生的多次较著名的药物灾难中,绝大多数都是全国性的,有些甚至是国际性的。特别是 20 世纪最大的药物灾难"反应停"事件,其严重后果激起了公众对药品监督和药品法规制定及执行的普遍、热切的关注,它使得人们在寻求药品的质量保证和在药品生产中应有规范的想法更为迫切。在此背景下,GMP 作为保证制药企业药品生产和质量的法规,便应运而生。美国率先于 1962 年修改了《联邦食品药品化妆品法》,1963 年美国 FDA(食品药物管理局)将原由美国坦普尔大学的 6 名制药专家专为制药工业进行质量管理所编写的"全面质量管理规范(GMP)"正式颁布成为世界上第一部 GMP。在实施过程中,又经过数次修订,可以说是至今较为完善、内容较详细、标准最高的 GMP。

三、世界各国 GMP 的现状

1969 年世界卫生组织(WHO)也颁发了自己的 GMP,并向各成员国家推荐,受到许多国家和组织的重视,经过三次的修改,也是一部较全面的 GMP。

1971 年,英国制定了《GMP》(第一版),1977 年又修订了第二版,1983 年公布了第三版,现已由欧共体 GMP 替代。

1972 年,欧共体公布了《GMP 总则》指导欧共体国家药品生产,1983 年进行了较大的修订,1989 年又公布了新的 GMP,并编制了一本《补充指南》。1992 年又公布了欧洲共同体药品生产管理规范新版本。

1974 年,日本以 WHO 的 GMP 为蓝本,颁布了自己的 GMP,现已作为一个法规来执行。

此外,德国、法国、瑞士、澳大利亚、韩国、新西兰、马来西亚及我国台湾等国家和地区,也先后制定了 GMP,到目前为止,世界上已有 100 多个国家和地区实施了 GMP 或准备实施 GMP。

四、我国 GMP 推行的过程

我国提出在制药企业中推行 GMP 是在 20 世纪 80 年代初,比最早提出 GMP 的美国,迟了 20 年。1982 年,中国医药工业公司参照一些先进国家的 GMP 制定了《药品生产管理规范(试行稿)》,并开始在一些制药企业试行。1984 年,中国医药工业公司又对 1982 年的《药品生产管理规范(试行稿)》进行修改,变成《药品生产管理规范(修订稿)》,经国家医药管理局审查后,正式颁布并在全国推行。1988 年,根据《药品管理法》,卫生部颁布了我国第一部《药品生产质量管理规范》(1988 年版),作为正式法规执行。

1991 年,根据《药品管理法实施办法》的规定,国家医药管理局成立了推行 GMP、GSP(药品经营质量管理规范的英文 good supplying practice 缩写)委员会,协助国家医药管理局,负责组织医药行业实施 GMP 和 GSP 工作。1992 年,卫生部又对《药品生产质量管理规范》(1988 年版)进行修订,变成《药品生产质量管理规范》(1992 年修订)。

1992 年,中国医药工业公司为了使药品生产企业更好地实施 GMP,出版了 GMP 实施指南,对 GMP 中的一些条文,作了比较具体的技术指导,起到比较好的效果。1993 年,国家医药管理局制定了我国实施 GMP 的八年规划(1993 年至 2000 年)。提出“总体规划,分步实施”的原则,按剂型先后,在规划的年限内,达到 GMP 的要求。1995 年,经国家质量技术监督局批准,成立了中国药品认证委员会,并开始接受企业的 GMP 认证申请和开展认证工作。1995 年至 1997 年,国家医药管理局分别制定了《粉针剂实施〈药品生产质量管理规范〉指南》《大容量注射液实施〈药品生产质量管理规范〉指南》《原料药实施〈药品生产质量管理规范〉指南》和《片剂、硬胶囊剂、颗粒剂实施〈药品生产质量管理规范〉指南和检查细则》等指导文件,并开展了粉针剂和大容量注射液剂型的 GMP 达标验收工作。

1998 年,国家药品监督管理局总结近几年来实施 GMP 的情况,对 1992 年修订的 GMP 再次进行修订,于 1999 年 6 月 18 日颁布了《药品生产质量管理规范》(1998 年修订),1999 年 8 月 1 日起施行,使我国的 GMP 更加完善,更加切合国情、更加严谨,便于药品生产企业执行。2001 年 2 月 28 日修订颁布的《中华人民共和国药品管理法》规定,药品必须按照 GMP 组织生产,并对监督实施办法和实施步骤提出具体细则和要求,规定到 2004 年年底,未通过 GMP 认证的药品制剂和无菌原料药生产企业将一律不准进行药品生产。

2009 年 5 月,国家在全国的部分地区展开调研,2009 年 7 月经过部分省的企业讨论,2009 年 9 月颁布征求意见稿,2009 年 11 月讨论修订,2009 年 12 月再次颁布征求意见稿,《药品生产质量管理规范》(2010 年版)于 2010 年 10 月 19 日经卫生部部务会议审议通过,并予以发布,自 2011 年 3 月 1 日起施行。

五、实施 GMP 的目的

1. 将人为的差错控制在最低的限度。

(1)在管理方面:质量管理部门与生产管理部门独立分设,相互监督;制定各部门职责;各生产工序严格复核;标明状态标志;规范记录并保管好记录;人员配备、培训教育和人员管理。

(2)在装备方面:各工作间要保持宽敞,消除妨碍生产的障碍;不同品种操作须有一定间距,严格分开。

2. 防止对药品的污染和降低质量。

(1)在管理方面:操作间清扫和设备清洗标准的制定与实施;对人员进行严格的卫生教育;操作人员定期体检;限制非生产人员进入工作间等。

(2)在装备方面:防止粉尘污染;操作间的结构及天花板、地面、墙壁等要求;对直接接触药品的设备、工具、容器等材质的要求;对洁净区进行尘埃粒子、浮游菌、沉降菌的检查,定期灭菌等。

3. 保证高质量产品的质量管理体系。

(1)在管理方面:质量管理部门独立行使质量管理职责;计量器具的定期校验;有计划合理的质量控制;批档案的建立及保存;留样观察;收集药品投诉信息,随时完善生产管理和质量管理。

(2)在装备方面:采用先进设备及合理的工艺布局;为保证质量管理实施,配备必要的实验、检验设备。

本规范的立法依据是《中华人民共和国药品管理法》《中华人民共和国药品管理法实施条例》。

本规范要求企业建立药品质量管理体系,质量管理体系(QMS)ISO 9001:2005 标准定义为"在质量方面指挥和控制组织的管理体系",通常包括制定质量方针、目标以及质量策划、质量控制、质量保证和质量改进等活动。强调药品质量首先是设计出来的,其次才是生产出来的,将质量管理从生产阶段提前到设计阶段,并将质量控制扩展到产品生命周期。(产品从最初的研发、上市直至退市的所有阶段——包括产品开发、技术转移、商业生产、产品终止等四个阶段的全过程。)并且在产品生命周期的不同阶段具有其相应的目标,企业应根据各产品阶段的具体目标,建立适合自身特点的质量管理体系,并持续改进。

　　本规范作为质量管理体系的一部分,是药品生产管理和质量控制的基本要求,旨在最大限度地降低药品生产过程中污染(在生产、取样、包装或重新包装、储存或运输等操作过程中,原辅料、中间产品、待包装产品、成品受到具有化学或微生物特性的杂质或异物的不利影响)、交叉污染(不同原料、辅料及产品之间发生的相互污染)以及混淆、差错等风险,确保持续稳定地生产出符合预定用途和注册要求的药品。

　　本规范执行的基础是企业必须执行《药品生产质量管理规范》的"诚信"要求。

　　本规范2010年10月19日颁布,2011年3月1日开始实施。

 习　题

　　1. GMP的中文含意是什么? GMP实施的目的是什么?

　　2. GMP立法的依据是什么?

　　3. 什么是药品质量管理体系?

　　4. 新版GMP什么时间开始实施?

第二章

质量管理

学习目标

1. 掌握 GMP 对质量控制的要求。
2. 熟悉质量风险管理的基本程序。
3. 了解药品生产企业的质量管理体系。
4. 了解质量保证与 GMP 的关系。

药品是特殊的商品,药品质量直接关系到人们的用药安全及生命健康,因此,药品质量管理是药品生产企业重要的工作之一。从原材料供应商的审计到产品的发运销售,质量管理活动贯穿始终,药品生产企业只有全方位、全过程、全员进行全面质量管理,才能确保药品的质量安全。由于药品质量的特殊性,药品生产企业在进行全面质量管理的同时,必须贯彻GMP 标准,实行 GMP 标准化的全面质量管理,只有这样,才能结合药品质量要求的特点,真正实施好全面质量管理,提高药品质量。

第一节　药品生产企业的质量管理体系

一、质量管理体系的建立

质量管理体系是为保证产品质量或服务质量满足规定的或潜在的要求而实施的质量管理,由组织机构、职责、程序、活动、能力和资源等构成有机整体。质量体系所包含的内容需要满足实现质量目标的要求。在药品生产企业建立健全完善的质量体系,是使其所生产的药品在质量、工作与服务质量达到最优化的重要手段。

(一)建立质量管理体系的先决条件

药品生产企业要想贯彻 GMP,建立质量体系,先决条件有以下两方面。

1.企业负责人的决心和决策。企业最高领导者应对建立质量体系有明确的认识,明确搞好这项工作对企业的生存和发展的意义,这样才能在建立体系过程中,克服困难,排除干扰,以达到建成质量体系的目标。

2.确定组织机构,以保证其阶段性的稳定。企业负责人应亲自主持审定企业现有的组织机构,对不适应的应该及时进行调整,在一定时期内,保证企业组织机构不再有较大的变更和调整,否则编制的体系文件就需要频繁地修改,质量活动也要相应地变动,从而影响质量体系的有效性。

(二)建立质量管理体系的目标

同自发形成发展起来的体系相比,主动建立的质量体系必须满足如下的目标:

(1)规定具体的质量方针和目标;

(2)强烈的顾客导向;

(3)为达到这些质量方针和目标所必须进行的所有活动;

(4)所有活动在组织范围内构成为一体;

(5)把质量任务明确分配给全体人员;

(6)特定的供应商控制活动;

(7)全面质量设备鉴定;

(8)规定质量信息的有效流动、处理及控制;

(9)强烈的质量意识和组织范围内积极的质量激励和培训;

(10)规定质量成本及质量绩效的标准及其衡量单位;

(11)纠正措施的有效性;

(12)对体系连续不断的控制,其中包括信息的前馈和反馈,成果分析以及与现有标准的比较;

(13)系统活动的定期审核等。

(三)质量管理体系的基本内容

(1)设计体系所选用或参照的标准;

(2)确定符合药品生产企业运行实际情况的质量环节;

(3)体系要素的选择;

(4)质量职能的确定和展开;

(5)调整和确定与质量职能相适应的组织机构;

(6)质量职能的分解;

(7)质量责任制;

(8)体系运行、审查和复审的必要程序;

(9)质量成本管理;

(10)质量体系文件。

上述10个基本内容,均应充分体现该药品生产企业的特点,现实中应结合该企业自身实际来设计和制定。

(四)质量管理体系的基本要求

建立和完善药品生产企业质量管理体系,要达到两个方面要求:一方面是要保证满足市

场与用户的需要;另一方面要使药品在全部生产活动过程中保证质量,并使之处于受控状态。具体来说:

(1)要把企业内部和必要的外部协作单位组织起来;

(2)要建立有效的管理机构网络和相应的规章制度、工作标准与考核体系;

(3)要明确规定各个部门的质量责任及权限;

(4)要运用科学管理方法,并形成信息反馈系统;

(5)要注意商流、物流、信息流畅通,以保证各职能部门管理的需要,并按照管理部门进行职能分解,使各级质量要素和各项质量活动都得到落实;

(6)药品生产企业的质量监控管理体系应由质检部门、生产车间、计量部门、仓储部门、供应部门和行政部门等组成。

二、质量管理体系的基础和依据

质量体系一般包括质量管理体系与质量保证体系。质量管理体系是指企业为了实施内部质量管理而建立的质量体系。为实施外部质量保证而建立的质量体系,即为质量保证体系。就 GMP 而言,药品生产企业质量体系的重点在于建立和健全质量管理体系。

(一)质量体系要素和质量职能分解

1.质量要素。质量要素即构成质量体系的主要因素,由总纲性要素、过程性要素和基础性要素组成。

(1)总纲性要素:这是质量体系的指导性要素,主要包括组织机构职责、质量成本管理、质量文件及质量审核等内容。

(2)基础性要素:即为达到质量体系总纲性要素的要求和保证过程性要素正常而规范的实施,使整个体系得以有效运转,必须确定相应的基础性要素。除了文件与记录之外,基础性要素一般包括:人员与奖惩、质量信息工作与改进、群众性质量管理活动、质量管理书面方法推广与应用。

(3)过程性要素:按实际的生产过程,从原材料采购、生产、销售到售后服务,包括生产前、生产中及生产后三个阶段的若干要素。

质量管理贯穿药品生产经营全过程。质量管理的流程如下:原材料和包装材料的采购(供应商的检查和收料检查)—原材料接收(取样、贴签和分析检验)—留验(合格和不合格批准、贴签、配料检验)—生产(卫生检查、投料检查、中间过程控制、收率计算)—包装(清场、物料检查、包装检查、卫生消毒控制)—留验库存(检验、批号检查、质量评定合格/不合格批准)—成品库存(贴签、发运检查)—销售(上市后检验、用户投诉和退货处理)。

总纲性要素和基础性要素是质量体系的核心。对由这些要素所构成的质量体系要进行有效性审核,要通过对企业内外环境的综合评价,根据标准进行度量。

2.质量管理网络。质量管理网络是指质量体系中质量组织与机构人员的分布系统,包括全面质量管理、药品质量管理的专职与群众性兼职质量管理等方面。其中全面质量管理网络包括企业全面质量管理领导小组(委员会)、质量管理机构、各部门全面质量管理小组及班组管理小组。药品质量管理网络包括企业质量管理、质量检验机构、基层专职检测、验收养护组织和有关人员。

3. 质量职能分解。企业质量职能的展开分解，必须是以质量系统为核心的展开。每一项职能对于各部门有不同程度的责任要求，而每项要素都要有若干级层次的展开，直至展开到具体的部门和个人。企业全员应分别承担各自应该承担的质量职能。

(二)质量管理体系的职能与运行

1. 质量管理体系的职能。

(1)组织准备：成立以企业负责人为组长的质量管理体系领导小组，制订质量管理体系的工作计划，开展宣传教育、骨干培训，提高对 GMP 的理解和认识水平。

(2)体系分析：调查企业职能分配现状，分析体系运行状况。

(3)质量职能分配：将选定的体系要素展开成质量职能和质量活动，企业最高领导者亲自主持会议，按"分配方案"对体系要素及其质量职能和活动进行分配，明确承担职能和活动的部门。

(4)编制质量体系文件：根据现有质量手段、质量制度、管理办法、质量记录目录，对照所确定的质量要素，编制新的质量体系文件明细表。

(5)建立质量体系：编制质量体系实施计划、药品质量管理及各项专业计划，正式发布质量文件，建立健全组织结构，配备人员与资源，编制相应的专业规范。

(6)学习和贯彻：组织全体员工学习和贯彻质量体系文件，有计划、有重点地开展质量活动，不断深化质量管理，提高管理水平。

2. 质量管理体系的运行。质量管理体系的运行是执行质量体系文件、实现质量目标、保持质量体系持续有效和不断改进优化的过程。质量体系的运行，要依靠体系组织结构的组织协调、质量监督、考核与信息反馈，并通过体系审核来实现。

(1)组织协调：药品生产企业质量管理的组织协调是在企业负责人的主持下，由综合管理部门(如企管办、全质办)与专业管理部门(如质管部门)具体负责进行的。组织协调的主要任务是组织实施质量体系文件，使各项质量活动在目标、分工、时间和联系方面协调一致，保持体系正常运行。

(2)质量监督：企业应组织外部与内部两个方面不同形式的质量监督，主要是符合性质量的监督。对监督中发现的问题，及时反馈，采取纠正措施。

(3)信息管理：企业应通过质量信息的良好流转和反馈来保证质量体系的正常运行，并以信息来促进相互联系，以保证体系的有效运转。

(4)质量体系审核与评审：企业定期进行质量体系审核、评审是保证质量体系有效运行与完善的手段。审核与评审不仅可以评价、确定体系的有效性，还可以对存在的问题采取纠正措施，以保证体系的持续有效。企业可以应用体系审核信息采取纠正措施或组织质量改进，提高体系运行的有效性；应用体系审核整改的信息进行考核，提高各部门贯彻体系文件的积极性；进行体系评审，应用评审信息采取纠正措施或组织质量改进。

三、质量管理体系有效性综合评价

(一)评价的意义与内容

药品生产企业质量体系建立并运行后，要对其适用性与有效性进行认证与评价。所谓质量体系认证,是指为确保产品(药品)、过程或服务完全符合有关的标准或技术规范而由第三方机构(包括认证的管理控制及检查机构)进行的证明(包括评定与注册)活动,其目的在于通过认证评定(包括咨询)和事后监督来证明质量体系符合并满足需求方对体系的要求,同时对质量管理能力给予证实。通过认证与评定,不仅可以为企业带来信誉,赢得顾客的信任;更主要的是由于建立了完善的质量体系,进一步提高和保证了产品(药品)质量,降低质量成本。评价企业质量体系是否适用与有效,具体的要看:质量要素选择是否完整、合理;质量文件是否得到贯彻;质量体系是否被全员接受;产品(药品)与服务是否满足用户需要,取得用户信任;企业与用户双方在成本、风险与效益上是否得到最佳统一。

(二)评价标准与方法

药品生产企业质量体系的评价标准,主要有两个方面。首先是整个质量体系的评价标准,既要符合国家或行业的有关质量体系标准,如 GMP 的规定要求,又要符合 ISO 9000 国际系列标准的原则要求。其次是具体的产品(药品)质量标准和工作、服务质量标准,其检验判定可以采用不同的形式,包括抽样试验、全数试验方式等。受试商品可抽自不同环节,也可通过分析企业已有各类产品(药品)的质量数据和用户反馈意见进行评价。工作、服务质量的评价,应按确定的质量要素,逐项对照有关规定和企业自定标准,进行综合评价。

标准指标的项目设置,可分为综合性指标与过程性指标两类。综合性指标包括全企业的主要经济指标(如总销售额、总利税、总费用)和综合管理目标[如方针目标实施、TQC(全面质量管理英文缩写)教育、QC(质量控制的英文缩写)小组活动等]。过程性指标应包含从原材料采购、药品生产、销售至售后服务各阶段的相关指标,还可包含相应的专业管理内容(如采购、生产、包装、仓储、运输、质量等)。所设指标要考虑其全面性、系统性、先进性、可行性与实用性。

质量体系有效性,一般可以按要素逐项分类评价或系数评价。比如分为好、较好、一般三个档次,计算前两类所占的比例。如以系数评价,则可以把各项系数累计平均,计算评价系数。具体的质量指标水平(包括商品、工作与服务质量指标)的评价,可以把各项指标实际水平累计平均计算。除了上述基本评价方法之外,也可以采用四象限评价法、雷达图评价法、质量成本分析法、价值分析法等。

第二节　质量保证

质量保证(quality assurance,QA)是质量管理体系的一部分。企业必须建立质量保证系统,同时建立完整的文件体系,以保证系统有效运行。

一、质量保证的概念

质量保证就是为使产品或服务符合规定的质量要求,并提供足够的置信度所必须进行的一切有计划的、系统的活动。质量保证也可以理解为使人们确信某一产品、过程或服务的质量所必需的全部有计划有组织的活动。也可以说是为了提供信任表明实体能够满足质量要求,而在质量体系中实施并根据需要进行证实的全部有计划和有系统的活动。

药品质量保证就是按照一定的标准生产产品的承诺、规范、标准。由国家药品监管部门提供药品质量技术标准,提供药品生产过程标准如 GMP,客户也可以提供类似的标准,药品生产企业按照标准组织生产药品,药品监管部门和客户对产品进行必要的检验,对生产现场进行必要的考察,以保证产品的质量符合社会大众的要求。

为使药品监管部门和客户确信企业能满足质量要求,而在质量体系中实施并根据需要进行证实的全部有计划、有系统的活动,称为质量保证。显然,质量保证一般适用于有合同的场合,其主要目的是使用户确信产品或服务能满足规定的质量要求。如果给定的质量要求不能完全反映用户的需要,则质量保证也不可能完善。

质量保证分为内部质量保证和外部质量保证,内部质量保证是企业管理的一种手段,目的是为了取得企业领导的信任。外部质量保证是在合同环境中,供方取信于需方信任的一种手段。因此,质量保证的内容绝非是单纯的保证质量,更重要的是通过对那些影响质量的质量体系要素进行一系列有计划、有组织的评价活动,为取得企业领导和客户的信任而提出充分可靠的证据。

图 2-1 中正方形表示全部质量管理工作。要开展质量管理,首先应制定质量方针,同时进行质量策划、设计并建立一个科学有效的质量体系。而要建立质量体系,则应设置质量管理组织机构,明确其职责权限,然后开展质量控制活动和内部质量保证活动。质量控制活动是作业技术和活动,而内部质量保证活动则是为了取得企业领导的信任而开展的活动。两者之间用虚 S 形分开,说明这两种活动是很难明显区分开来的,而大小虚圆则是表示圆形内的活动和工作都是质量管理。如用实圆就是把它们与质量管理割开了。

弧形斜线部分表示外部质量保证活动,它是在合同上或法规中有质量保证要求时才发生的。这种外部质量保证活动的开展,是为了取得客户的信任。而弧形部分覆盖在方形上,则形象地说明了外部质量保证只能建立在企业内部质量管理的基础上,也就是说,质量保证体系应建立在质量管理体系基础上。离开质量管理和质量控制,就谈不上质量保证。离开质量管理体系,也就不可能建立质量保证体系。

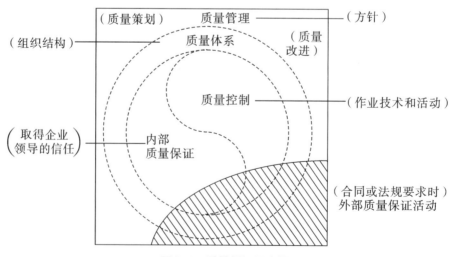

图 2-1　质量保证示意图

二、质量保证与质量控制和 GMP 的关系

质量保证是一个广义的概念,包括影响产品质量的所有个别或综合因素,指为确保产品符合预定质量要求而采取的所有计划与活动的总和。因此,质量保证包含 GMP 以及 GMP 以外的其他要素,如产品的设计和开发。图 2-2 体现了质量保证体系在整个质量中的地位。

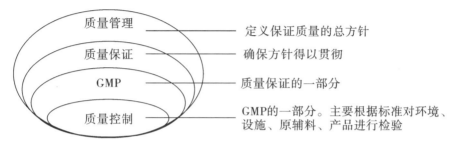

图 2-2　质量保证与 GMP 关系

由图 2-2 可见,质量保证包含质量控制,此外,质量保证还包括质量策划和质量改进。质量控制的责任是为质量保证提供法律依据和技术支持,着眼影响产品质量的过程控制,其工作重点在产品。而质量保证则着眼于整个质量体系,是系统地提供证据从而取得信任的活动。两者都以保证质量为前提。没有质量控制就谈不上质量保证。反之,质量保证能促进更有效的质量控制。质量保证包容了质量控制,质量控制是质量保证的基础,质量保证是质量管理的精髓。质量保证是对所有有关方面提供证据的活动,这些证据是确立内部和外部信任所需要的,表明质量职能在贯彻。

(一)质量保证系统的目的

对于药品生产企业和 GMP,其质量保证系统应当确保:

(1)药品的设计与研发体现 GMP 的要求。

(2)生产管理和质量控制活动符合 GMP 的要求。

(3)管理职责明确。

(4)采购和使用的原辅料和包装材料正确无误。

(5)中间产品得到有效控制。

(6)确认、验证的实施。

(7)严格按照规程进行生产、检查、检验和复核。

(8)每批产品经质量受权人批准后方可放行。

(9)在储存、发运和随后的各种操作过程中有保证药品质量的适当措施。

(10)按照自检操作规程,定期检查、评估质量保证系统的有效性和适用性。

(二)质量保证系统的基本要求

质量保证系统对药品生产质量管理的基本要求包括以下几个方面:

(1)制定生产工艺,系统地回顾并证明其可持续稳定地生产出符合要求的产品。

（2）生产工艺及其重大变更均经过验证。

（3）配备所需的资源，至少包括：具有适当的资质并经培训合格的人员；足够的厂房和空间；适用的设备和维修保障；正确的原辅料、包装材料和标签；经批准的工艺规程和操作规程；适当的储运条件。

（4）应当使用准确、易懂的语言制定操作规程。

（5）操作人员经过培训，能够按照操作规程正确操作。

（6）生产全过程应当有记录，偏差均经过调查并记录。

（7）批记录和发运记录应当能够追溯批产品的完整历史。

（8）降低药品发运过程中的质量风险。

（9）建立药品召回系统，确保能够召回任何一批已发运销售的产品。

（10）调查导致药品投诉和质量缺陷的原因，并采取措施，防止类似质量缺陷再次发生。

三、质量保证体系的构成

以浙江东亚药业有限公司（以下简称"浙江东亚"）的具体做法来说明质量保证体系的构成。

浙江东亚认为，一个产品从市场调查、研究设计到使用的全过程，一般分为设计过程、制造过程、辅助生产过程和使用过程四个阶段。因此，全面质量管理的质量保证体系基本上是由上述四个过程的质量保证体系构成的。

浙江东亚具体做法如下。

1. 建立设计过程的质量保证体系：设计质量靠"设计过程的质量控制"来保证。这是一项细致的工作。在这个阶段，浙江东亚的做法具体内容有设计计划、检验测试规范、设计评审、设计验证、试制鉴定和设计定型（包含工艺定型）、销售前的准备和设计更改等。

2. 优化生产过程的质量保证体系：包括工艺规范的制定；制造过程质量控制，即原材料质量控制和外购件验证、严肃工艺纪律、工序能力验证、工序验证与"首件三绘制"；验证状态的控制和不合格品的处理；检测和试验设备的控制；技术文件的控制；纠正措施；等等。

3. 完善辅助生产过程的质量保证体系。包括辅助材料的质量控制；工具的质量控制；设备质量控制；动力、水、暖、风、气的质量控制；运输养护中的质量控制等。

4. 重视使用过程中的质量保证体系的投入：浙江东亚在使用过程中的质量控制分为两部分，一部分是为"别人"（即顾客），另一部分是为"自己"（即企业）。为顾客应做的质量控制工作包括提供产品说明书，提供专用工具，做好市场保障工作等。为企业自身应做的质量控制工作如充分利用销售渠道，进行质量追踪，从而提高产品质量等。

第三节　质量控制

对于药品生产而言，质量控制包括相应的组织机构、文件系统以及取样、检验等，确保物料或产品在放行前完成必要的检验，确认其质量符合要求。

一、质量控制的概念和分类

质量控制（quality control, QC），即为达到质量标准所采取的作业技术和活动称为质量控制。也就是说，质量控制是为了通过监视质量形成过程，消除质量环节上所有阶段引起不合格或不满意效果的因素，以达到质量标准，获取经济效益，而采用的各种质量作业技术和活动。

现代质量工程技术把质量控制划分为若干阶段，在产品开发设计阶段的质量控制叫做质量设计。在制造中需要对生产过程进行监测，该阶段称为质量监控阶段。以抽样检验控制质量是传统的质量控制，被称之为事后质量控制。在上述若干阶段中最重要的是质量设计，其次是质量监控，最后是事后质量控制。对于那些质量水平较低的生产工序，事后检验是不可少的，但质量控制应是从源头治理，预防越早越好。事后检验控制要逐渐取消。事实上一些发达国家的企业已经取消了事后检验。综上所述，过程监控是产品质量源头控制的关键。

要保证产品质量，必须要加强对生产过程的质量控制。质量控制是为了达到质量要求所采取的作业技术和活动。其目的在于为了监视过程并排除质量环节所有阶段中导致不满意的因素，以此来确保产品质量。无论是中间产品还是最终产品，它们的质量都可以用质量特性围绕设计目标值波动的大小来描述。波动越小则质量水平越高。当每个质量特性值都达到设计目标值，即波动为零，此时该产品的质量达到最高水平。但实际上这是不可能的。所以我们必须进行生产过程质量控制，最大限度地减少波动。

对于药品生产企业，质量控制是 GMP 的一部分，涉及药品生产的整个过程的控制，从所用物料的购入、储存、发放到中间产品和成品，从设备的安装、维修、保养到各项卫生管理制度，从产品生产到产品销售与收回，从程序执行到各种记录形成，必须全面符合 GMP 的要求。质量控制主要包括内部控制和外部控制。

1. 外部控制是指 QA（质量保证的英文缩写）和 QC 指定专人定期对原料生产、供应商进行审核，制定审核的质量标准。购入原料前，QC 应按原料药质量标准对样品进行检验。原料购入后进行验收，抽样再进行检验，以确保所有指标和生产、供应商提供的质量证书相一致。按规定条件储存保管，并留出一部分作保留样。应按照储存条件的质量标准，对原料的质量稳定性进行评估，为确定原料储存期、药品有效期提供数据。建立各种原料药的档案，所有文件应留档备查。

2. 内部控制指 QA 负责检查各级部门日常各项记录，包括物料验收、生产操作、检验、发放、成品销售和用户投诉等的记录；厂房、设施和设备的使用、维护、保养、检修等的记录。发现问题，及时展开调查，部门负责人应协助 QA 的调查，详细记录调查过程和结果并采取必要措施，防止类似问题的再次发生。

二、质量控制的功能与程序

（一）质量控制的功能

1. 鉴别功能。根据技术标准、作业（工序）规程或订货合同、技术协议的规定，采取相应的检测、检验方法观察、试验、测量产品的质量特性,判定产品质量是否符合规定的质量特性要求。

2. 把关功能。通过严格的质量检验,剔除不合格品并予以"隔离",实现不合格原材料不投产,不合格的产品组成部分及中间产品不转序、不放行,不合格的产品不交付(销售、使用)。

3. 预防功能。对原材料和外购物料的进货检验,对中间产品转序或入库前的检验,既起把关作用,又起预防作用。前一个过程(工序)的把关就是对后一个过程(工序)的预防。通过过程(工序)能力的测定和控制图的使用以及对过程(工序)作业的首检与巡检都可以起到预防作用。

4. 报告功能。为了使质量管理部门及时掌握产品生产和服务提供过程中的质量状况,评价和分析质量控制的有效性,把检验获得的信息汇总、整理、分析后写成报告,为质量控制、质量考核、质量改进以及领导层进行质量决策提供重要的依据。

(二)质量控制实施的程序

(1)选择控制对象;

(2)选择需要监测的质量特性值;

(3)确定规格标准,详细说明质量特性;

(4)选定能准确测量该特性值的监测仪表,或自制测试手段;

(5)进行实际测试并做好数据记录;

(6)分析实际与规格之间存在差异的原因;

(7)采取相应的纠正措施。

当采取相应的纠正措施后,仍然要对过程进行监测,将过程保持在新的控制水准上。一旦出现新的影响因子,还需要测量数据分析原因进行纠正,因此这7个步骤形成了一个封闭式流程,称为"反馈环"。在上述7个步骤中,最关键的有两点:质量控制系统的设计和质量控制技术的选用。

三、GMP 对质量控制的要求

(一)要求

对于药品生产企业,结合质量控制的功能与实施的程序,GMP 对质量控制要求如下:

(1)应当配备适当的设施、设备、仪器和经过培训的人员,有效、可靠地完成所有质量控制的相关活动。

(2)应当有批准的操作规程,用于原辅料、包装材料、中间产品、待包装产品和成品的取样、检查、检验以及产品的稳定性考察,必要时进行环境监测,以确保符合本规范的要求。

(3)由经授权的人员按照规定的方法对原辅料、包装材料、中间产品、待包装产品和成品取样。

(4)检验方法应当经过验证或确认。

(5)取样、检查、检验应当有记录,偏差应当经过调查并记录。

(6)物料、中间产品、待包装产品和成品必须按照质量标准进行检查和检验,并有记录。

（7）物料和最终包装的成品应当有足够的留样,以备必要的检查或检验;除最终包装容器过大的成品外,成品的留样包装应当与最终包装相同。

（二）常用术语

（1）检测:指按照规定程序来确定给定产品的一种或多种特性进行处理或提供服务所组成的技术操作。

（2）检验:指按照规定程序,对产品的一种或多种特性进行处理(测量、检查、试验、计量),并将这些特性与规定的要求进行比较以确定其符合性的活动。

（3）样品检验:是样品质量检验的简称。它是在检测产品的一个或多个质量特性的基础上,确定每项质量特性合格情况的技术活动。

（4）抽样检验:按照规定的抽样方案,随机地从一批或一个过程中抽取少量个体(作为样本)进行的检验。在多数情况下,如破坏性检验,批量大、检验时间长或检验费用高的产品,就不能或不宜采用全数检验,此时抽样检验是一种有效方法。检验对象是一批产品,根据抽样结果应用统计原理推断产品批的合格与否。经过检验的接收批中仍然可能包含不合格品,不接收批中当然也可能包含有合格品,因此抽样检验是具有一定风险性的。

（5）检验批:是提交进行检验的一批产品,也是作为检验对象而汇集起来的一批产品。通常检验批应由同型号、同等级和同种类(尺寸、特性、成分等)且生产条件和生产时间基本相同的单位产品组成。

第四节　质量风险管理

2005 年 11 月 9 日,人用药品注册技术要求国际协调会议(ICH)发布了质量风险管理(ICH—Q9)指南文件,在国际上产生了巨大的影响,认为这个文件将制药行业的质量管理提升到了一个新的高度。该文件明确企业必须根据科学知识及经验对药品整个生命周期质量风险进行评估,并最终与保护患者的目标相关联。质量风险管理过程中,企业努力的程度、形式和文件应与风险的级别相适应。

一、质量风险管理概述

（一）质量风险管理定义

风险是指不确定性因素对目标的影响,通常表现为出现危害的可能性和严重性的综合结果。

药品质量风险管理(quality risk management,QRM)是指企业在实现确定目标的过程中(进行产品研发、生产、销售和使用等环节),系统、科学地将各类不确定因素产生的结果控制在预期可接受范围内,以确保产品质量符合要求的方法和过程。

（二）质量风险管理的意义

质量风险管理力求把风险导致的各种不利后果减少到最低程度,使之符合产品质量和服务质量的要求。风险质量管理是质量管理体系中的一个重要组成部分,在原料药、制剂、生物制品等产品的整个生命周期内,可以将质量风险管理应用于与药物质量相关的所有方面,包括原料、溶剂、赋形剂、包装材料和标签的使用、开发、生产、发放和检查及递交过程。在产品生命周期中的特定领域和关键过程的设计中,使用标准质量风险管理方法能够帮助我们主动识别并控制研发和生产过程中潜在的质量问题,进一步保证和加强产品、工艺和服务的质量。

二、质量风险管理的基本程序

质量风险管理的标准的程序化管理流程,包括风险评估、风险控制、风险沟通和审核等程序,持续地贯穿于整个产品生命周期。其中每个步骤的重要性会因不同的事件而有所区别,因此应在早期对风险进行确认并考虑如何进行风险管理,并根据从确定的风险管理程序中得到的事实证据(数据和信息)做出最终的决策。上述的标准流程可以在风险管理中作为参考流程加以应用,但是基于不同的事件,不同的风险管理模式也可以被相应地采纳。

作为一个概括性的风险管理流程,其标准程序一般可以分为四个部分,包括风险评估、风险控制、风险审核和风险沟通。风险沟通贯穿于整个风险管理过程,以下对四个概念分别进行概述。

(一)风险评估

风险评估(risk assessment)是风险管理过程的第一步,包括风险识别(risk identification)、风险分析(risk analysis)和风险评价(risk evaluation)三个部分。

1. 风险识别。风险识别是进行质量风险管理的基础,即首先系统地利用各种信息和经验来确认工艺、设备、系统、操作等过程中存在的风险,指出将会出现的问题在哪里。

2. 风险分析。风险分析是对已经被识别的风险及问题进行分析,进而确认将会出现问题的可能性有多大,出现的问题是否能够被及时发现以及造成的后果。通过分析每个风险的严重性和发生的可能性,对风险进行深入的描述,然后在风险评估中综合上述因素确认风险的等级。

3. 风险评价。风险评价是指根据预先确定的风险标准对已经识别并分析的风险进行评价,即通过评价风险的严重性和可能性从而确认风险的等级。在风险等级的划分中,可以对风险进行定量描述,用从0%～100%的可能性数值来表示。另外,也可以对风险进行定性描述,比如"高""中""低",它们所代表的意义需要用户进行准确的定义或尽可能详述的描述,以便于最后做出是否对该风险采取措施的决定。

(二)风险控制

风险控制(risk control)的目的是将风险降低到一个可以接受的水平。风险控制的实施一般包括风险降低(risk reduction)和风险接受(risk acceptance)两个部分。

1. 风险降低。风险降低是指针对风险评估中确定的风险,当其风险超过了可接受水平时,所应采取的降低风险的措施,具体包括降低危害的严重性和可能性,或者提高发现质量风险的能力。在实施风险降低措施的过程中,有可能将新的风险引入到系统中,或者增加了风险发生的可能性。因此,应当在措施实施后重新进行风险评估,以确认和评价可能的风险变化。

2.风险接受。风险接受是指在实施了降低风险的措施后,对残余风险做出是否接受的决定。对于某些类型的风险,即使最好的质量风险管理手段也不能完全消除风险,因此综合考虑各个方面的因素后,做出接受风险的决定。在这种情况下,我们可以认为已采取了最佳的质量风险管理策略并且质量风险也已经降低到了可以接受的水平,不需要采取更严格的措施。风险控制中的难点在于制定什么样的风险接受水平,这取决于特定情况下的众多因素以及人员的经验。一般来说,有两类事件的风险性质是没有争议的:一类风险是"高可能性,后果严重",对这类风险可以判定属于高风险立即采取措施;另一类风险是"低可能性,后果轻微",对这类风险我们可以立即判定属于低风险问题,可以在一定程度上接受这个风险。有两类事件的风险是容易引起争议的,即"高可能性,后果轻微"和"低可能性,后果严重"。这两类风险可以被理论上归类为中等级风险,但是否需要采取措施对风险进行控制与决策则和责任人员持有的立场、观点以及所处的环境紧密相关。这时,需要依靠和各个领域的专家沟通并尽可能地获取充分的数据和信息,对风险作最后的判定。

(三)风险审核

风险审核(risk review)即在风险管理流程的最后阶段,对风险管理程序的结果进行审核,尤其是对那些可能会影响到原先质量管理决策的事件进行审核。风险管理是一个持续性的质量管理程序,应当建立阶段性的审核检查的机制,审核频率应建立在相应的风险水平之上。

(四)风险沟通

在风险管理程序实施的各个阶段,决策者和相关部门对应该进行的程度和管理方面的信息进行交换和共享,即进行风险沟通(risk communication)。通过风险沟通,能够促进风险管理的实施,使各方掌握更全面的信息从而调整或改进措施及其效果。

三、质量风险管理的方法和工具

质量风险管理工具可以通过提供文件化的、透明的和可以重现的方法来进行质量风险管理并提供科学实用的决策依据。质量风险管理实施的严格程度和正式程度应该与所处问题的复杂性和严重性相一致,对于比较复杂或关键的问题,应考虑使用下面列举的一些标准的风险管理工具来实施质量风险管理。这些风险管理工具可以被认为是思考风险的方法,在运用中我们可以灵活借鉴或结合各种工具的优点,但不应局限于某种思维方式,从而帮助我们更全面地审查风险。

(一)简易风险管理方法

一些简单的方法常被用于建立风险管理结构,通过组织数据来促进分析和决策,常用的简易方法有:流程图、检查表、过程图、因果分析图等。

(二)非正式的风险管理方法

制药企业常常会使用各种经验化的方法对风险进行评估和管理,比如基于各种现象、趋势和其他信息的总结。这些方法也能够提供有用的信息来支持,如投诉、质量缺陷、偏差和资源分配的处理。

（三）危害分析和关键控制点

危害分析和关键控制点（hazard analysis and critical control points, HACCP）是一个系统性的、主动预防性的方法，用于保证产品质量的可靠性和安全性，它结构化地运用技术和科学原理去分析、评估、预防和控制产品生命周期中的风险或危害。危害分析和关键控制点包括如下7个步骤：

（1）进行危害分析并确定流程中每个步骤的预防措施。

（2）确定关键控制点。

（3）确定关键控制限度。

（4）建立关键控制点的监控系统。

（5）制定当监控系统显示关键点失控时所采取的纠正措施。

（6）建立用于证明危害分析和关键控制点系统有效运行的确认系统。

（7）建立记录保存系统。

HACCP可能会被用于确定和管理物理、化学和生物危害（包括微生物污染）相关的风险。当产品和工艺理解是足够广泛的，能支持关键控制点的确定的话，则危害分析和关键控制点是非常有用的。危害分析和关键控制点分析的输出结果是一种风险管理工具，它便于生产过程中对关键控制点的监控。

（四）危害和可操作性分析

危害和可操作性分析（hazard and operability study, HAZOP）的理论基础是假定风险是由设计或操作意图的偏差所引起的。它是一个使用"引导词"来标识风险的系统危险分析方法。"引导词"（如没有、更多、而不是、部分等）被用于相关参数（如污染、温度等）以帮助标明可能的使用偏差或设计意图偏差。HAZOP经常会组织一个团队，团队成员的专业知识涵盖工艺或产品设计及其应用。

HAZOP可能会被用于原料药或制剂的生产工艺、设备和厂房。它主要被制药企业用于工艺安全危害的评估。和HACCP类似，HAZOP分析的输出结果是风险管理的一系列关键操作。它有助于生产过程中关键控制点的日常监控。

（五）失败模式和影响分析

失败模式和影响分析（failure mode effects analysis, FMEA）方法是一个被广泛应用的方法，用于评估流程的潜在失败模式及其对目标或产品质量的可能影响。失败原因被确认后，可以采取相应措施将潜在的风险消除、降低或控制起来。其输出结果是每个潜在失败模式的相对风险程度"得分"，并按照得分进行重要性排序。可应用于设备、厂房、生产工艺分析以确定高风险步骤或关键参数。

（六）失败模式、影响和危害度分析

可对FMEA进行延伸，包括对后果的严重程度，各自的发生可能性和它们的发现能力，这样，FMEA就变成了失败模式、影响和危害度分析（FMECA）。为了进行这样的分析，应建立产品或工艺的质量标准。FMECA可以确定在什么地方可以采用合适的预防措施以减少风险。FMECA在制药行业内主要应用于生产工艺相关失败和风险，FMECA的输出结果是每一失败模式的相对风险"得分"，该"得分"被用于在风险基础上对这些模式进行排序。

（七）故障树

故障树（fault tree analysis，FTA）是一种描述事故因果关系的逻辑"树"，是安全系统工程中重要的分析方法之一。FTA 是一种图形演绎法，主要遵循从结果找原因的原则，将项目风险的形成原因由整体到部分按树枝形状逐级细化，分析风险及产生原因之间的因果关系。它用一定的逻辑关系符号表示顶事件、二次事件……底事件的逻辑关系，逻辑门的输入为"因"，输出为"果"。故障树分析是用于评估多个因素如何影响某一问题的很好方法。故障树分析的结果包括失败模式的视觉陈述和每个失败模式可能性的定量估计。它对于风险评估和监测程序开发都是很有用的。

（八）预先危害分析

预先危害分析（PHA）是应用以前在危害或失败方面的经验或知识去确定将来的危害、危险情况或可能引起危害的事情，并估计它们在某一具体活动，厂房、产品或系统内发生的可能性。PHA 可被应用于产品、工艺和厂房设计等方面，也可被用于评估基本产品类型、产品分类和特殊产品的危害类型。当几乎没有设计或操作规程方面的信息时，预先危害分析经常会被用于项目开发的早期阶段，因此，它经常作为进行进一步研究的铺垫。

（九）风险排序和过滤

风险排序和过滤是对风险进行比较和排序的工具。复杂系统的风险排序通常需要评估每个风险的多个不同定量因子和定性因子。这个工具是将一个基本的风险问题分解成所需要的多个组分，以抓住风险相关因子。这些因子被组合成一个相对风险得分以进行风险排序。"过滤器"以风险得分的加权因子（weighting factor）或截点（cut-off）的形式用于测量和确定管理或方针目的的风险排序。

（十）支持性统计工具

统计工具可以支持和促进质量风险管理。它们可以对数据进行有效的评估，也可以帮助确定数据集的重要性。以下是经常用于制药行业的一些主要统计工具。

（1）控制表：合格控制表（见 ISO 7966）、数学平均值和警告限的控制表（见 ISO 7873）、累积表（见 ISO 7871）、休哈特—常规控制图（见 ISO 8258）、加权移动平均法等；

（2）设备设计（DOE）；

（3）柱状图；

（4）佩尔托排列图等。

四、质量风险管理的案例分析

以下是安徽辉克药业有限公司（以下简称"辉克药业"）风险管理的做法。辉克药业的风险管理由企业质量管理部门和所聘请的该领域专家实施，所涉及的其他部门包括生产部门、工程部门和注册部门。风险管理措施的最终结果和结论需要通过质量管理部门的批准。在整个风险管理过程中，辉克药业认为风险评估是最重要的环节，需要由有经验的专家、技术人员和质量管理人员共同完成。风险管理工具被用于对已经识别的问题进行严重性和可能性分析，以辉克药业利用 FMECA（失败模式、影响和危害度分析）风险管理工具进行风险管理来举例说明。

　　案例背景:生产过程中设备清洁环节规定清洗程序如下,首先使用清洁剂清洁,再用纯化水进行最终清洗,清洁剂的选择标准依据说明书中标明的适用范围,清洁具体操作依靠操作人员的经验。

　　风险识别:对下个批次产品的潜在风险进行检测一是前一种产品的活性成分残留超标;二是清洁剂残留超标。

　　风险分析:因为活性成分残留的危害性比较大,辉克药业将其定义为严重危害,而清洁剂的残留相对危害较低,辉克药业把它的严重性定义为轻微。进一步分析发生风险的原因,可能是因为清洁剂不适用或者清洗时间不够。这里辉克药业将发生清洁剂的不适用的可能性定义为"中等",因为虽然说明书标明了适用范围,但结果没有经过验证、确认。

　　而清洗方法不当的可能性定义为"高",因为依靠操作人员的经验是不受控制行为,发生偏差的可能性很大。

　　因此,辉克药业将不同情况下发生的风险的严重性和可能性按照表2-1进行风险评价,即确认其风险级别,并进一步结合风险被发现的及时性(表2-2)对风险待处理的优先性作出判断,提出相应解决方案(表2-3)。

表2-1　风险级别评价表

风险的严重性	风险发生的可能性		
	高	中	低
严重	高等级风险	高等级风险	中等级风险
一般	高等级风险	中等级风险	低等级风险
轻微	中等级风险	低等级风险	低等级风险

表2-2　风险待处理优先级别评价表

风险的级别	风险被发现的及时性		
	很迟	稍后	立即
高等级	高优先级	高优先级	中优先级
中等级	高优先级	中优先级	低优先级
轻等级	中优先级	低优先级	低优先级

表2-3 风险评估表

风险识别			风险分析			风险评估			控制风险	接受风险
程序	子程序	可预见的失败模式	原因	严重性	可能性	风险级别	发现的及时性	待处理优先级别	措施	残余风险水平
使用清洁剂溶液清洗	活性成分残留		清洁剂不适用	严重	中	高等级	很迟	高优先	清洁验证	可接受
			清洗方法不当	严重	高	高等级	很迟	高优先	定SOP、培训	
使用纯化水冲洗	清洁剂残留		清洗方法不当	轻微	高	中等级	很迟	高优先	定SOP、培训	可接受

注:SOP即标准作业指导书的英文缩写。

 习 题

一、名词解释

质量体系　　质量保证　　质量控制　　风险　　药品质量风险

二、填空题

1. _____和_____是质量体系的核心。

2. 企业定期进行质量体系_____、_____是保证质量体系有效运行与完善的手段。

3. 质量体系运行是执行_____、实现_____、保持_____持续有效和不断改进优化的过程。

4. 质量控制的功能包括_____、_____、_____、_____。

5. 质量体系一般包括_____体系和_____体系,药品生产企业质量体系的重点在于建立健全_____体系。

6. 质量风险管理的基本程序包括_____、_____、_____和_____等程序。

三、问答题

1. 药品生产质量管理的基本要求是什么?

2. GMP对质量控制的要求有哪些?

3. 试述质量保证、GMP和质量控制之间的关系。

4. 试述质量管理体系有效性综合评价的意义。

5. 试述质量风险管理的意义。

第三章
机构与人员

学习目标

　　1.熟读法规原文。

　　2.知道企业负责人、生产管理负责人、质量管理负责人和质量受权人的职责。

　　3.掌握人员培训的目的、培训的对象、培训的课程、培训的形式、培训的内容、培训的时间、培训的原则、培训的考核与归档等。

　　4.牢固掌握人员卫生及工作服的卫生要求。

　　在GMP硬件、软件和人员这三大要素中,人是主导因素,软件是人制定、执行的,硬件是靠人去设计、使用的。离开高素质的"GMP人",再好的硬件和软件都不能很好地发挥作用。因此,人员素质是实施GMP的关键。

　　任何工作都是由人来完成的,对于人的管理与要求是执行好GMP的基础。人对GMP的理解、认识与态度是做好GMP工作的关键。执行GMP首先要解决人的认识问题,每一位员工都必须真正认识到不执行GMP就等于产品不合格。因此,本章的组织结构、人员职责与要求、人员素质与培训、GMP意识与态度、人员卫生等都是很重要的内容。

　　药品生产和质量管理的组织机构对保证药品生产全过程受控至关重要,企业应建立与药品生产相适应的管理机构,应当设立独立的质量管理部门,质量管理部门应当参与所有与质量相关的活动,并且不得将职责委托给其他部门的人员,并有组织机构图。适当的组织机构及人员配备是保证药品质量的关键因素。企业应配备足够数量并具有适当资质(包括学历、从业年限和实践经验)的管理和操作人员,应明确规定每个部门和每个岗位的职责。岗位职责不得遗漏,交叉的职责应有明确规定。每个人所承担的职责不应过多。所有人员应明确并理解自己的职责,熟悉与其职责相关的要求,并接受必要的培训,包括上岗前培训和继续培训;培训是实施药品GMP的重要环节。职责通常不得委托给他人,确需委托的,其职责可委托给具有相当资质的指定人员。人员的职责必须以文件形式明确规定。企业应当建立人员卫生操作规程,最大限度地降低人员对药品生产造成污染的风险。

第一节 关键人员

产品质量取决于过程质量,过程质量取决于工作质量,而工作质量取决于人的素质,因而人是 GMP 实施过程中的一个重要因素,其一切活动都决定着产品的质量。

关键人员包括企业负责人、生产管理负责人、质量管理负责人和质量受权人。质量管理负责人和生产管理负责人不得互相兼任。质量管理负责人和质量受权人可以兼任。企业应制定操作规程确保质量受权人独立履行职责,不受企业负责人和其他人员的干扰。

药品生产企业药品生产和质量管理的负责人须具有药学专业知识。药品生产企业主管药品生产和质量管理的企业负责人,除药学专业者外,其他相关专业者还须经过药学专业知识的培训和学习,如:药剂学、药理学、药物分析化学等。

一、企业负责人

药品的质量责任由企业的法定代表人负责,质量管理体系的运行需要由最高管理者来指挥,《药品生产质量管理规范》(2010 年版)中对企业负责人这样定义:"企业负责人是药品质量的主要责任人,全面负责企业日常管理。为确保企业实现质量目标并按照本规范要求生产药品,企业负责人应负责提供必要的资源,合理计划、组织和协调,保证质量管理部门独立履行其职责。"

企业应该有一个书面的质量方针,质量方针要表明企业关于质量方面的全部意图和方向,企业负责人不但要参与质量方针的制定,还要确保企业的各个层次人员的理解和执行。企业还应不断对质量方针评审,评审质量方针是否反映了企业的目标。企业负责人需要组织质量管理体系的建立过程的策划,以保证药品的生产在一个有效的质量管理体系下完成,企业应规定在一定的时间间隔内由企业负责人开展管理评审。企业负责人还应该保障资源的提供,其中包括人力资源、基础设施和工作环境。药品生产企业建立的质量管理体系是在法规环境下的,企业负责人有责任保证把法规的要求传达到企业的各个管理层或机构。

二、生产管理负责人

生产管理负责人应至少具有药学或相关专业本科学历(或中级专业技术职称或执业药师资格),具有至少三年从事药品生产和质量管理的实践经验,其中至少有一年的药品生产管理经验,接受过与所生产产品相关的专业知识培训。

生产管理负责人的主要职责包括:

1. 确保药品按批准的工艺规程生产、储存,以保证药品质量;

2. 确保严格执行与生产操作相关的各种操作规程;

3. 确保批生产记录和批包装记录经过指定人员审核并送交质量管理部门;

4. 确保厂房和设备的维护保养,以保持其良好的运行状态;

5.确保完成各种必要的验证工作；

6.确保生产相关人员经过必要的上岗前培训和继续培训,并根据实际需要调整培训内容。

三、质量管理负责人

质量管理负责人应至少具有药学或相关专业本科学历(或中级专业技术职称或执业药师资格),具有至少五年从事药品生产和质量管理的实践经验,其中至少有一年的药品质量管理经验,接受过与所生产产品相关的专业知识培训。

(一)质量管理负责人的主要职责

1.确保原辅料、包装材料、中间产品、待包装产品和成品符合经注册批准的要求和质量标准；

2.确保在产品放行前完成对批记录的审核；

3.确保完成所有必要的检验；

4.批准质量标准、取样方法、检验方法和其他质量管理的操作规程；

5.审核和批准所有与质量有关的变更；

6.确保所有重大偏差和检验结果超标已经过调查并得到及时处理；

7.批准并监督委托检验；

8.监督厂房和设备的维护,以保持其良好的运行状态；

9.确保完成各种必要的确认或验证工作,审核和批准确认或验证方案和报告；

10.确保完成自检；

11.评估和批准物料供应商；

12.确保所有与产品质量有关的投诉已经过调查,并得到及时、正确的处理；

13.确保完成产品的持续稳定性考察计划,提供稳定性考察的数据；

14.确保完成产品质量回顾分析；

15.确保质量控制和质量保证人员都已经过必要的上岗前培训和继续培训,并根据实际需要调整培训内容。

企业应设立独立的质量管理部门,履行质量保证和质量控制的职责。质量管理部门可以分别设立质量保证部门和质量控制部门。质量管理部门应参与所有与质量有关的活动,负责审核所有与GMP相关的文件。质量管理部门人员不得将职责委托给其他部门的人员。

(二)生产管理负责人和质量管理负责人的共同职责

1.审核和批准产品的工艺规程、操作规程等文件；

2.监督厂区卫生状况；

3.确保关键设备经过确认；

4.确保完成生产工艺验证；

5.确保企业所有相关人员都已经过必要的上岗前培训和继续培训,并根据实际需要调整培训内容；

6.批准并监督委托生产；

7. 确定和监控物料和产品的储存条件;

8. 保存记录;

9. 监督本规范执行状况;

10. 监控影响产品质量的因素。

四、质量受权人

(一)质量受权人制度实施的背景

欧盟早在 1975 年就引入了质量受权人制度,经过长期探索和实践,30 多年的成功实践证明,药品质量受权人制度比较有效地完善了企业质量管理体系,进而确保了药品质量与安全。在我国,随着社会经济的不断发展,人民群众日益增长的药品需求与制药工业发展水平之间的矛盾仍然比较突出,发达国家在现代化、城市化和工业化长期进程中分阶段出现的药品不良事件在我国现阶段比较集中地出现,如近年来齐二药"亮菌甲素事件"、安徽华源"欣弗事件"、黑龙江完达山"刺五加注射液事件"等多起突发性药品不良事件接连发生,均在不同程度上反映出我国部分制药企业存在着质量管理部门职能落实不到位、质量否决权受干扰、质量责任意识不强等问题,药品质量安全监管工作面临着严峻考验。面对新形势,借鉴欧盟和世界卫生组织的成功经验,在我国推行药品质量受权人制度,是强化制药企业质量管理,保障药品安全有效的重要途径。2005 年,国家食品药品监督管理局在《国内外 GMP 对比调研报告》中指出,国际 GMP 的特点之一就是确定受权人在执行 GMP 中的核心地位。该报告建议我国参照欧盟建立质量受权人制度。

GMP 在我国实施已有十几年,通过实施 GMP,企业对药品质量管理理念有了深入的理解,建立了质量管理部门和质量管理体系,培养了一大批熟悉药品质量管理的专业技术人才,可以说企业已具备了实施受权人制度的基本能力;吸取近年发生药品不良事件的教训,优质产品和良好质量声誉在市场中竞争优势越发明显,使企业深刻地认识到加强质量管理的重要性和紧迫性。此外,走出国门、参与世界药品市场竞争的部分优秀企业,已经率先按照国际 GMP 的有关规定,建立受权人制度,并积累了一定实践经验,我国制药企业已经具备了实施受权人制度的基本条件。

自 2006 年以来,我国部分省区市已经成功开展受权人制度试点工作,在此基础上,为了确保制度试行工作的有序推进,国家食药监局也多次开展调研,并对各省区市受权人的试点实施工作进行督导,为受权人制度在全国的实施奠定了坚实的基础,有力地推动了受权人制度本土化进程和健康发展。目前,在我国制药企业全面推行受权人制度,已具有扎实的基础和一定的实践经验。

为了进一步加强药品生产监督管理,规范药品生产秩序,确保药品生产质量,维护人民群众用药安全,2009 年 4 月国家食品药品监督管理局下发了《关于推动药品生产企业实施药品质量受权人制度的通知》(以下简称《通知》)(国食药监安〔2009〕121 号),正式宣布在全国范围内推行药品质量受权人制度。根据国家食药监局的工作部署,药品质量受权人制度的推行工作采取"分阶段逐步推行"的原则。2009 年首先在血液制品类、疫苗类、注射剂类以及重点监管特殊药品类药品生产企业推行药品质量受权人制度。各省区市局可结合辖区内药品生产的实际情况,扩大药品质量受权人制度推广的实施范围。

(二)质量受权人的概念及科学内涵

受权人制度源自于欧盟、世界卫生组织(WHO)等发达国家与组织。"受权人"一词最早在欧盟1975年发布的75/319/EEC中出现,并在药品生产质量管理体系中逐步完善对受权人制度的描述。受权人在欧盟的指令和GMP指南中表述为"qualified person",意为"具备资质的人",被赋予了以负责成品批放行为目标的相关药品生产质量管理权力;而WHO和PIC/S(国际药品认证合作组织的英文缩写)的GMP则采用"authorized person",意为"被授权的人",其履行的质量管理职责同样围绕药品批放行而展开。两种表述虽不同,实质一样,都是指负责产品批放行的有资质的人员。但其职责往往不仅仅局限于产品批放行,而且还要参与到和产品批放行有关的药品质量各方面活动。

《药品生产质量管理规范》(2010年版)中对质量受权人这样要求:"质量受权人应至少具有药学或相关专业本科学历(或中级专业技术职称或执业药师资格),具有至少五年从事药品生产和质量管理的实践经验,从事过药品生产过程控制和质量检验工作。质量受权人应具有必要的专业理论知识,并经过与产品放行有关的培训,方能独立履行其职责。"可以将药品质量受权人理解为:依据国家有关规定,接受企业授予的药品质量管理权力,负责对药品质量管理活动进行监督和管理,对药品生产的规则符合性和质量安全保证性进行内部审核,并承担药品放行责任的高级专业管理人员。

虽然在受权人定义、要求及管理等细节问题上,我国与欧盟、世界卫生组织存在一些差异,但受权人的内涵是一致的。受权人的科学内涵可以归纳为5个关键词:独立、权威、专业、体系、团队。

1.受权人具有独立性。这是受权人最核心的内涵。无论受权人在一个企业的组织机构中处于什么样的位置,他的工作都必须是保持相对独立的。也就是说,受权人能独立于总经理、独立于生产活动而行使质量管理职责,不受到公司利益、财务或生产等因素的影响,而是从产品质量出发来发表意见、作出判断。保证产品质量不受其他因素干扰、不向其他因素妥协,对于保证产品质量具有重要意义,也是受权人制度实施的根本目的。

2.受权人具有很高的权威性。受权人是药品质量管理方面的专家,对企业的产品质量负有直接责任,因此必然在企业中具有很高权威。当企业要在药品质量方面作出决策特别是一些重大决策如产品召回时,必须充分尊重并听取受权人的意见。树立受权人的权威,也即是树立了质量管理部门和人员的权威。

3.受权人具有很强的专业性。药品质量管理是专业性很强的工作,必须由专业水平高、管理能力强的专业人员担任。受权人要充分胜任产品质量责任,必须具备丰富的专业知识和较强的解决实际问题的能力。因此对受权人的学历、专业知识和实践经验等资质作出规定,并对受权人进行考核评估,或是通过监管部门的培训及继续教育,都是为了保证受权人在质量管理方面的专业性。

4.受权人应实施和维护质量管理体系。受权人制度是一个管理体系,而不是一个单独的个体,其职责绝不仅仅是产品批放行,他要承担或是履行产品放行的职责,就必须关注与产品质量有关的方方面面的情况。受权人通过质量体系的正确运行来确保生产质量符合要求,受权人行使职责必须建立在质量管理体系全面建立和良好运行的基础上。

5.受权人要依靠团队支持。受权人不可能全面掌握药品生产过程中所涉及的每一个阶段或步骤,受权人要决定一批药品是否可以放行,往往要依靠其他质量管理人员的建议或决定。受权人的职责在很大程度上取决于一个团队的努力,并在质量管理体系良好运作的基础上,依靠团队中的每一个人都理解受权人的地位和职责并为其提供全力支持,受权人依靠这个团队的合作来达到质量目标。

(三)质量受权人的职责

质量受权人的主要职责包括:①参与企业质量体系建立、内部自检、外部质量审计、验证以及药品不良反应报告、产品召回等质量管理活动;②承担产品放行的职责,确保每批已放行产品的生产、检验均符合相关法规、药品注册要求和质量标准;③在产品放行前,质量受权人必须按上述第2项的要求出具产品放行审核记录,并纳入批记录。

质量受权人在履行职责时,必须始终遵守和实施有关药品管理法规或技术规范,树立质量意识和责任意识,以实事求是、坚持原则的态度,在履行相关职责时把公众利益放在首位,以保证药品质量,保障人民用药安全、有效为最高准则。这也是受权人的工作目标和工作宗旨。具体地讲,受权人在实施全面质量管理中应履行以下职责:

1. 监控药品质量管理体系。从受权人的科学内涵看,受权人是一项质量管理工作制度,受权人是一个团队。受权人要发挥团队的作用,必须依靠制度来落实质量管理。因此,受权人必须首先建立或完善质量管理体系,并实施质量管理体系,以确保其有效运作。主要包括培训管理;质量管理部门的管理;自检;纠正和预防措施。

2. 负责以下的质量管理工作,行使决定权。主要包括每批物料及成品放行的批准;质量管理文件的批准;工艺验证和关键工艺参数的批准(包括药品研发);主批生产记录(空白批生产记录)的批准;物料及成品内控质量标准的批准;负责变更的批准(包括技术改造);不合格品处理的批准;产品召回的批准。

3. 参与以下质量管理工作,行使否决权。主要包括关键物料供应商的审计和批准;关键生产设备的选取;生产、质量、物料、设备和工程等部门的关键岗位人员的选用;其他对产品质量有关键影响的活动。

4. 参与对食品药品监督管理部门沟通。主要包括在企业接受药品GMP认证或药品GMP跟踪检查的现场检查期间,受权人应作为企业的陪同人员,协助检查组开展检查,并按规定将缺陷项目的整改情况上报食品药品监督管理部门;每年至少一次向食品药品监督管理部门上报企业的药品GMP实施情况和产品的年度质量回顾分析情况;督促企业有关部门履行药品不良反应的监测和报告的职责;其他应与食品药品监督管理部门进行沟通和协调的情形。

(四)质量受权人的法律地位及责任

在我国当前的药品管理体系,受权人制度是创新性的一种企业内部质量管理模式。对受权人的管理,还须进一步完善相关法规和明确受权人的法律地位、责任。受权人履行药品质量管理职责,确保药品质量的工作行为是应当受法律保护的。同时,受权人必须按照国家食药监局的《通知》规定,严格履行工作职责。如果受权人在履行职责时,玩忽职守或失职渎职,也应承担相应的责任。

在各省区市制定的"办法(试行)或暂行规定"中,均对受权人的责任作了规定。如广东省食品药品监督管理局出台的《广东省药品生产质量受权人管理办法(试行)》第18条规定:因受权人玩忽职守、失职渎职等行为,造成以下情形之一的,应当追究受权人的工作责任;情节严重的,省食品药品监督管理局将责成企业另行确定受权人,并视情形给予通报。有违法行为的,依法追究受权人的法律责任。①企业质量管理体系存在严重缺陷的;②发生严重药品质量事故的;③在药品 GMP 实施工作中弄虚作假的;④采取欺骗手段取得备案确认书的;⑤其他违犯药品管理相关法律法规的。

五、组织机构图

所有生产活动要受到质量管理的监控是制定组织机构图(图 3-1)的基本原则,质量管理部门应独立于其他部门,履行质量保证和质量控制的职责。

工作职责与任职要求应当符合各种法规和指南的要求,并结合企业内部的具体实践而制定。工作职责与任职要求最好放在一个文件中制定。

工作职责与任职要求目前最常用方法是用质量管理系统文件来制定。国外大企业现在也采用矩阵表的格式来确定职责,也有的国外企业按工艺流程图用单元功能来说明其工作职责。工作职责与任职条件的内容可以因企业、岗位而异,但一般包括以下各项:①职务(岗位);②直接负责人;③直接负责人职务;④工作职责;⑤任职要求。

特定情况下也可以包括姓名、工作替代人等。

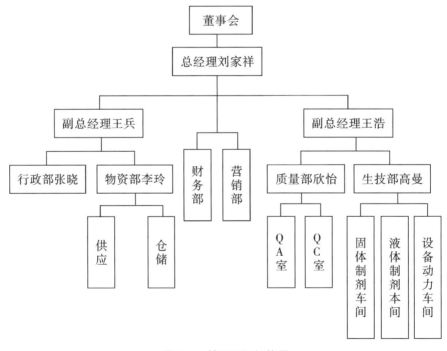

图 3-1　某厂组织机构图

第二节　培　训

人员素质与工作胜任力是执行 GMP 的关键。因此,对人员的资格确认与能力确认是做好 GMP 的首要工作。配置符合要求的、并具有一定数量的人员是执行好 GMP 的前提。如果人员都不能满足生产的需求,执行 GMP 只是一句空话。

培训是实施药品 GMP 的重要环节。制药企业人员素质的提高,需要进行各方面的培训,包括 GMP 的培训。因此,全面、深入、持续的培训是实施 GMP 的重要保证。所有从事生产的人员必须具有起码的药品质量意识和 GMP 意识。要记住:小问题会诱发大问题。如果不进行培训,员工就可能会犯错误,因此必须要对员工进行培训。

企业应指定部门或专人负责培训管理工作,应有经生产管理负责人或质量管理负责人审核或批准的培训方案或计划,培训记录应予保存。与药品生产、质量有关的所有人员都应经过培训,培训的内容应与岗位的要求相适应。除进行药品 GMP 理论和实践的培训外,还应有相关法规、相应岗位的职责、技能的培训,并定期评估培训的实际效果。高风险操作区(如:高活性、高毒性、传染性、高致敏性物料的生产区)的工作人员应接受专门的培训。

对企业人员培训要求的评定标准应具体化,对人员培训要求提到新的高度。培训内容注重实际效果,重点是 GMP 相关知识、岗位操作理论知识和实践操作技能,此外还应包括安全知识等内容。应制定健全的培训制度,制订年培训计划,培训应有讲义、考核试卷等。对参加培训人员要记录,并建立培训档案。检查员须检查岗位专业技术培训的内容是否包括:与本岗位生产操作有关的产品工艺操作技术、设备操作技术以及相关的技术知识等;检查生产操作人员的个人培训档案,是否有经专业技术培训考核合格上岗的记录等。对于从事原料药生产、从事中药饮片与制剂相关、从事生物制品制造,以及从事高风险操作等特殊要求的人员,应通过专业技术培训后方能上岗。

一、培训计划

药品生产企业应明确主管员工培训教育工作的职能部门或专职管理人员。每年度应有员工培训年度计划,其内容包括培训日期、培训内容、培训对象、参加人数、授课人、课时安排、考核形式以及负责部门等。培训计划必须由企业主管领导批准,颁发至有关部门实施。现场检查时,检查员需重点关注以下内容:

1. 检查企业是否制订年度培训计划,并经过包括质量部主管在内的企业相关领导批准;

2. 培训计划是否与企业自检或内部审计发现的问题相结合、且有针对性,各部门是否制订针对本部门内的培训计划;

3. 部门培训计划是否考虑针对每个员工的知识和技能差距制定特殊的培训项目;

4. 企业的整体培训计划是否经过质量部的参与和审核;

5. 企业是否制定了培训的经费预算,能否得到经费保障等。

二、培训实施

培训计划的具体实施应考虑到以下方面,包括培训目的、培训对象、培训课程、培训形式、培训内容、培训讲师、培训时间、培训费用等。

(一)培训目的

每个培训项目都要有明确的目的或目标,即为什么培训,要达到什么样的培训效果,怎样培训才有的放矢,培训目的要简洁,具有可操作性,最好能够衡量,这样就可以有效检查人员培训的效果,以便于后续的培训评估。

(二)培训对象

根据二八法则,20%的人是公司的重点培训对象。药品生产企业各级管理人员,生产、检验、设备维修人员以及与生产活动、药品质量有关的其他人员均应接受培训教育。其中,应把中高层管理人员、关键技术人员、质量管理人员,以及业务骨干等作为重点培训对象。确定培训对象还因为需要根据人员对培训内容进行分组或分类,把同样水平的人员放在一组进行培训,这样可以避免培训浪费。

(三)培训课程

年度培训课程一定要遵循轻重缓急的原则,分为重点培训课程、常规培训课程和临时性培训课程三类。其中重点培训课程主要是针对药品生产企业的共性问题、未来发展大计进行的培训,或者是针对重点对象进行的培训。这类培训做得好可以极大提高企业的竞争力,有效弥补企业不足。因此,这类培训需要集中公司人力、物力来保证。

(四)培训形式

培训形式的分类方式多样,大体可以分为内训和外训两大类。其中内训包括集中培训、交流讨论、个人学习等;外训包括外部短训、进修、专业会议交流等。也可按照培训目的分类,大致可包括:

1. 新员工培训:对接受培训人员进行综合介绍,使他们了解药品的特殊性和产品质量的重要性,组织参观生产操作现场,了解企业的规章制度;

2. 岗位培训:不仅使员工对所在岗位专业知识、技能应知应会,更重要的是促使他们能够按照质量管理要求和标准操作规程正确做好本岗位工作,达到标准化、规范化;

3. 继续培训:以药政法规及国家有关政策、新的标准操作规程、新的操作系统为主,同时也可根据实际需要巩固和深化原来的培训内容。

(五)培训内容

培训内容以药品生产质量管理规范为主,同时对质量法规、质量管理基本知识、专业基础知识、岗位技能、岗位操作、岗位责任、卫生规范等相关内容进行培训教育。根据不同对象,培训教育的侧重点应有所不同。

对从事洁净区、无菌生产区、高生物活性、高毒性、强污染性、高致敏性及有特殊要求的生产操作和管理人员应给予特殊的培训教育;从事生物制品制造的全体人员(包括清洁人员、维修人员)应根据其生产的制品和所从事的生产操作进行专业(卫生学、微生物学等)和安全防护培训;从事放射性药品生产操作人员及检验人员应经专业技术及辐射防护知识培训;从事原料药生产的人员应接受原料药生产操作的有关知识培训。具体培训内容及对象可参见表3-1。

表3-1　各类管理人员的培训内容

培训内容	管理人员类别							
	产品开发	制造工艺	采购供应	营销	质量控制	一般管理人员	中级管理人员	厂级管理人员
药品管理法	√	√	√	√	√	√	√	√
GMP	√	√	√	√	√	√	√	√
质量概念	√	√	√	√	√	√	√	√
质量职能					√		√	√
进口药品管理办法	√		√		√		√	√
新药评审办法	√			√	√		√	√
供应商质量体系评估			√		√		√	√
工艺规程、岗位操作法	√	√			√		√	√
岗位标准操作程序	√	√			√		√	√
产品质量检验规程			√		√		√	√
药品流通监督管理办法				√			√	√
标准化法和计量法	√	√	√		√		√	√
药品包装管理办法	√	√	√		√		√	√
特殊药品管理办法	√	√	√		√		√	√
质量信息、质量成本	√	√	√		√		√	√
环境保护法	√	√	√				√	√
实验动物管理条例	√		√		√		√	√
职业道德	√	√	√	√	√	√	√	√

注:画√者为有关管理人员的培训内容。

(六)培训讲师

讲师在培训中起举足轻重的作用,讲师分为外部讲师和内部讲师。涉及外训或者内训中关键课程以及企业内部人员讲不了的,就需要聘请外部讲师。企业在设计年度培训计划时,可以确定讲师的大体甄选方向和范围,等到具体培训时,再最后确定。

(七)培训时间

年度培训计划的时间安排应具有前瞻性,要根据培训的轻重缓急安排。时机选择要得当,以尽量不与日常的工作相冲突为原则,同时要兼顾员工的时间。一般来说,可以安排在生产经营淡季、周末或者节假日的开始一段时间。并应规定一定的培训时数，以确保培训任务的完成和人员水平的真正提高。

（八）培训费用

确定培训费用的预算方法很多，如根据销售收入或利润的百分比确定经费预算额，或根据公司人均经费预算额计算等。在预算分配时，不能人均平摊。培训费用应向高层领导、中层管理者以及技术骨干人员倾斜。

现场检查时，检查员须重点关注以下内容：

1. 企业是否按照培训计划实施培训；是否有培训记录、培训教材或教案；未参加人员是否进行补课；

2. 管理人员是否接受药品管理法律法规以及 GMP 等培训，了解国家药品管理相关法律法规及其发展、变更情况；

3. 生产人员是否接受了至少包括专业技术、岗位文件、制剂理论基础、实际操作，以及安全生产方面的培训；

4. 质量人员是否接受了至少包括药品相关法规、GMP 和相关指导，专业知识及相关SOP（标准作业程序）培训，质量保证岗位培训，质量检验岗位培训；

5. 所有人员是否都进行了卫生要求培训；进入洁净区人员（包括生产人员、清洁人员、维修人员等）是否还接受了微生物学基础知识与洁净/无菌作业方面的培训；

6. 企业各级人员是否接受了 GMP 相关培训；

7. 从事特殊要求产品生产或检验的人员是否接受了相应的培训。如原料药生产特定工艺和操作，中药材鉴别，微生物学，从事高风险作业（高生物活性、高毒性、强污染性、高致敏性、放射性等）的专业技术、安全防护培训等。

（九）培训原则

1. 未经培训不得上岗的原则。未经培训的人员，在其上级指派其从事某项工作时，若发生差错或事故，应由该人员的上级负责。

2. 实用原则。培训坚持缺什么补什么的实用方针，一旦发现员工的知识、技能缺陷，及时组织有资格的人员对其进行培训提高。

3. 分层原则。培训应分层进行，可以分为企业级培训、部门级培训和岗位级培训。企业级培训一般可由人力资源部组织。部门级及岗位级培训由各部门主任（经理）负责，岗位培训应由具有经验的督导主管来实施。

4. 实效原则。培训应注重实效，人力资源部应对企业整体培训效果进行评价，并根据评价结果对培训工作进行调整。

5. 灵活原则。培训时间灵活使用，可利用生产空隙或其他可利用时间，每次培训根据内容可以只有几分钟，也可以持续数周。

6. 无缺失原则。培训应保证需要参加的每个人员都受到了培训。有特别原因不能参加的缺席人员可采用下列方法解决：缺席人多时可以再安排一次；缺席人少时可将培训材料交给本人自学并进行考核。

三、培训的考核与归档

受培训教育的员工,经培训后应进行考核,考核的形式可以是口试、笔试或现场实物操作;企业对员工的培训,应设立员工个人培训记录,记录员工个人每次培训的情况,以便日后对员工的考察。员工个人培训记录内容可以包括:姓名,职称,岗位或职务,每次培训的日期、内容、课时、考核情况及结果(试卷或学习心得等)以及负责培训的部门。现场检查时,检查员需对培训记录的归档情况以及培训的有效性评价做重点关注。

四、实例分析

下面是某公司员工上岗前培训的考核资料。

实例一 分析岗位人员培训考核资料

某员工是新进员工,进入 QC 后经过岗位培训,分析技能考核与上岗评估,最后经批准同意从某年某月某日进入 HPLC(高效液相色谱)岗位从事液相色谱的分析工作。现将分析技能考核表(表 3-2)与员工上岗评估(表 3-3)相关内容介绍如下。

表 3-2 分析技能考核表

考核人员基本信息	姓名:				岗位:		
	考核时间:				考核产品名:		
培训人与被培训人测定数据的比较	项目	批号	培训人检测结果	被培训人检测结果	接受标准		结论
	含量测定	批号 1	98.52%	94.45%			合格 RSD=0.07%
		批号 2	98.40%	98.13%	RSD≤1.0%		合格 RSD=0.27%
		批号 3	98.41%	98.19%			合格 RSD=0.22%
培训人评价	经过三个星期的培训,该员工已能独立完成 HPLC 岗位的实验操作,经过考核,达到了考核要求,同意上岗。 培训人签名: 日期:						

表3-3　化验员工上岗评估表

题目	员工上岗评估表		编号	
部门	QC		姓名	
岗位	HPLC 岗位		日期	

学历或受教育情况(本人填写)：

本人于 2005 年就读于某大学医学院,药学系药学专业,2009 年获得学士学位。

签名：　　　　　　　时间：

培训情况：

该员工是药学专业本科毕业生,完成公司级的培训后,于 2009 年 8 月 30 日至 9 月 29 日在部门及岗位进行了培训,包括部门综合管理知识,分析基础知识,相关仪器的使用操作 SOP,相关产品的检验方法,质量标准。并检测了三批辛伐他汀,检测结果与培训人检测结果相比,符合接受标准。经全面评估后,同意该员工可以上 HPLC 岗位。

评价人签名：　　　　　　　时间：

评价最终结论(打√)：
　　　　　　　准予上岗　(√)　　　　　　不准予上岗(　　)
经评估确认,同意该员工从批准之日起,从事 HPLC 岗位工作。

部门负责人签名：　　　　　　　时间：

实例二　生产操作岗位人员资格确认实例

某员工是新进员工,进入某产品的合成岗位后经过岗位培训,技能考核与上岗评估,经批准同意从某年某月某日进入某合成岗位从事化学合成工作。现将员工上岗评估表(表3-4)相关内容介绍如下。

表 3-4 生产员工上岗评估表

题目:员工上岗评估表		编号	
部门	某合成车间	姓名	
岗位	合成操作岗位	日期	

学历或受教育情况(本人填写):

本人于 2010.09 至 2013.07 就读于焦作市卫生医药学校(中专),药学专业。

　　　　　　　　　　　　　　　　　　　　　签名:　　　　　　　时间:

培训情况(包括培训内容和培训结果):

　　该员工是药学专业中专毕业生,完成公司级的培训后,该员工于 2013 年 8 月 30 日至 9 月 25 日在车间和岗位进行了培训,包括车间综合管理知识,合成基础知识,相关设备操作 SOP,工艺规程,批生产记录,产品质量标准,EHS 相关文件等。培训文件目录与培训评价或考试结果见附件。培训结果合格,经全面评估后,同意该员工在本车间从事合成操作岗位。

　　　　　　　　　　　　　　　　　　　　评价人签名:　　　　　　时间:

评价最终结论(打√):

　　　　　　　　准予上岗 (√)　　　　　　不准予上岗(　　　)

经评估确认,同意该员工从批准之日起,从事化学合成操作岗位工作。

　　　　　　　　　　　　　　　　　　部门负责人签名:　　　　　　时间:

第三节　人员卫生

　　污染的形式有:尘粒、微生物和其他外来物质(如尘埃、污物、棉绒、纤维和头发等)。而微生物传播污染的四大途径包括空气、水、表面和人,因此人员卫生是 GMP 的最基础要求。

　　人是最常见的传染源。当我们谈话、咳嗽和打喷嚏时,被污染的空气正不断地从我们的呼吸道中释放到我们的工作场所。人们常说,人是药厂中最不清洁的因素,最大的污染源。为什么呢? 一个原因,人体是一个永不休止的污染媒介。当你每天来药厂上班时,你也许随身将几百万细菌带入工厂。因此,按要求更衣,戴口罩,控制进入洁净区的人数,洁净区人的动作要轻等是必要的。制药企业应制定详细的卫生程序并适应工厂不同的需要,其中应包括与个人的健康、卫生习惯、着装相关的程序。在生产区和质量控制区工作的人员应当理解并严格遵守这些程序。所有的人员应养成良好的卫生和健康习惯。所有人员应该穿着适合他们各自生产活动的服装。在需要时也要佩戴头罩、面罩、手套以防止污染。

所有人员都应接受卫生要求的培训,企业应建立人员卫生操作规程,最大限度地降低人员对药品生产造成污染的风险。企业应采取措施确保人员卫生操作规程的执行。

一、健康档案

企业应对人员健康进行管理,并建立健康档案。直接接触药品的生产人员上岗前应接受健康检查,以后每年至少进行一次健康检查。企业应采取适当措施,避免体表有伤口、患有传染病或其他可能污染药品疾病的人员从事直接接触药品的生产。因病离岗的工作人员在疾病痊愈、身体恢复健康以后要持有医生开具的健康合格证明方可重新上岗。

二、个人卫生

从药人员应随时注意个人清洁卫生,勤洗头、勤洗澡、勤理发、剃须、勤剪指甲、勤换衣;进出洁净区严格执行人员进出车间净化、更衣程序;参观人员和未经培训的人员不得进入生产区和质量控制区,特殊情况确须进入的,应事先对个人卫生、更衣等事项进行指导;任何进入生产区的人员均应按规定更衣。进入生产区的任何人员应该穿着相应的保护性服装,要指导员工使用洗手设施。不准穿洁净服(鞋)进入厕所或离开加工场所。操作人员应随时注意保持手的清洁,不得裸手直接接触药品及与药品直接接触的包装材料和设备表面,不可避免时,手部应及时消毒;必须保持手的清洁。工作前和每次离开工作场所返回时或当手被弄脏或被污染时,要求用合适的洗涤剂彻底地洗手,并使用安全的消毒剂对手进行消毒。

生产区、仓储区应禁止吸烟和饮食,禁止存放食品、饮料、香烟和个人用药品等非生产用物品。所有生产工人禁止佩戴首饰,包括手表、戒指、项链、挂坠、耳环、耳坠等。不允许留长指甲、涂指甲油。工厂内不允许戴假睫毛。洁净区内的人数应严加控制,检查和监督应尽可能在无菌生产的洁净区外进行。

凡在洁净区工作的人员(包括清洁工和设备维修工)应定期培训,使无菌药品的操作符合要求。培训的内容应包括卫生和微生物方面的基础知识。未受培训的外部人员(如外部施工人员或维修人员)在生产期间须进入洁净区时,应对他们进行特别详细的指导和监督。

从事动物组织加工处理的人员或者从事与当前生产无关的微生物培养的工作人员通常不得进入无菌药品生产区,不可避免时,应严格执行相关的人员净化操作规程。从事无菌药品生产的员工应随时报告任何可能导致污染的异常情况,包括污染的类型和程度。当员工由于健康状况可能导致微生物污染风险增大时,应由指定的人员采取适当的措施。应按操作规程更衣和洗手,尽可能减少对洁净区的污染或将污染物带入洁净区。

三、工作服卫生

广义的工作服应包括衣、裤、帽、鞋、短袜等。工作服的选材、式样及穿戴方式应与所从事的工作和空气洁净度级别要求相适应。洁净工作服的质地应光滑、不产生静电、不脱落纤维和颗粒物。无菌工作服应能包盖全部头发、胡须及脚部,并能阻留人体脱落物。不同空气洁净度级别使用的工作服应分别清洗、整理,必要时消毒或灭菌,工作服洗涤、灭菌时不应带入附加的颗粒物质,应制定工作服清洗周期。工作服洗涤尽量不用固体洗涤剂,如洗衣粉类颗粒物质,防止污染环境。

各洁净区对于工作服着装要求规定如下:

D 级洁净区:应将头发、胡须等相关部位遮盖。应穿合适的工作服和鞋子或鞋套。应采取适当措施,以避免带入洁净区外的污染物。

C 级洁净区:应将头发、胡须等相关部位遮盖,应戴口罩。应穿手腕处可收紧的连体服或衣裤分开的工作服,并穿适当的鞋子或鞋套。工作服应不脱落纤维或微粒。

A/B 级洁净区:应用头罩将所有头发以及胡须等相关部位全部遮盖,头罩应塞进衣领内,应戴口罩以防散发飞沫,必要时戴防护目镜。应戴经灭菌且无颗粒物(如滑石粉)散发的橡胶或塑料手套,穿经灭菌或消毒的脚套,裤腿应塞进脚套内,袖口应塞进手套内。工作服应为灭菌的连体工作服,不脱落纤维或微粒,并能滞留身体散发的微粒。

个人外衣不得带入通向 B 级或 C 级洁净区的更衣室。每位员工每次进入 A/B 级洁净区,应更换无菌工作服每班至少更换一次,但应用监测结果证明这种方法的可行性。操作期间应经常对手套进行消毒,并在必要时更换口罩和手套。洁净区所用工作服的清洗和处理方式应能保证其不携带有污染物,不会污染洁净区。应按相关操作规程进行工作服的清洗、灭菌,洗衣间最好单独设置。对工作服不适当的处理方法会损害纤维,增加颗粒脱落的风险。

四、GMP 检查中常见问题

对于人员进入洁净区更衣,检查员可在进入洁净区时了解更衣程序,同时可查看灭菌后工作服是否标识已灭菌状态及使用有效期,观察更衣程序是否合理,并与相关的操作规程核对两者是否一致。

如果企业正在进行产品无菌操作部分的生产,检查员最好不要进入相关洁净区,以免有可能污染产品,可以与企业协商在生产结束时进入,或者通过观察窗或监控录像进行检查。检查员可以通过在现场仔细观察操作人员的洁净工作服穿着以及操作行为是否规范,也可以通过观看培养基模拟灌装验证的录像了解上述情况。

检查员应检查进入无菌洁净区操作人员的微生物监控数据,通过询问与文件核查确定何时、如何进行相关监控,评价操作人员更衣、无菌操作的规范性,并了解发生超标情况时企业如何处理,以评价无菌保证的水平。

 习 题

一、填空题

1. 企业应当设立独立的_____,履行_____ 和 _____ 的职责。

2. 所有人员应当明确并理解自己的职责,熟悉与其职责相关的要求,并接受必要的培训,包括 _____ 和 _____ 。

3. 关键人员应当为企业的 _____ ,至少应当包括_____ 、_____ 、_____ 和 _____ ,_____ 和 _____ 不得互相兼任。

4. 企业应当对人员健康进行管理,并建立健康档案。直接接触药品的生产人员上岗前应当接受_____,以后每年至少进行_____健康检查。

5. 企业应当采取适当措施,避免 _____ 、_____ 或 _____ 从事直接接触药品的生产。

6. 任何进入生产区的人员均应当按照规定更衣。工作服的 _____、_____ 及_____ 应当与所从事的工作和 _____要求相适应。

7. 进入洁净生产区的人员不得_____和_____。

8. 各有关管理人员在接到人员健康异常、已不适应生产情况的主动报告后,须及时向_____ 及 _____ 报告,以便立即采取有效措施,防止造成_____ 和_____ 的感染。

9. 操作人员应当避免裸手直接接触_____、与药品直接接触的_____ 和_____ 。

10. 质量管理负责人和生产管理负责人不得互相兼任。质量管理负责人和_____ 可以兼任。

11. 质量管理部门可以分别设立 _____和 _____ 。

12. 质量管理负责人应当至少具有药学或相关专业本科学历(或中级专业技术职称或执业药师资格),具有至少五年从事药品生产和质量管理的实践经验,其中至少_____年的药品质量管理经验,接受过与所生产产品相关的专业知识培训。

二、单项选择题

1. 质量管理部门人员(   )。

A. 可以将职责委托给其他部门的人员

B. 不得将职责委托给本部门的人员

C. 不得将职责委托给其他部门的人员

D. 可以将职责委托给他人

2. 生产管理负责人应当至少具有(   )从事药品生产和质量管理的实践经验,其中至少有一年的药品生产管理经验。

A. 二年   B. 三年   C. 四年   D. 五年

3. 质量受权人应当至少具有药学或相关专业本科学历(或中级专业技术职称或执业药师资格),(   )。

A. 具有至少三年从事药品生产和质量管理的实践经验,从事过药品生产过程控制和质

量检验工作

B. 具有至少三年从事药品生产和质量管理的实践经验,从事过药品生产过程控制工作

C. 具有至少五年从事药品生产和质量管理的实践经验,从事过药品生产过程控制和质量检验工作

D. 具有至少五年从事药品生产和质量管理的实践经验,从事过药品生产过程控制工作

三、多选题

1. 身体不适应员工的权利和义务包括(　　　　)。

A. 生产过程中员工的身体不适应,应遵守公司的卫生管理制度,如发生咳嗽、流涕等可能对药品产生污染的情况应远离药品暴露区域,不得对药品生产产生污染

B. 员工生产操作必须遵守本公司的各项制度,不得以身体为借口违反公司规定,违规操作

C. 身体有不适情况应及时主动报告,不得影响公司的正常生产,不得对产品质量造成影响

D. 员工有权拒绝违规违法操作,并对违规违法现象有举报的权利

第四章
厂房与设施

1. 掌握 GMP 管理制度中关于厂房与设施的内容。

2. 熟悉厂房设计、布局、洁净区管理要求和实施方法。

3. 清楚生产区、包装区、储存区、质量控制区的管理要求和实施方法。

4. 知晓生产前准备,生产过程和生产结束各环节的管理和实施方法。

能力目标

(1)遵守 GMP 规定,依法从事物料验收,入库发放。

(2)按 GMP 要求,对厂房设施进行科学养护。

(3)按 GMP 要求,制剂生产进行风险分析。

(3)态度目标

(1)树立"依法制药、规范生产"的观念,培养严谨细致、认真负责的工作态度。

(2)严格执行 GMP 管理,养成实事求是、一丝不苟的职业习惯。

(3)善于沟通和合作的品质,树立环保、节能、质量第一和安全生产的意识。

2010 版 GMP 汲取了欧盟 GMP 相关条款并结合中国药品生产企业现状,在《厂房与设施》项目中将条款增加到 33 条,更说明厂房与设施作为硬件在药品生产中的重要性。

GMP 在药品生产企业的实施中主要包括两方面内容:软件和硬件。软件是指先进可靠的生产工艺,严格的管理制度、文件和质量控制系统;硬件是指合格的厂房,生产环境和设备。硬件设施是药品生产的根本条件。药品生产企业厂房设施主要包括:厂区建筑物实体(含门、窗),道路,绿化草坪,围护结构;生产厂房附属公用设施,如:洁净空调和除尘装置,照明,消防喷淋,生产工艺用纯水、软化水等。以上厂房设施的合理设计,直接关系到药品质量,乃至人们生命安全。

本章从厂区总体布局、生产区、包装区、储存区、人流物流设计等方面,通过质量法规风险和技术风险的评估,设计和实施 GMP 的相关规范条款,从而保证生产出合格的药品。

第一节 厂房设计

一、法规解读

药品生产受控环境的基本要求如下:

(一)一般技术要求

当药品生产工艺对温度和湿度无特殊要求时,空气洁净度 A 级、B 级的医药洁净室(区)温度应为 20~24℃,相对湿度应为 45%~60%;空气洁净度 D 级的医药洁净室(区)温度应为 18~26℃,相对湿度应为 45%~65%。人员净化及生活用室的温度,冬季应为 16~20℃,夏季为 26~30℃。洁净室(区)与非洁净室(区)之间、不同洁净室(区)之间的压差应不低于10Pa。必要时,相同洁净室(区)内不同功能房间之间应保持适当的压差梯度。

(二)医药洁净区

应根据药品生产要求提供足够的照度。主要工作室一般照明的照度值宜≥300 lx;辅助工作室、走廊、气闸室、人员净化和物料净化用室区宜≥150 lx;对照度有特殊要求的生产区域可设置局部照明。

(三)非单向流的医药洁净室区

噪声级(空态)应≤60 dB(A 级);单向流和混合流的医药洁净室(区)噪声级(空态)应≤64 dB(A 级)。

二、法规实施

在评估药品生产的质量风险时,厂房设施的合理设计和实施,是规避生产质量风险最基本、最重要的前提。其中包括合适的空间设计、合理的人流物流设计、恰当的隔离设计以及合适的建筑装修材料的使用。

概括来讲,合适的空间应满足主生产设备、生产支持系统以及物料暂存、储存的需要。除此之外,对生产中设备清洁方式和日常维护因素,在设计中也要给予充分的考虑。

人流、物流(包括原、辅料,半成品,成品,废物流)设计要兼顾 GMP 生产要求、生产效率、产品过程控制和必要的隔离技术的采用。在 GMP 区域和非 GMP 区域之间,应用气锁、气闸、洁净走廊和非洁净走廊设计等进行有效隔离。

本节将重点介绍厂址选择和厂区总体布局、建筑结构、室内装修、生产支持系统及厂房设施方面的实施。

（一）厂址选择和厂区总体布局

药品生产企业总体布局主要有两个方面：一是指洁净厂房工厂与周边环境的布置，二是厂区内所有建筑物、构筑物、道路、运输、工程管线等设施的平面布置规划。一般生产企业总体布局的基本原则和要求是：在满足生产、操作、安全和环保的基础上，工艺流程应尽可能集中布置，集中控制；道路设计要适应人流、物流合理组织，内外运输相协调，线路短捷、顺畅；避免或减少折返迂回运输；全面考虑远期和近期工厂发展用地预留；平面布置与空间建筑相协调，厂区建筑与周边环境相协调。以洁净厂房为主的药品生产企业的厂址选择和总体布局还需按照洁净厂房的特殊性，对周边环境提出相应要求，对厂址环境的污染程度进行调研。

（1）选址。厂址宜选择在大气含尘、含菌浓度低，无有害气体，自然环境好的区域。如：无明显异味；无空气、土壤和水的污染源、污染堆等（图4-1）。

图4-1　厂区选址

厂址应远离铁路、码头、机场、交通要道以及散发大量粉尘和有害气体的工厂、仓库、堆场等严重空气污染，水质污染，振动或噪声干扰的区域。如不能远离严重空气污染区时，则应位于其最大频率风向上风侧，或全年最小频率风向下风侧。

（2）厂区总体布局。厂区总体布局除应符合国家有关工业企业总体设计原则外，还应满足环境保护的要求，同时应防止交叉污染。

厂区按行政、生产、辅助和生活等划区布局（图4-2）。

洁净厂房应布置在厂区内环境清洁、人流货流不穿越或少穿越的地方，并应考虑产品工艺特点，合理布局，间距恰当。

兼有原料药和制剂生产的药厂，原料药生产区应位于制剂生产区全年最大频率风向的下风侧。三废处理、锅炉房等有严重污染的区域应置于厂的最大频率下风侧。青霉素类高致敏性药品生产厂房应位于厂区其他生产厂房全年最大频率风向的下风侧。

厂区主要道路应贯彻人流与货流分流的原则，洁净厂房周围道路面层应选用整体性好、发尘少的材料。

医药工业洁净厂房周围应绿化，宜减少露土面积。不应种植散发花粉或对药品生产产生不良影响的植物。

（二）建筑结构

医药工业洁净厂房主体结构的耐久性应与室内装备、装修水平相协调，并应具有防火、控制温度变形性能。厂房伸缩缝不宜穿过医药洁净区，当不可避免时，应有保证气密性的措施。

片剂车间常常设计成二至三层，可利用位差解决物料的输送问题，从而提高工作效率，并减少粉尘扩散，避免交叉污染。

车间参观走廊，一般沿外墙布置，大跨度厂房有时在中间再设置参观走廊（图4-3）。

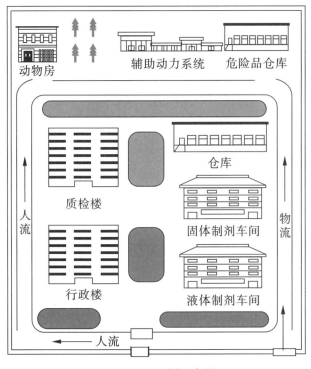

图4-2　厂区划区布局

图4-3　GMP车间参观走廊

（三）室内装修

洁净厂房的建筑围护界区和室内装修，应选用气密性良好，且在一定温度和湿度变化的作用下变形小的材料；洁净室内墙壁和顶棚的表面，应平整、光洁、无裂缝、接口严密、无颗粒物脱落，并应耐清洗和耐酸碱；墙壁和地面、吊顶结合处宜作成弧形，踢脚不宜高出墙面（图4-4）。

洁净室的地面应整体性好、平整、耐磨、耐撞击，不易积聚静电，易除尘清洗，潮湿地区应做防潮处理。

洁净厂房夹层的墙面、顶棚应平整、光滑，须在技术夹层内更换高效过滤器的，墙面和顶棚宜涂料饰面。洁净室用外墙上的窗，应具有良好的气密性，能防止空气的渗漏和水汽的结露。窗与内墙面宜平整，不留窗台。如有窗台时宜呈斜角，以防积灰并便于清洗。洁净室内门窗、墙壁、顶棚、地面结构和施工缝隙，应采取密闭措施。洁净室门框不应设门槛。洁净区域的门、窗不应采用木质材料，以免生霉生菌或变形。

洁净室的门宜朝空气洁净度较高的房间开启，并应有足够的大小。洁净室内墙面与顶棚采用涂料面层时，应选用不易燃、不开裂、耐腐蚀、耐清洗、表面光滑、不易吸水变质、生霉的材料。

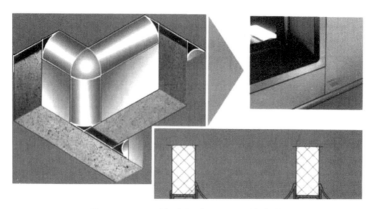

图4-4　GMP墙壁和地面、吊顶结合处

(四)给排水和工艺管道设计安装

洁净室内应少铺设管道,给水排水干道应铺设在技术夹层、技术夹道内或地下埋设。引入洁净室内的支管宜暗敷。

给排水支管及消防喷淋管道穿过洁净室顶棚、墙壁和楼板处应设套管,管道与套道之间必须有可靠的密封措施。

洁净室内的排水设备以及与重力回水管道相连的设备,必须在其排出口以下部位设水封装置。水封高度应不小于50 mm,排水系统应设置透气装置。排水立管不应穿过A级和B级医药洁净室(区)。排水立管穿过其他医药洁净室(区)时,不得设置检查孔。空气洁净度A级的医药洁净室(区)不应设置地漏。空气洁净度B级、D级的洁净室(区)应少设置地漏。必须设置时,要求地漏材质不易腐蚀,内表面光洁,易于清洗,有密封盖,并应耐消毒灭菌。空气洁净度A级、B级的洁净室(区)不宜设置排水沟。

洁净厂房内应采用不易积存污物,易于清扫的卫生器具、管材及其附件。

(五)电气、照明设计安装

洁净区内的配电设备,应选择不易积尘、便于擦拭,外壳不易锈蚀的小型暗装配电箱及插座箱。电气管线管口,以及安装于墙上的各种电器设备与墙体接缝处均应有可靠密封。

洁净区内应选用外部造型简单、不易积尘、便于擦拭、易于消毒杀菌的照明灯具,洁净区内的一般照明灯具宜明装。

第二节 生产区

一、法规解读

(一)药品生产区GMP风险分析

生产区厂房设施设计内容中的GMP风险对产品质量有很深的影响。另外,制剂生产过程由生产人员直接参与,所以对环境和人员的保护显得格外重要。在工艺风险评估中,主要应关注以下几方面:

第一,物料和产品特性对人体的伤害预防。包括物料和产品的暴露等级和对人体的有害等级。

第二,人流、物流、容器流及废物流可能造成的交叉污染。

第三,产品的数量。

第四,生产设备的工艺水平。

接下来从产品的特性要求、人流及物流规划、平面布局设计、工艺技术应用几方面介绍GMP和EHS(环境、健康、安全的英文缩写)规范在生产区域的实施。

(二)人流、物流规划

1.物流规划。

(1)在人流和物流规划中,首先应考虑的是物流规划,即生产工艺路线。典型的物流路线与传料方式紧密相关。三种传料方式为:垂直传料、气动/真空传料和容器传料。在实际操作中,往往是三种传料方式组合应用。

1)垂直传料:需要高层或者多层的建筑结构设计,优点是减少或避免了生产工序间的操作(图4-5)。

2)气动/真空传料:最小化物料传送空间需求,减少运输时间。

3)容器传料:是最基本的传料方式。往往是为了满足特殊工艺设备(如混合机)的技术需求,或者是因为中转的需要。

(2)在厂房设施设计中,需要综合考虑运输工具、储存区域、上/下料设备以及清洗因素。在物流规划中,关键设计原则包括:综合考虑物流路线合理性,保证交叉污染最小化。要更有逻辑性、更直接、更顺畅;避免洁净设备/部件和未清洗设备/部件共用同一储存区域;运输距离最短;采取合适的保护措施,避免交叉污染。

进入有空气洁净度要求区域的原辅料、包装材料等应有清洁措施,如设置原辅料外包装清洁室,包装材料清洁室等进入不可灭菌产品生产区的原辅料、包装材料和其他物品,除满足以上要求外还应设置灭菌室和灭菌设施。生产过程中产生的废弃物出口不宜与物料进口合用一个气闸或传递窗(柜),宜单独设置专用传递设施。清洁工具洗涤、存放室宜设在洁净区域外。如需设在洁净区内,其空气洁净度等级应与本区域相同;无菌工作服的洗涤和干燥设备宜专用。

2.人流规划。人流规划主要关注人员对产品、产品对人员及生产环境的风险。涉及的人员包括：一般员工，生产人员，参观人员，维护人员等。

从保护产品角度来讲，人流规划措施应做到以下几点：

（1）医药洁净厂房要配备对人员进入实施控制的系统。如门禁系统（图4-6）。

图4-5　垂直传料　　　　　　　　图4-6　门禁系统

（2）医药洁净厂房应设置人员净化用室和生活用室。

（3）人员净化用室宜包括雨具存放室、换鞋室、存外衣室、盥洗室、更换洁净工作服室、气闸室或空气吹淋室等。厕所、淋浴室、休息室等生活用室，可根据需要设置，但不得对洁净区产生影响。不同洁净等级的洁净室宜单独设置，无菌区和非无菌区应分别布置。人员净化用室和生活用室设施应符合下列要求（图4-7）。

1）人员净化室入口，应配置净鞋设施。

2）外衣和洁净工作服存放及更换应分别设置。

3）盥洗室应设洗手和消毒设施，厕所和浴室不得设置在洁净区内。

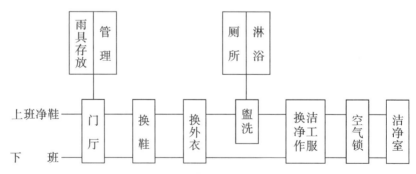

图4-7　一般洁净室人员净化程序

4）通过人员净化室进入洁净区入口，应设置气闸室。

5）人流不要求一定是单向流，但尽量减少与物流的交叉。

6）对一些人员不宜同时进/出的区域，除了行政管理要求之外，还要配备门的互锁以及报警灯系统。

（三）生产区平面布局设计

为减少交叉污染,在生产区平面布局设计中,要综合考虑各种因素,最终确定最小的生产空间,既利于减少环境清洁及消毒工作又利于节能。主要考虑的因素有以下几个方面:

（1）操作单元的逻辑流。称量室最好靠近原辅料室,其空气洁净度与同配料室等级;洁净厂房内应设置与生产规模相适应的原辅材料、半成品、成品存放区域,并尽可能靠近与其相联系的生产区域,以减少运输过程中的混杂与污染。存放区域内应安排待验区、合格品区和不合格品区。

（2）不同洁净等级区域设置缓冲间、更衣间。清洗室或灭菌室与洁净室之间应设置气闸室或传递窗(柜),用于传递原辅料、包装材料和其他物品。

（3）工艺设备本身及清洗的空间需求。

（4）工艺设备支持系统的空间需求。

二、实例分析

以下为厂区布置例子,供参考(图4-8)。

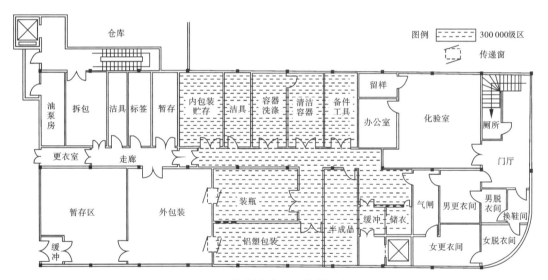

图4-8　片剂生产平面布置示意图

第三节　包装区、储存区

一、法规解读

(一)包装区

1. 药品包装区风险分析。生产企业药品的包装同样对药品质量有很大影响。具体应考虑以下几点:

(1)避免混淆:大量原辅料、包材及成品会同时存放在现场,周转频繁。

(2)合适的环境:包装机头部位存在暴露工序,外包材发尘量大。采取措施,避免交叉污染:同一条生产线可能生产不同产品,线与线之间不同产品潜在的相互污染,包装后工序的外包材对前工序暴露的药品和内包材的污染。

(3)合适的物理操作空间:大量原辅料、包材及成品会同时存放在现场,周转频繁。

(4)合适的人流、物流路线:同一条包装线,一般需要3个以上操作人员。

(5)易于清洁:包装设备自动化程度高,结构复杂。

针对以上风险,我们主要通过以下措施,减少或消除GMP风险。

(1)对内外包材,成品储存区域分别布置,隔离不同产品生产线。

(2)尽可能采用密闭生产工艺,减少走廊占用和运输中物料交叉污染。

(3)建立有序的人流和物流,保持最小量交叉。

(4)对不同的工艺单元,设置明确的暂存区。

(5)使用易于清洁的工艺设备。

2. 工艺路线和人流物流设计。针对口服固体制剂,片剂或胶囊等半成品从中转库房通过"密闭桶"运转到包装线,翻转提升装置将"密闭桶"通过"快速接头"连接到包装线。针对非固体产品,除了"密闭桶+真空吸料"方式外,也可采用密闭管道传料系统,最小化交叉污染。

3. 平面布局设计。包装车间宜邻近生产车间和中心储存库,包装线房间须设置与生产规模相适应的物料暂存空间,前后包装工序要隔离。

(二)储存区

洁净厂房内须设置与生产规模相适应的原辅材料、半成品、成品存放区域,并尽可能靠近与其相联系的生产区域,以减少运输过程中的混杂与污染。存放区域内须安排待验区、合格品区和不合格品区。

1. 药品储存区GMP风险。药品生产企业在生产过程中,由于工作需求不同,很容易造成人为差错和物料的交叉污染,具体如下:

(1)产品种类、规格繁多,相应的原辅料、包装材料、半成品、成品数量大。

(2)生产过程中,单元工艺能力不均衡造成物料储存量增加。

（3）一些物料在安全法规、物理、化学特性等方面对储存环境的特殊要求。

2.平面布局、设施设计原则。

（1）储存空间应根据生产规模和储存周期计算确定。

（2）不合格品应专区存放。

（3）生产过程中的物料储存区的设置要靠近生产单元,且面积合适。可分散或集中设置。

（4）非GMP相关物料,建议和GMP相关物料单独设置,减少GMP库房建设规模。

二、实例解析

（一）仓储区简单分区（图4-9）

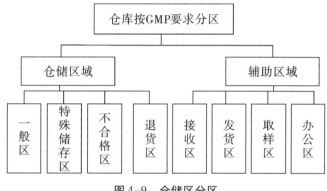

图4-9　仓储区分区

（二）包装车间布置模块化图示例（图4-10）

图4-10　包装车间模块

第四节　质量控制区

本节将探讨以下问题:①质量控制区的总体平面布局;②质量控制区的建筑布局;③质量控制区的功能房间布局;④质量控制区的检查要点。

一、法规解读

检验、留样观察以及其他各类实验室应与药品生产区分开设置。

阳性对照、无菌检查、微生物限度检查和抗生素微生物检定等实验室,以及放射性同位素检定室等应分开设置。

无菌检查室、微生物限度检查实验室应为无菌洁净室,其空气洁净度等级不应低于B级,并应设置相应的人员净化和物料净化设施。

抗生素微生物检定实验室和放射性同位素检定室的空气洁净度等级不宜低于D级。

有特殊要求的仪器应设置专门的仪器室。

原料药中间产品质量检验对环境有影响时,检验室不应设置在该生产区内。

(一)总体平面布局

根据GMP中的相关要求"质量控制实验室、中药标本室通常应与生产区分开",药品生产企业设置质量控制区应相对独立,质量控制区又要尽可能离生产区最近。因此质量控制区的总体平面布局可考虑如下建议:

(1)质量控制区与生产区合建。

(2)质量控制区独立建造,但应临近生产区。

(3)质量控制区与质量保证办公管理区合建。

(二)建筑布局

根据实验室设备的具体情况以及节能的要求,实验室的净高建议为2.5~3.0 m,其技术夹层的高度应根据空调形式及结构形式来决定,考虑到未来维修和改造一般净高不小于1 m。

(三)功能布局

质量控制实验室须有足够的空间以满足各项实验的需要,每一类分析操作均应有单独且适宜的区域,设计中宜有以下主要功能房间:

1. 送检样品的接受与储存区。

2. 试剂、标准品的接受与储存区,可以设置试剂仓库。

3. 清洁洗涤区,用于试管等的清洗;清洁洗涤区的设置应靠近相关实验室,便于清洗容器的送洗和取用。

4. 留样观察室(包括加速稳定性实验室)。留样观察室温度指示应与产品储存要求一致,温度记录要真实、及时、完整。

5.分析实验区(包括化学分析、仪器分析)。

1)化学分析实验室。化学分析实验室是各类药品检验时的样品处理、试剂配制、滴定分析等的综合工作之地,是主要的分析检测场所。

2)仪器分析实验室。一般天平室宜单独设置,应尽可能远离振源、高温,并靠近化学实验室。其布置原则是:干湿分开便于防潮、冷热分开便于节能、天平集中便于称量取样。

6.毒性化学品存放间。毒性化学品存放间应独立设置,有单独的门禁装置,房间内设置专柜双人双锁储存,并建立严格的入库出库和使用记录。

二、实例分析

如图4-11所示为质量控制区总体布局的一个安全请对此作出评价。

实例1

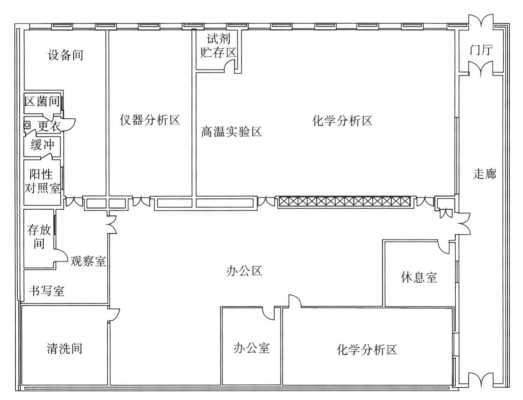

图4-11　质量控制区总体布局

实例分析:(1)部分实验室功能分区不明确。微生物实验室中的设备间、培养间、灭活间无物理分割,观察室、书写室混区。

(2)无独立的精密仪器实验室。

(3)人流、物流交叉严重,化学、仪器实验区人流和微生物实验室人流交叉;微生物实验室人流和物料,样品流和废物流交叉;清洗间位于实验室外,清洗容器与办公人流交叉。

(4)进入微生物无菌操作室无缓冲更衣间。

(5)微生物检验阳性对照室无独立更衣室。

(6)仅有一个试剂储存区,无独立的有毒化学品储存间,不符合相关法规强制性规定。

实例2 质量控制区参考总体布局

如图4-12所示为微生物实验室布局的实例,请分析评价该布局是否合理。

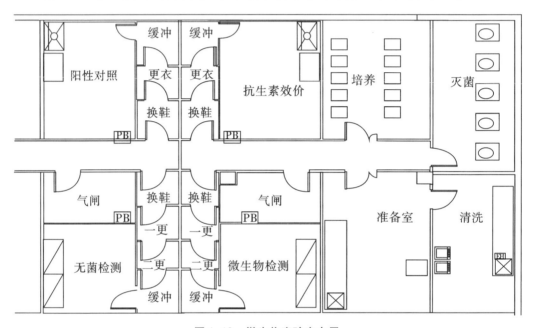

图4-12 微生物实验室布局

实例分析:

(1)质量控制区各功能区布局合理。

(2)有独立的精密仪器实验室。

(3)人流、物流分开,减少了交叉污染。

人员从左面人员通道出入化学、仪器、微生物等实验室,物料从右面物料通道出入化学、仪器、微生物等实验室;微生物实验室物料实现了单向流;货梯—气闸—培养基准备间—存放间—无菌检验间—设备室—观察室—灭活间—废弃物存放间。

(4)进入无菌操作室更衣间前,经过脱外衣、换鞋、洗手等缓冲更衣。

(5)微生物实验区内阳性对照室、抗生素效价、微生物检验、无菌检验有独立更衣室,并设计独立空调系统,避免交叉污染。

(6)微生物实验区内清洗、准备、培养、灭菌等功能区独立明确。

第五节 辅助区

本节将探讨以下问题:①休息室的设置;②更衣室和盥洗室的设置;③维修间的设置。

一、法规解读

人员净化用室应根据产品生产工艺和空气洁净等级要求设置,不同空气洁净等级的洁净室(区)的人员净化用室宜分别设置,空气洁净等级相同的无菌洁净室(区)和非无菌洁净室(区),其人员净化用室应分别设置。

人员净化用室应设置换鞋、存外衣、盥洗、消毒、更换洁净工作服、气闸等设施。厕所、淋浴室、休息室等生活用室可根据需要设置,但不得对医药洁净室(区)产生不良影响。

人员净化用室和生活用室应符合下列要求:人员净化用室入口处,须设置净鞋设施;存外衣和更换洁净工作服的设施须分别设置;外衣存衣柜应按设计人数每人一柜设置;盥洗室应设置洗手和消毒设施;厕所和浴室不得设置在医药洁净区域内,宜设置在人员净化室外,需设置在人员净化室内的厕所应有前室;医药洁净区域的入口处应设置气闸室,气闸室的出入门应采取防止同事被开启的措施;青霉素等高致敏性药品、某些甾体药品、高活性药品及有毒害药品的人员净化。

无菌洁净区更衣流程见图4-13。

无菌更衣室:穿上无菌工作衣,戴上口罩→手消毒→缓冲间→进入无菌洁净区维修间。

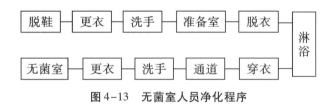

图4-13 无菌室人员净化程序

知识拓展

休息室应该和其他区域分开

盥洗室不能直接和生产区或储藏区相连,要保持干净,通风。必要的洗手间和消毒设施维修间,维修间应尽可能与生产区分开,存放在生产区的工具,应放置在专门房间的工具柜中。

二、实例分析

见图4-14:

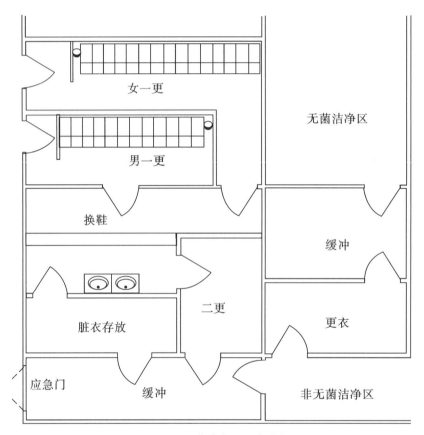

图4-14 无菌洁净区更衣流程

门厅 在粘尘垫上踩踏后进入一更。

(1)一更。在一更脱去个人外衣,挂入更衣柜—从更衣柜鞋柜上层取出拖鞋—脱掉个人鞋子放入鞋柜下层并换好拖鞋—穿上内工作衣,进入换鞋间。

(2)换鞋间。从鞋柜中取出工鞋放至隔离凳另一侧—坐在隔离凳上脱掉拖鞋(注意脚和拖鞋不能着地)—在隔离凳另一侧换上工作鞋—将拖鞋放入鞋柜—在洗手台洗手进入二更。

(3)二更。根据个人身高选取洁净服—穿上洁净服,自检:头发、内工作衣无外露,领口粘贴好,工作衣无破损—手消毒—进入非无菌洁净区。

(4)在粘尘垫上踩踏后进入C级区更衣室。穿上无菌内衣—手消毒—穿上无菌外衣—穿无菌鞋—手消毒—由缓冲间进入无菌洁净区。

注:换鞋间的隔离凳建议有一定高度和宽度,高度以大部分人员坐上换鞋时,鞋和脚不沾地为宜,宽度以不能未经隔离凳而容易跨过为宜。隔离凳建议高度0.6 m、宽度0.8 m,供

参考,长度可根据具体人数设计。更衣柜内衣物与鞋分开放置,应设有空气循环。

存外衣室和洁净工作服室应分别设置,并每人一柜;脱外衣与穿洁净服在一室的可隔开存放。盥洗室须设洗手和烘干设备。

第六节　人流和物流

本节将探讨以下问题:①药品生产企业厂区的合理布局;②药品生产企业生产区的合理布局;③人流、物流的设置和管理。

一、法规解读

(一)防止人流、物流之间的交叉污染是 GMP 的核心

交叉污染是指在生产区内由于人员往返、工具运输、物料传递、空气流动、设备清洗与消毒、岗位清场等途径,而使不同品种药品的成分互相干扰、混入而导致污染,或因人为、器具、物料、空气等不恰当的流向,使洁净度低的区域污染物传入洁净度高的区域所造成的污染。

混杂是指因车间平面布局不当及管理不严,造成不合格的原料、中间体及半成品的继续加工误作合格品而包装出厂或生产中遗漏任何生产程序或控制步骤。防止人流、物流之间的交叉污染的措施主要有以下几点:

(1)洁净室须设专用的人流、物流通道。人员和物料进入洁净区须设置各自的净化用室或采取相应的净化措施。

(2)人员应按规定的净化程序进入,并严格控制人数。如操作人员可经过淋浴、穿洁净工作服(包括工作帽、工作鞋、手套、口罩等)、风淋、洗手、手消毒等经气闸室进入洁净生产区。

(3)物料可经脱外包装、风淋、外表清洁、消毒等经气闸室或传递窗(柜)进入洁净区。不同洁净等级的洁净区物品则通过传递窗传送。

(4)不同生产工序的生产区,按工序先后次序合理连接。采取适当措施,确保某一加工工序被遗漏的可能性降至最低。生产车间内,应有足够宽的过道,结合处注以标志,以防混药。

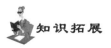
知识拓展

防止人流、物流之间的交叉污染的具体措施

(1)分别设置人员和物料进出生产区域的出入口,对在生产过程中易造成污染的物料应设置专用的出入口。

(2)分别设置人员和物料进入医药洁净室(区)前的净化用室和设施。

（3）洁净室（区）内工艺设备和设施的设置，应符合生产供应的要求，生产和储存区域不得用作非本区域内工作人员的通道。

（4）输送人员和物料的电梯宜分开设置，电梯不应设置在医药洁净室内，需设置在医药洁净区的电梯，应采取确保医药洁净区空气洁净度等级的措施。医药洁净室（区）的原辅料、包装材料和其他物品出入口应设置物料净化用室和设施。

（5）进入无菌洁净室（区）的原辅料、包装材料和其他物品还应在出入口设置物料、物品灭菌用的灭菌室和灭菌设施。

（6）物料清洁室或灭菌室与医药洁净室（区）之间，应设置气闸或传递柜。

（7）传递柜密闭性应好，并应易于清洁，两边的传递门应有防止同时被开启的措施，传送至无菌洁净室（区）的传递柜应设置相应的净化设施。

（二）厂区合理布局

总体上，药品生产企业必须有整洁的生产环境，生产区的地面、路面及运输不应对药品生产造成污染；生产、行政、生活和辅助区的总体布局应合理，不得互相妨碍，厂房设计要求合理，并达到生产所要求的质量标准；归结为一句话，即药品生产企业要做到"环境无污染，厂区要整洁"。

具体地讲，要针对具体品种的特殊性，在总体布局上严格划分区域，生产、行政、生活和辅助区分开，总体布局合理，特别是一些特殊品种的生产厂房。如β-内酰胺结构类、性激素类避孕、高致敏性、高活性药品要严格按照药品生产管理规范的相关要求进行总体布局。

（三）生产区合理布局

生产区合理布局应严格划分洁净区域，防止污染与交叉污染，方便生产操作。

生产区须有足够的平面和空间，防止不同药品的中间体之间发生混杂，防止由其他药品或其他物质带来的交叉污染，并防止遗漏任何生产或控制步骤事故的发生。

进入洁净区的操作人员和物料不能合用一个入口。应分别设置操作人员和物料入口通道。进入洁净区的物料和运出洁净区的成品其进出口须分开设置。

要有合适的洁净分区，其洁净要求应与所实施的操作相一致。洁净度高的工序应布置在室内的上风侧，易造成污染的设备须靠近回风口；洁净级别相同的房间尽可能地结合在一起；相互联系的洁净级别不同的房间之间要有防污染措施。

公用辅助设施应与生产区分区布置。为有效地防止药品之间产生交叉污染，不能在同一洁净室内同时生产不同规格、不同品种的药品。因此生产设备应布置在独立的洁净室内。对于强致敏性、高活性以及有毒有害等特殊药物如青霉素类、某些激素类药物，要按生产工艺及GMP的要求，其生产设备及净化空调系统应为专用，生产区域或生产厂房应单独布置并与生产其他药品严格分开。

发尘量大的粉碎、过筛、压片、充填、原料药干燥等岗位，如不能做到全封闭操作，则除了设计必要的捕尘、除尘装置外，还应考虑设计缓冲室，以避免对邻室或共用走道产生污染。洁净区内不宜设置电梯，电梯与洁净生产区之间应设气闸或设计其他能保证生产区空气洁净度的措施。

二、实例分析

见（图4-15）：

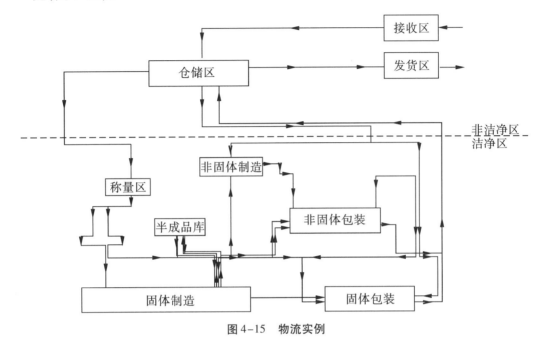

图4-15　物流实例

（1）仓储区须靠近生产区，应设于中央通道一侧，仓储区与生产区的距离尽量缩短，方便将原辅料分别送至各生产区以及接受各生产区的成品，减少中途污染。

（2）进入生产区的物料和运出生产区的成品其进出口应分开设置，在仓储区和生产区之间须设独立输送原辅料的进口及输送成品的出口，有效避免物流中原辅料和成品交叉污染。

（3）物料入口单独设置，并设缓冲区，物料在缓冲区内清除外包装，传递路线为单向流；物料进入洁净区之前必须进行清洁处理；设置与生产和洁净级别要求相适应的中间产品、待包装产品的储存间。保证物料分区存放。

整个生产流程为单向物流，既能有效减少交叉污染的概率，又能提高生产效率。

 习　题

一、填空题

1. 同一厂房以及相邻厂房之间的生产操作不得_____。

2. 在设计和建设厂房时应考虑_____时便于进行_____工作。

3. 洁净区的内表面应平整光滑、接口严密、无_____、无_____物脱落，并能耐受_____和_____。

4. 洁净区墙壁与地面的交界处宜呈弧形或采取其他措施,以减少_____和便于_____、_____。

5. 生产区和储存区应有与_____相适应的面积和空间用以安置设备、物料,便于_____,存放物料、中间产品、待验品和成品,应最大限度地减少_____和交叉_____。

6. 洁净区内的各种管道、灯具、风口以及其他公用设施,在设计和安装时应考虑到避免在_____中出现_____的部位。

7. 洁净区应根据生产要求提供足够的照明,主要工作室的照度宜为_____勒克斯。

8 进入洁净区的空气必须_____,并根据生产工艺要求划分空气_____。

9. 空气洁净级别不同的相邻房间之间的静压差应大于_____帕,洁净区与室外大气的静压差应大于_____帕,并应有_____的装置。

10. 生产青霉素类等高致敏药品必须使用_____的_____与设施,其分装室应保持_____压,排至室外的废气应经_____处理并_____要求,排风口应远离其他空气进化系统的_____口。

11. 为了控制_____飞扬,厂房必要时应有_____和_____设施。

12. 仓储区的_____度和_____度应_____监测_____,以确定是否符合储存要求。

13. 原料取样时,应有防止_____和_____的措施。

14. 洁净区内配料用的_____室和_____室,空气洁净度等级应与生产要求一致,有_____和防止_____的措施。

15. 质量管理部门根据_____设置的_____、中药标本、_____以及其他各类实验室应与_____区域分开。

二、选择题

1. 无特殊要求时,空气洁净度 A 级、B 级的医药洁净室温湿度应控制为(　　　)。
A. 20~24℃,45%~60%　　　　　　B. 18~24℃,45%~65%
C. 18~26℃,40%~60%　　　　　　D. 20~26℃,40%~65%

2. 洁净区与非洁净区之间、不同洁净区之间的压差应不低于(　　　)Pa,并应有指示压差的装置。
A. 5　　　　　　　　　　　　　　B. 10
C. 15　　　　　　　　　　　　　　D. 20

3. (　　　)应该专区存放,有易于识别的明显标志,并按有关规定及时处理。
A. 包装材料　　　　　　　　　　B. 待验品
C. 合格品　　　　　　　　　　　D. 不合格品

4. 以下厂址选择要点中,不正确的是(　　　)。
A. 医药工厂厂址宜选择在大气含尘、含菌浓度低,无有害气体,自然环境好的区域
B. 不能远离严重空气污染区时,则应位于其最大频率风向下风侧,或全年最小频率风向上风侧
C. 医药工厂厂址应远离铁路、码头、机场、交通要道以及散发大量粉尘和有害气体的工厂、贮仓、堆场等严重空气污染,水质污染,振动或噪声干扰的区域

D.医药工业洁净厂房新风口与市政交通干道近基地侧道路红线之间距离不宜小于50 m

5.关于电气照明设计和安装,以下说法不正确的是(　　　)。

A.洁净区内最好设置大型落地安装的配电设备

B.洁净区内的电气管线宜暗敷,电气线路保护管宜采用不锈钢管或不宜腐蚀的材料

C.洁净区内的一般照明灯具宜明装

D.选择的灯具结构必须便于清扫,便于在顶棚下更换灯管及检修

6.关于给排水和工艺管道的设计,以下说法中有误的是(　　　)。

A.医药洁净室内应少敷设管道,引入洁净室内的支管宜暗敷

B.排水立管不应穿过 A 级和 B 级医药洁净室(区)

C.排水立管穿过其他医药洁净室(区)时,需要设置检查孔

D.给水排水干道应敷设在技术夹层、技术夹道内或地下埋设

三、判断题

1.医药洁净室(区)的主体结构宜采用内墙承重。　　　　　　　　　　(　　)

2.车间参观走廊,一般沿内墙布置,大跨度厂房有时在中间再设置参观走廊。(　　)

3.医药洁净室的门宜朝空气洁净度较高的房间开启。并应有足够的大小,以满足一般设备安装、修理、更换的需要及运输车辆的安全要求。　　　　　　　　(　　)

4.空气洁净度 A 级的医药洁净室(区)应设置地漏;空气洁净度 A 级、B 级的医药洁净室(区)不宜设置排水沟。　　　　　　　　　　　　　　　　　　　(　　)

5.医药工业洁净厂房周围应绿化,可以种植些鲜花。宜减少露土面积。　(　　)

6.人流不要求一定是单向流。但尽量减少与物流的交叉。　　　　　　(　　)

7.厕所和浴室可以设置在洁净区内。　　　　　　　　　　　　　　　(　　)

8.质量控制实验室、中药标本室通常应与生产区分开,生物检定、微生物和放射性同位素的实验室还应彼此分开。　　　　　　　　　　　　　　　　　　　(　　)

9.质量是检测出来的,而不是生产出来的。　　　　　　　　　　　　(　　)

四、问答题

1.传料方式有几种,各有哪些特点?

2.GMP 的核心是什么?

第五章

设 备

1. 知识目标

(1) 掌握设备的安装、维护、保养、清洁、操作规程。

(2) 熟悉设备设计、选型、校准过程中的管理要求和实施方法。

(3) 熟悉设备安装、维护、清洁、维修各环节的管理要求和实施方法。

(4) 知晓生产前准备,生产过程和生产结束各环节的管理和实施方法。

2. 能力目标

(1) 遵守 GMP 规定,依法从事设备维护、清洁、保养。

(2) 按 GMP 要求,对设备进行检验、维修。

(3) 按 GMP 要求,对人员进行培训,考核。

(4) 按 GMP 要求,对机构进行设置。

3. 态度目标

(1) 树立"依法组织、科学管理"的观念,培养严谨细致、认真负责的工作态度。

(2) 严格执行 GMP 管理,养成实事求是、一丝不苟的职业习惯。

(3) 善于沟通和合作,树立环保、节能、质量第一和安全生产的意识。

本章将探讨以下问题:

1. 药品生产的设备应如何管理,以符合 GMP 要求?

2. 如何降低设备在生产过程对药品污染、交差污染、混淆和差错的风险?

3. 如何维持生产设备处于完好状态?

4. 如何对测量设备进行校验管理?

第一节 概 述

当前中国药品生产企业发展迅猛,已经进入自动化设备大规模生产,产品的质量、数量、成本主要都依赖于设备的运行状态,因此只有建立有效、规范的设备管理体系,才能确保所有生产相关设备从计划、设计、使用直至报废的生命周期全过程均处于有效控制之中,从而最大限度降低设备对药品生产过程发生的污染、交差污染、混淆和差错。所以如何能持续保持设备的正常状态,是当前药品生产企业管理设备始终追求的目标。

一、法规解读

(一)设备的计划、购买

对于新设备购买,应制订项目管理计划。对法规符合性、质量风险、设备关键等级、安全环境风险、验证计划、实施计划、项目期望达到的目标进行规划并得到批准。

用户需求文件(URS)是设备选型和设计的基本依据,因此需要对生产能力、生产工艺、操作需求、清洁需求、可靠性需求、防污染需求、防差错需求、法规原文等作出详细描述。

(二)设备的安装、调试与启用

设备的安装施工和调试过程应符合设计要求并有施工记录,公司须组织专业人员对施工全过程进行检查验收。设备安装调试完成后须进行设备验证工作,即:安装确认(IQ)、功能确认(OQ)和运行确认(PQ)。操作和维修人员应进行相应培训。

(三)设备的使用和清洁

设备使用人员应严格按事先制定的标准操作程序操作设备,并按要求进行日常保养,按清洗、清洁标准操作程序对设备进行清洁、清洗。

(四)设备的维护与维修

设备应有日常保养计划和实施的工作卡,由设备操作人员负责执行,主要包括:检查、清洁、调整、润滑等工作。

设备的日常维修主要由维修工程师负责,其主要维修策略可选择:预防维修(PM)为主,以纠正性维修(Design Out Maintenance,简称 DOM)、故障维修(Operate to Failure,简称 OTF)等为辅的维修策略。在所有的维修类型中预防维修应有最高优先权。关键设备预防维修的执行应受质量管理体系的监督。

(五)设备的关键等级的划分

设备的维护维修应分级管理,通常分为 A/B/C 三级,并对其采用各自相适应的维修策略。

(六)设备的变更

对于任何在设备使用过程中功能、用途、位置等方面的更改执行审批程序,批准后方可执行。它包括:设备转移、设备改造、设备停用、设备启用。

定期对设备进行盘点核对,要做到台账、实物、标牌相符。

(七)设备的报废

对于设备报废,需按照制定的流程进行审批,在批准报损后须作如下工作:终止设备的预防维修计划、仪表校验计划和备件购买计划,相关的系统信息归档。

二、实例解析

(一)仓储区简单分区

仓库按 GMP 要求简单分区如图5-1 所示。

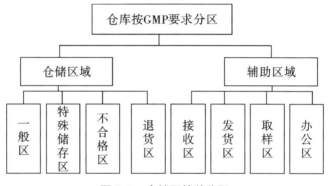

图5-1　仓储区简单分区

(二)包装车间布置模块化图示例

包装车间布置模块化示意图如5-2 所示。

方案一

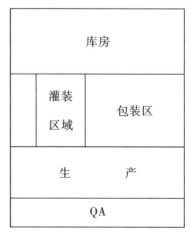

方案二

图5-2　包装车间布置模块化示意图

洁净区设备、仪器清洁规程

1　目的

建立洁净区设备、仪器清洁规程,保证洁净区设备、仪器卫生符合产品工艺要求。

2　适用范围

适用于洁净区设备、仪器的清洁、消毒操作。

3　职责

操作人员:按本规程严格实施。

QA 监督员:对本规程的实施进行监督、检查。

4　内容

4.1　清洁频次:

4.1.1　设备、仪器使用前清洁一次,生产结束后清洁一次,更换批号时进行清洁消毒。

4.1.2　设备、仪器维修后进行清洁、消毒。

4.1.3　每周彻底清洁消毒一次;停产时每周常规清洁一次。

4.2　清洁工具:不脱落纤维、颗粒的专用擦机布、塑料毛刷。

4.3　清洁剂:洗洁精。

4.4　消毒剂:75% 乙醇溶液、0.1% 苯扎氯铵溶液。

4.5　清洁方法及程序:

4.5.1　生产前,用纯化水对设备、仪器内外表面进行清洁,用消毒剂进行消毒。

4.5.2　生产结束后,用毛刷或洁净的抹布清除设备上的残留物、塑料盖屑等,再用纯化水对设备、仪器内外表面清洁干净,用消毒剂进行消毒。拆卸的附件拆卸下来送容器具清洗间用纯化水清洗干净,消毒剂消毒擦干后装入设备、仪器上。

4.5.3　对设备、仪器上特别脏污的地方,应先用清洁剂清洁干净,再用纯化水去除残留清洁剂后,纯化水擦拭 2~3 遍,然后用消毒剂消毒一遍。

4.5.4　清洁完毕,请 QA 监督员检查确认合格后签字,并贴挂"已清洁"标志牌。

4.6　每班工作结束后,先用清洁布(必要时用适量清洁剂)将设备、仪器上的油污擦洗干净,然后用消毒剂进行全面擦拭消毒。

4.7　设备、仪器清洁消毒后必须三天内使用,超过三天必须重新进行清洁消毒,经 QA 监督员检查合格后方可投入使用。

4.8　购进的新设备、仪器首先在非生产区脱去外包装,用清洁布擦掉设备、仪器内外的灰尘后方可搬至操作间。在首次使用时进行全面清洁、消毒。

4.9　清洁工具的清洁:洁净区专用擦机布用完后按清洁工具清洁操作规程进行清洁。

4.10　注意事项:

4.10.1　用相同样式或颜色的清洁工具应在颜色或形状上加以区分。

4.10.2　在清洁前,应将设备的电源关闭,在清洁时,注意不要将水浸湿电气部分,避免发生漏电伤人事故。

5　相关文件:

5.1　《清洁工具清洁操作规程》。

5.2　《容器具清洗消毒记录》。

三、小结

1.设备进入使用阶段前的设备验证:是达到设备预期要求的有效手段,对每一个环节都应有执行人、复核人确认,并要求每一项符合预定的标准,若出现不符合项,需要执行偏差处理程序。

2.设备使用、清洁、维修标准操作程序。依据验证结果数据建立设备使用、清洁、维修标准操作程序,以规范操作和维修工作,保证设备处于良好的运行状态。

对有质量风险、安全风险和多发故障,应组织维修工程师和操作人员进行专业技术分析,找出根源,确定维修方案,确保设备恢复正常运行状态,保证设备持续满足生产合格产品的要求。

第二节　设备使用

《药品生产质量管理规范》(2010版)要求采取措施避免设备使用过程污染、交叉污染和产品混淆的产生,降低污染产品和环境的风险。

设备不仅是药品生产质量得以保证的重要环节之一,也是药品生产企业质量管理和生产管理的关键要素,药品的产出主要通过设备正常工作实现。按照规定的要求,规范地使用、管理设备主要包括:清洁、维护、维修、使用等都应有相对应的文件和记录,所有活动都应由经过培训合格的人员进行。

一、法规解读

(一)设备操作的文件和人员资格的要求

对所有生产和检验设备,均须建立设备操作、清洁及其他相关的标准操作程序,明确使用过程中的职责划分、工作程序和内容等。

文件应采用与使用人员资格要求相当的文字,必须有母语版本,根据需要决定是否需要其他语种版本。描述方式尽量简单明了,便于理解和掌握。宜更多使用图片、示意图、流程图、表格以及量化的数字、文字等。

须对生产和检验设备使用人员健康、安全卫生等方面做出要求,应根据GMP和实际工作要求做设备使用方面的定期和不定期培训,并保存培训记录。

(二)对标准操作程序内容的要求

设备标准操作程序应主要包括以下内容:

须对设备使用过程涉及范围、对责任人、操作人、维修维护人、过程监督人等职责划分等做出明确规定。

须详细规定在换班、换批、换产品操作前的防止污染、交叉污染和混淆的措施,如与产品接触部位、部件的清洁、各类文件更新、清场等。

须对称重、计量仪器和关键过程控制(IPC)设备状态、精度进行确认。

须对不同类型设备清洁,如在线清洗(WIP)、清洗站清洗、容器、附属设备设施等,不同情况设备清洁如例行换班、换批、产品、特殊情况等的清洁方式和内容做出定义和规定,确定每种方式的清洁标准和验收标准。

对清洁后的设备储存、放置等方式、环境、标识、有效期等做出规定。必要时须对清洁区域的人员、物品特别是不同清洁状态的物品流向、定置要求等做出规定,以确保清洁效果,防止污染、交叉污染和混淆。

(三)标准操作程序和记录的管理要求

标准操作程序、设备管理程序、设备明细及分类和相关记录等应定期修订、更新并纳入质量文档管理程序中。

标准操作程序及相关文件、记录应对所有相关人员定期培训,在出现内容更新时对所有相关人员及时进行更新内容的培训,并按质量文档管理要求建立和保存培训记录。

所有标准操作程序及相关文件、记录应以适宜的形式,存放在操作人员可以及时、方便获取的作业现场。

二、实例分析

设备标准操作程序举例:

文件	颗粒切制机标准操作及维护保养规程			编号	SOP·03·0002		
				版本		页码	1/1
编 制		日 期		替 代	/		
审 定		日 期		颁 发	生产管理部		
批 准		日 期		生 效	年 月 日		
发 放	前处理人员、提取车间、质量保障部、工程设备部						

依据:GMP 与药品生产质量管理的要求

目的:规范颗粒机的标准操作及维护保养

范围:颗粒机的标准操作及维护保养

1 检查准备

1.1 检查设备内部无异物后,转动手轮,合严机器。

1.2 合上电源,空转设备,检查有无异声。

1.3 根据药材的处理规格要求,合理选择筛网。

1.4 填写并挂上运行状态卡。

2 操作

2.1 闭合电源,缓缓加料。

2.2 每一种药材粉碎结束后,关闭电源。

2.3 转动手轮,打开机器,取出筛网,彻底清理筛网及设备内部,以免药材颗粒混杂。

3 维修保养

3.1 经常检查所有电线、电器有无破损。

3.2 经常检查各紧固螺栓、螺母,防止松动。

3.3 严格执行准备和操作程序。

4 注意事项

4.1 卸筛网从固定地方(两个孔)用锤子和锥子震出。

4.2 清理筛网时,用木条轻轻敲打,不准重击。

4.3 操作前,机器要合紧密,以免粉尘飞扬。

4.4 在操作中,不准用手和铁条、木棍急速加料,强行加料。

4.5 操作时不准戴手套。

第三节　设备维护及维修

本节将探讨以下问题:①GMP 环境下如何建立设备维护体系;②维修管理系统(MMS/CMMS)包括哪些内容;③设备记录如何服务于设备维修;④如何建立维修计划,通常有哪些维修方法;⑤如何实施维修活动可以最大限度地避免对产品质量、对患者的影响;⑥设备润滑应注意什么;⑦如何记录维修活动。

一、法规解读

(一)体系化维修管理

药品生产企业应建立完善的维修管理流程,管理所有生产相关的设备及辅助系统的维修活动。

引进新设备时,应要建立设备编码或名称,且此名称将一直伴随设备的整个生命周期。同样依据维修管理流程的定义,设备或工艺系统将被分成关键或非关键的设备或系统。同时,根据设备供应商的推荐或企业自己建立的相关标准,建立合理的设备维修计划。除此之外,在企业的维修体系中,还应建立预防性维修的相关操作规程。

(二)维修活动及执行

根据建立的维修工单程序,对于不同的部门,所有的维修活动都应建立相应计划及维修相关的文件或记录。根据 GMP 的规定,所有已执行维修活动的支持文件或记录均应根据情况得到质量监督部门的审核或确认。

任何设备在停用或从系统中移除时,都应该填写相应的表格、记录,得到质量监督部门的签字认可。正式作业开始前,相关的批准文件必须收集齐全,并且在每一个相应的区域都要有明确的警示或标识。

（三）报警与报警通告

重要设备应配备 24 小时集中监控系统或类似的装置。

所有的报警都应根据工厂的报警通告流程制定明确的响应级别（关键、非关键报警）。所有重要报警都要报告质量管理部门。设施或设备因为作业、工艺流程要求而发生的报警（如计划内的设备清洁）应根据现场的相关程序进行单独记录。

（四）非计划维修活动

纠正性维修、紧急维修以及紧急状况通报应根据现场的相关程序建立文档、记录。

（五）培训

根据工厂的培训程序记录所有的维修培训活动。在维修人员开展具体工作之前，应进行维修程序的培训。

二、实施指导

设备维护保养管理：

1　管理职能

1.1　工程部负责对全公司各部门设备维护保养工作进行检查、监督、考评与管理。

1.2　车间主任和设备员（或各科室主管人员）负责对本部门的设备维护保养工作进行组织、检查和考评。

1.3　班组长和班组设备员，负责对本班组设备维护保养工作，进行组织检查和考核。

1.4　操作人员（包括机、电、仪维修人员）负责自己操作设备的维护保养工作。

2　管理内容

2.1　对所有的设备都要实行以操作人员为主，机、电、仪维修人员相结合的包机包修制。设备归谁操作，由谁维护。做到分工明确，责任到人。

2.2　设备维护保养工作必须贯彻"维护与计划检修相结合""专业管理和群众管理相结合"的原则。包机人员对自己负责的设备要做到正确使用，精心维护，使设备保持完好状态，不断提高设备完好率和降低泄漏率。

2.3　设备使用单位负责起草设备操作维护保养规程，并报公司工程部审批，公司批准后，使用单位应按规程严格执行，不得擅自改变。如需更改，必须报公司工程部批准备案。

2.4　车间要定期组织操作人员学习设备操作维护保养规程，进行"三会"教育（即会使用、会维护保养、会排除故障）。经理论和实际操作技术考核合格后，方可独立操作。对主要设备的操作人员，要求做到相对稳定。

2.5　操作人员必须做到下列主要工作：

2.5.1　严格按操作规程进行设备的启动运行和停机。

2.5.2　严格执行工艺规程和巡回检查制度，按要求对设备状况（温度、压力、震动、异响、油位、泄漏等）进行巡回检查，调整并认真填写设备运行记录，数据要准确。严禁设备超压、超温、超速、超负荷运行。

2.5.3　操作人员发现设备出现异常情况时，应立即查找原因，及时消除，对不能立即消除的故障要及时反映。在紧急情况下（如有特殊声响、强烈震动、有爆炸、着火危险时），应采取果断措施,直至停机处理。并随即通报班组、车间领导和有关部门。在原因没查清,故障没有排除的情况下,不得盲目启动,并将故障做好交班记录。

2.5.4　按设备润滑管理制度认真做好设备润滑工作,坚持"五定"、"三级过滤"。

2.5.5　对本岗位内的设备(包括电机)、管道、基础、操作台及周围环境,要求班班清扫,做到沟见底、轴见光、设备见本色。环境干净、整齐、无杂物,搞好文明生产。

2.5.6　设备在维修过程中,不得对生产过程造成污染,如需退出生产区进行维修的设备尽量退出生产区维修,如不能退出生产区维修的设备,必须按相应生产区卫生及洁净管理程序进行操作,对于维修过程有可能对与药品直接接触的表面产生污染的设备,必须按相应的程序彻底清洁可方可生产。

2.5.7　及时清除本岗位设备、管道的跑、冒、滴、漏,努力降低泄漏率。操作人员不能消除的泄漏点,应及时通知机修人员消除。

2.5.8　严格执行设备运行状态记录,记录内容包括:

a.设备运行情况。

b.发生的设备故障,存在问题及处理情况。

c.设备卫生及工具交接情况。

d.注意事项。

2.5.9　设备停机检修时,应积极配合机修人员完成检修工作,参加试车验收。

2.6　机、电、仪维修人员,必须做好下列主要工作:

2.6.1　定时对分管设备进行巡回检查,(每日1~2次),主动向操作人员了解设备运行情况,及时消除设备缺陷,并做好记录。对一时不能处理的故障应及时向车间设备维修人员反映。按车间安排执行。

2.6.2　指导和监督操作人员正确使用和维护设备,检查设备润滑情况,发现违章操作应立即予以纠正,对屡教不改者,应向车间主任报告给予处理。

2.6.3　设备维修人员定期对电器仪表及配电进行清扫,保证电器仪表灵敏可靠。

2.6.4　按时、按质、按量完成维修任务。

2.6.5　设备发生临时故障时要随叫随到,积极进行检修。

2.7　对本岗位范围内的闲置、封存设备应定期进行维护保养。

3　检查

3.1　检查制度的实施情况和设备实际保养状况。

3.2　按公司对车间、车间对班组、班组对个人三级进行按月考核,并给予相应的奖罚。

三、实例解析

空气净化系统维修保养规程:

1.风管及空调设备的清洁。

a.风管吊装前,先用清洁剂或酒精将内壁擦洗干净,并在风管两端用纸或PVC封住,保持风管内壁清洁,等待吊装。

b.系统运行后,风管每两年清洗1次,用吸尘器除去风管内表面灰尘。

c.空调器拼装结束后,内部先要清洗。

d.系统运行后,空调箱内部应每季度认真清扫洗刷 1 次。如发现破损,必要时予以修补或更换。

e.各工作间送回风口应每月清洗 1 次。并应填好清洁记录。

f.空调机房必须保持整洁、卫生。

2.日常检查、维护、保养。

a.检查供水、回水阀门是否严密,开关是否灵活。

b.检查各部位的空气调节阀门有无损坏。

c.检查空调箱、风管等内部有无锈蚀,脱漆现象。

d.检查配电盘各种电器接线有无松脱、发热现象。

e.检查仪表工作是否正常。

f.检查风机皮带的张紧度。

g.如发现有缺陷或损坏,应立即报告动力设备科组织维修,维修合格后填写记录。

3.空调机每半年保养润滑一次。

4.电机每年检修一次。

5.高效过滤器发生堵塞或泄漏时,不能进行修补,应对其进行更换。

6.高效过滤器更换情况应填写记录。

7.每年检验、校正测量的仪器仪表设备,并有校正合格证,保证其测量精确。

8.紧急情况下的维修:

a.系统在运行中如出现异常情况,应及时报告。

b.动力设备科立即组织人员进行抢修。

c.维修后,动力设备科组织有关部门进行验收,合格后方可开机运行。

d.系统的维修、保养,要认真填写设备检修保养记录。

e.初中效滤器的清洗。

f.初中效滤器在其压差示值达始值的三倍时即应清洗。

g.初中效滤器的清洗均不得直接使用固体清洁剂。

9.其他。

a.冬季不用冷水时,应把表冷器内水放尽。

b.每次使用蒸汽时应先排尽汽中的冷凝水。

c.引风机有无异常振动和噪声,发现停机维修。

第四节　设备状态标识

一、法规解读

(一)设备状态标识管理文件要求以及职责要求

建立生产和检验设备状态标识管理的相关程序,明确适用范围、职责权限划分、规定管理过程的工作程序和内容等。

文件须采用与使用人员资格要求相当的文字、描述方式,尽量简单明了,便于理解和掌握。建议更多使用图片、示意图、流程图、表格以及量化的数字、文字等。

(二)正常使用设备状态标识要求

(1)生产设备状态标识。对于生产过程正常使用的重要生产设备,须将设备关键信息(设备名称、型号规格、生产厂家、出厂日期、设备能力、需要时还包括额定功率、电压、电流、转速、压力等参数),以适宜的形式(如铭牌等)标识在设备显著位置。

须对生产过程中的设备运行状态标识进行管理,明确各种状态的定义及标识主要包括:正在生产中、已清洁、待清洁、维修、试机及其他须如实填写的内容。生产设备运行状态标识卡由操作人员负责根据现场情况更换,更换后的标识卡可做销毁处理,不必存档。公用工程设备、固定管道设施的状态标识("运行中""已清洁"状态标志用绿色字。"待清洗"标志用黄色字。"维修中"标志用黄色字。"待维修"标志用黄色字。"停用"标志用红色字。"完好"标志用绿色字)。

(2)测量、检验设备状态标识。

1)须对测量、检验设备进行编号和状态标识管理,并要求有专人负责维护保养、记录齐全。

2)须建立文件或程序,对测量、检验设备进行使用状态标识和校准记录管理,所有经校准合格的测量、检验设备必须将合格标识固定于设备易于发现的位置。合格标识应主要包括如下内容:设备编号、校准期限、有效期、校准人等。

3)须建立文件、程序,对校验结果异常的现场测量、检验设备,也需进行状态标识管理。对禁用、暂停使用、限制使用的设备,需使用与合格状态标识不同的标识予以区分。

(三)特殊状态的设备状态标识要求

在验证过程中的设备状态标识内容应主要包括验证项目名称、涉及设备名称、设备编号或地点、涉及产品、时间、异常情况处理以及验证协调人姓名和联系方式等。

维修、维护设备状态标识须对维修、维护过程中的设备状态标识包括预防维修、故障维修、设备保养等做出规定,明确状态定义及标识,以示与其他状态的设备相区别。

停用设备状态标识及处置建立须停用的设备状态标识及定义,以示与其他状态的设备相区别。

(四)设备状态标识、记录的维护与管理要求

应对设备标识内容的固定性及固定方式做出规定,标识内容和标识本身不能被轻易擦拭或去掉,建议用铆钉、粘贴、稳定的悬挂等,避免手写,特别是可轻易去除的粉笔、白板笔等书写工具制作标识。

所有设备状态标识管理程序要求具备的状态标识、相关记录等应以适宜的形式,存放在操作人员可以及时、方便获取的作业现场。

二、实施指导

(一)设备、管道状态标志管理

1. 所有使用设备都应有统一编号,要将编号标在设备主体上,每一台设备都要设专人管理,责任到人。

2. 完好、能正常运行的设备生产结束清场清洁后每台设备都应挂状态标志牌,通常有以下几种情况:

(1)运行中:设备开动时挂上运行中标志,正在进行生产操作的设备,应正确标明加工物料的品名、批号、数量、生产日期、操作人等。

(2)维修中:正在修理中的设备,应标明维修的起始时间、维修负责人。

(3)已清洗:已清洗洁净的设备,随时可用,应标明清洗的日期。

(4)待清洗:尚未进行清洗的设备,应用明显符号显示,以免误用。

(5)停用:因生产结构改变或其他原因暂时不用的设备。如长期不用,应移出生产区。

(6)待维修:设备出现故障。

3. 各种管路管线除按规定涂色外,应有标明介质流向的箭头"→"显示及流向地点,料液的名称等,不锈钢管道不涂色。

4. 灭菌设备应标明灭菌时间和使用期限,超过使用期限的,应重新灭菌后再使用。

5. 当设备状态改变时,要及时换牌,以防发生使用错误。

6. 所有标牌应挂在不易脱落的部位。

7. 状态标志牌均用不锈钢制作。

8. "运行中""已清洁"状态标志用绿色字。

9. "待清洗"标志用黄色字。

10. "维修中"标志用黄色字。

11. "待维修"标志用黄色字。

12. "停用"标志用红色字。

13. "完好"标志用绿色字。

(二)管道涂色的管理规定

1. 固定管道或按《医药工业设备及管路涂色的管理》喷涂不同的颜色,与设备连接的主要管道应标明管内物料名称及流向。管道安装应整齐、有序。

2. 管道的颜色。

(1)物料管道:大黄色。

(2)蒸汽管道:鲜红色。

(3)常水管道:绿色。

(4)冷冻水管道:白色。

(5)真空管道:白色。

(6)压缩空气管道:蓝色。

(7)三废排气管道:黑色。

3.洁净室管道不可涂色,但须注明内容物及流向,流向以箭头"→"表示。

三、实例分析

实例1 状态标识管理规程

状态标识管理规程					
编制部门:质量部		编号:SMP10-SC-00028-1.0		执行日期:年 月 日	
起草人	审核人	QA 审阅	批准人	起草原因: 新订 修订 说明:	
分发部门		QA、QC、生产技术部、设备动力部、各车间			

目的:建立状态标识管理规程,明示生产状态,避免失误操作,规范生产管理。

范围:本标准适用于所有生产过程状态标识和设备、物料状态标识,包括 QC 的仪器、设备。

责任:生产技术部、设备动力部、质量部、生产车间、仓库管理员对本规程的实施负责。

正文:

1.状态标识的分类

设备状态标识、计量器具状态标识、物料状态标识、清洁状态标识、生产状态标识等。

2.设备状态标识的管理

2.1 按照《设备编号管理规程》对设备进行统一编号,编号应标在各设备主体及设备状态标识牌上。每一台设备设专人管理,责任到人。

2.2 主要生产设备都应在指定位置挂有设备状态标识牌,设备状态标识牌底板为230 mm× 170 mm(大牌:310 mm×230 mm)不锈钢,外面插有机玻璃板。

2.2.1 设备状态标识牌内容由包括设备卡、设备状态、生产状态和清洁状态四部分组成。

2.2.2 设备卡:白底黑字。内容包括:设备名称、编号、型号、责任人、启用时间。

2.2.3 设备状态:

2.2.3.1 检修:红底黑字,表示该设备某部分或整体正在进行检修,禁止使用。

2.2.3.2 待修:黄底黑字,表示该设备出现故障,等待修理后才能正常使用,禁止使用。

2.2.3.3 运行完好:绿底黑字,表示该设备性能完好,正处于运行状态。

2.2.3.4 停用完好:绿底黑字色,表示该设备性能完好,但处于停用状态。

2.2.3.5 备用完好:绿底黑字色,表示该设备性能完好,但处于备用状态。

2.2.4 生产状态:

2.2.4.1 产品名称、批号:表示该设备正在生产的中间产品及批号。

2.2.4.2 生产过程状态:根据中间产品生产过程所处的状态不同而设置。

2.2.5　清洁状态:根据不同的清洁状态插入相应的状态标识,具体内容见5.1。

2.2.6　除主要生产设备以外的设备都应在指定位置挂有设备状态标识,状态标识分为红色"待修"、绿色"完好"、绿色"运行"三种。

2.2.6.1　待修:黄底黑字,表示该设备出现故障,等待修理后才能正常使用,禁止使用。

2.2.6.2　完好:绿底黑字色,表示该设备性能完好,但处于备用状态。

2.2.6.3　运行:绿底黑字,表示该设备性能完好,正处于运行状态。

2.2.7　设备状态标识牌的使用:由操作者用记号笔直接填写或勾画相应的状态。

2.2.8　各使用部门应对设备状态标识牌妥善保管,若有污损应及时上报设备动力部或生产技术部重新领取更换。

3.计量器具、仪器、仪表状态标志管理

3.1　按照《设备编号管理规程》对计量器具、仪器、仪表进行统一编码,编码应标在各器具主体上。设专人管理,责任到人。

3.2　工作现场的计量器具、仪器、仪表应张贴"合格""限用""禁用"状态标志。

3.3　经检定合格的计量器具、仪器、仪表张贴绿色"合格"标记;部分功能经校验合格的计量器具、仪器、仪表张贴黄色"限用";损坏的计量器具、仪器、仪表张贴红色"禁用"标记。

3.4　计量器具、仪器、仪表,有检定部门出具的周检合格证,贴于计量器具、仪器、仪表可观察的部位,每批生产前复核其是否在校验期内。

4.物料状态标识的管理

4.1　包含原辅料、包装材料、中间产品、待包装产品、成品的状态标识。

4.2　物料状态标识。

4.2.1　合格证:绿底黑字不干胶纸。内容包括物料名称、批号、编号、数量、报告单号、检验日期、复验期。表示原辅料、包装材料、中间产品、待包装产品、成品经检验确认符合质量标准的状态。

4.2.2　不合格证:为红底黑字不干胶纸。内容包括物料名称、批号、编号、数量、报告单号、检验日期。表示原辅料、包装材料、中间产品、待包装产品、成品经检验确认不符合质量标准的状态。

4.2.3　准用证:绿底黑字不干胶纸。内容包括物料名称、批号、编号、数量、来源、批准人、批准日期。某些指标虽然不符合相关标准规定,但对产品最终质量不产生影响的原辅料、包装材料、中间产品所标明的状态,表示允许使用。

4.2.4　取样证:白底黑字不干胶纸。指原辅料、包装材料、中间产品、待包装产品及成品经过取样后的专有标识。

4.2.5　物料签:白底黑字打孔硬纸牌。内容包括物料名称、批号、编号、数量、工序、生产日期、操作人。

4.2.6　物料状态标牌为塑料三角牌,一面为物料的品名,另一面为物料所处状态。

4.2.6.1　待验标牌的物料品名一面:白底黑字普通纸,状态一面为黄底黑色的"待验"字。指进厂的物料或生产出来中间产品、待包装产品等待检验所标明的状态,表示处于搁置、等待状态。

4.2.6.2　合格标牌的物料品名一面为白底黑字普通纸,状态现一面为绿底黑色的"合格"字。指进厂的物料或生产出来中间产品、待包装产品经检验符合质量标准,表示处于允许使用或被批准放行状态。

4.2.6.3　不合格标牌的物料品名一面为白底黑字普通纸,状态一面为红底黑色的"不合格"字。指进厂的物料或生产出来中间产品、待包装产品经检验不符合质量标准,表示处于不能使用或不准放行状态。

4.3　物料状态标识的使用:

4.3.1　原辅料、包装材料、中间产品、待包装产品、成品,应根据物料状态,使用不同的状态标识。

4.3.2　物料签为有孔硬纸牌,用铁丝悬挂于中间产品、待包装产品的单件包装上,其他物料状态标识可贴在反面。

4.3.3　专用周转容器必须明显标明专用物料的品名。

5.　清洁状态标识

5.1　分为"已清洁""待清洁"。

5.1.1　已清洁:绿底黑字硬纸牌。表示设备、容器、器具等经过清洁处理,达到洁净的状态。内容包括:清洁日期、清洁人、上批次品名、批号、有效期、QA 签名等。

5.1.2　待清洁:红底黑字硬纸牌。表示设备、容器、器具等未经清洁处理的状态。内容包括:生产日期、操作人、生产品名、批号等。

5.2　所有设备、容器、工具等均应有识别其可否使用的清洁状态标志。

5.3　容器、工具清洗(消毒)后放入器具存放间,挂上"已清洁"标牌。

6.　生产状态标识

6.1　状态标识:

6.1.1　生产中:绿底黑字硬纸牌。表示生产场所内正在进行生产的状态。内容包括工序名称、品名、批号、生产日期。

6.1.2　待清场:红底黑字硬纸牌。表示生产场所或工序工作已完成,还未清场工作,处于等待进行清场的状态。内容包括工序名称、上批品名、上批批号、生产日期。

6.1.3　清场中:黄底黑字硬纸牌。表示生产场所或工序正在清场中,处于暂不能进行生产的状态。

6.1.4　已清场:绿底黑字硬纸牌。表示生产场所或工序清场完毕,已取得"清场合格证",处于等待生产的状态。内容包括工序名称、上批品名、上批批号、清场日期、清场人、QA 签名。

6.1.5　清场合格证:绿底黑字硬纸牌。分正本与副本。内容包括:岗位名称、清场前名称、清场前批号、清场后名称、清场后批号、清场日期、有效期、清场人、QA 检查人。表示生产工序工作结束后清场并经检查合格,可以进行下批或品种生产的状态。

6.2　生产场所状态标识的使用:

6.2.1　生产某一阶段完成或生产结束后,通过对工作间、设备、容器等的清洁及物料、文件的清理,经 QA 确认合格后发放清场合格证正、副本。正本贴入本批生产记录,清场合格证副本纳入下一批生产的批生产记录中。

6.2.2　生产状态标识插入工作间门上的塑料套内。

6.2.3　检查:由 QA 负责对状态标识的日常巡回检查。

7. 注意事项

7.1 状态标识的内容应填写完整,不同的状态应挂上相应的标志。设备的状态标识应与所在生产场所的状态标志一致。

7.2 "已清场"和"已清洁"两种状态规定有效期:洁净区内为三天,一般生产区为一周。超过有效期的应重新清场和清洗。

7.3 每次生产操作前均应检查状态标识,各种状态标识均应为绿色标志且在有效期内,方可进行生产。

7.4 操作人员应在不同的状态及时更换标识,并经 QA 检查确认。

7.5 状态标识应放在恰当的位置,不应影响设备的使用,清洗以及清场工作。物料的状态标识牌应在货堆的显眼处。

8. 相关文件(表5-1)

表 5-1 相关文件

序号	文件名称	文件编码
01	不合格证	SOR01-ZL-02024-2.0
02	准用证	SOR01-ZL-01023-1.0
03	取样证	SOR01-ZL-02021-2.0
04	已清洁	SOR10-WS-01024-1.0
05	合格证	SOR01-ZL-02022-2.0
06	生产中	SOR10-SC-00001-1.0
07	待清洁	SOR10-WS-01025-1.0
08	已清场	SOR10-SC-00002-1.0
09	待清场	SOR10-SC-000003-1.0
10	清场中	SOR10-SC-00004-1.0
13	物料签	SOR10-WL-00038-1.0
14	清场合格	SOR01-SC-00005-1.0
15	完好	SOR06-SB-00043-1.0
16	运行	SOR06-SB-00044-1.0
17	待修	SOR06-SB-00045-1.0
18	设备状态标识牌	SOR06-SB-00037-1.0
19	待验	—
20	合格	—
21	不合格	—

第五节　设备清洁清洗

一、法规解读

（一）设备清洁清洗适用范围及职责要求

应建立详尽的生产设备清洗文件或程序,规定设备清洗的目的、适用范围,职责权限划分。针对不同类型设备清洁,包括在线清洗(WIP)、清洗站清洗、容器、附属设备设施等。按照设备清洁的步骤详细描述清洁过程各环节的工作方法和工作内容,包括动作要领、使用工具、使用的清洗剂、消毒剂、清洁须达到的标准等,确定每种方式的清洁标准和验收标准。

对于在清洗过程中须拆装的设备设施,还要明确拆卸和重新安装设备及其附属设施每一部件的指令、顺序、方式等,以便能够正确清洁。

(1)应对设备清洗中使用的清洗剂、消毒剂的名称、浓度规定、配置要求、适用范围及原因等做出明确规定。

应当对清洁前后的状态标识、清洁后保存的有效期限等做出明确规定,如:移走或抹掉先前批号等标识的要求。用恰当的方式标识设备内容物和其清洁状态、规定工艺结束和清洁设备之间允许的最长时间、设备清洁后的可放置时间等。

(2)须对设备清洁现场管理要求等做出规定。对清洁后设备的储存、放置方式、环境、标识、有效期等做出规定,清洁过程应参考如下步骤进行规定:确定需清洁的污染物性质和类型—清除所有前一批次残留的标识、印记—预冲洗—清洗剂清洗—冲洗、消毒—干燥—记录—正确存储。

（二）清洗剂消毒剂的使用要求

须对设备清洗中使用的清洗剂、消毒剂的名称、浓度规定、配置要求、适用范围及原因等做出明确规定。主要包括每种清洁剂适用的物质、清洗剂和消毒剂适用的清洗环节、清洁作业所需的清洗剂和消毒剂的浓度、最佳使用温度、清洗剂、消毒剂发挥作用所需的作业参数,如搅拌力度、次数等,清洗剂和消毒剂发挥作用需要的时间等。

（三）对清洗用水或溶剂的要求

用于设备清洗的水应与用于生产过程的工艺用水要求类似,水和清洗用溶剂必须不含致病菌、有毒金属离子、无异味。对清洗用水的取水点应定期进行消毒和微生物取样,并保存相关记录,确保清洁用水的安全可靠。须对清洁后的水和溶剂做无害处理,并检测合格后方可进行排放,确保污水经处理后不会对环境造成污染。

（四）不同种类设备清洁清洗要求

彻底清洁应包括的一般步骤:

在线清洗的步骤应包括:高温水(如80℃)冲洗—预清洗—抽真空—再预清洗—清洁剂清洗—浸泡—再次清洁剂清洗—冲洗—取样—吹扫—抽真空—记录、标识。

正常清洁步骤应包括:清除标签、标识—表面喷湿—高压自来水冲洗一定时间—需要时用一定浓度乙醇擦洗浸泡后,自来水冲洗—清洗剂擦洗一定时间—高压自来水冲洗—高温水(如80℃)冲洗—目检—干燥—按要求存储。

(1)新设备的清洁。对新设备、新容器应规定详细的清洗步骤,进行彻底清洁前建议采取以下清洁措施:表面自来水冲洗—设备外观检查——定浓度去蜡水均匀擦洗—自来水冲洗—纸巾擦拭,并检查设备表面,在达到去污、除油、去蜡的效果后按上述要求进行正常清洁。

(2)正常生产过程的清洁。需对正常生产状态下的设备清洗类型和方式进行定义,规定不同清洗类型和方式的清洗方式、清洁方法等。例行清洁、换班清洁等可参照上述步骤进行简化。

(3)超清洗有效期、长时间放置重新启用设备设施的清洁。对超清洗有效期一定期限(根据清洁验证结果确定)的设备、容器若目检合格,用高温水冲洗一定时间后烘干即可,不可烘干的用一定浓度消毒剂擦拭一遍即可,若目检不合格应按程序进行重新清洗。对长时间放置重新启用设备、容器需按照正常的在线或离线清洗步骤做彻底清洗。

(4)维修及故障后的清洁。对于维修及故障后的设备需按照正常的在线或离线清洗步骤做彻底清洁。

(5)特殊产品及设备的清洁。需对特殊产品,设备的清洁方法、频次等做出规定。清洁方法不同于正常清洁的需详细描述清洁过程各环节的工作方法和内容,包括动作要领、使用工具、使用的清洗剂、消毒剂、清洁需达到的标准等,确定每种清洗方式的清洁标准和验收标准。例如:黏度较大、活性成分较高、特殊药品等产品容器或生产设备的清洁清洗。

(五)已清洗设备存储环境、清洁状态、清洁记录及标识管理要求

已清洗设备存储环境要求与生产过程的环境保持一致,针对不同使用要求进行分区定置管理,必要时可采取密封、单间、专区存放等存储形式。并制定严格的防止污染、交叉污染和混淆的措施。

规定已清洁设备使用前清洁状态的检查方法,确保各类设备清洁的有效性。

二、实施指导

设备清洗管理:

1.本文件规定的清洗,是指设备使用结束后,用一般的擦抹方法不能有效地去除设备表面所残留的被加工物料,而经用大量的清洗剂或借助于清洗工具进行清洗。

2.每一生产阶段结束后,对设备进行清洗。

3.清洗方法。

(1)在线清洗。在设备安装位置不变,安装基本不变且不进行移动的情况下进行清洗。适用于大型不可移动的设备、制水系统、灌装系统、配制系统、过滤系统。

(2)移动清洗。可移动的小型设备或可拆卸的设备部分,移到清洗间清洗。

4.清洗方法。

(1)清洗所用的清洗液,最常用的是水,其次有乙醇、碱液或其他清洗剂。

(2)清洗方法和所需的工具、设备。

1) 擦洗:用不脱落纤维的抹布擦洗,对黏性大的遗留物可用不锈钢铲子。

2) 高压喷枪冲洗,用于不能触摸到的设备部分,如罐封内。

3) 清洗剂循环清洗,用增压泵将清洗剂在系统里循环一定的时间,达到清洗目的。适用于制水、灌装、配制、过滤等系统。

5. 按各设备清洗操作规程进行。

6. 直接接触药品的设备,最后清洗用水为纯化水。

7. 设备洗涤后,用眼观察其直接接触药品的设备表面所加工物料的残留物,最后一次洗涤水澄清。

8. 设备清洗后,视情况可用不脱落纤维的洁净干抹布擦干水迹。在清洗间清洗的设备移到该设备房间,拆下部分安装好。

9. 清洗后的设备需要消毒的,按各设备消毒操作规程进行。

10. 工程部门应制定出设备清洗操作规程,防止清洗过程对设备损害。

11. 不能使用对设备有损害的腐蚀清洗剂,以免损坏设备的性能。

12. 对重要设备或设备的主要部分进行清洗要特别认真细致,严防差错。

13. 对电器设备的清洗一定要断电后方可进行,清洗完善后一定要进行烘干或吹干,以防发生电器短路事故。

14. 同一设备连续加工同一产品时,至少每周或生产三批后,要按清洗操作规程全面清洗一次,更换品种必须按规程全面清洗。

15. 生产结束后,需要清洗的设备及时清洗,防止物料残留物干固后不易清洗,清洗完后由车间质监员检查,并做好详细记录,进入批生产记录归档。

三、实例分析

洁净区清洁消毒标准操作规程:

A、B、C 级洁净区清洁消毒标准操作规程				
	主管部门:生产部		编号:SOP-CD-PD-067	
起草人	审核人	批准人	起草原因:□新订□修订 说明:	
年 月 日	年 月 日	年 月 日	版本号	00
分发部门	质量部、生产部、工程部		执行日期	年 月 日

目的:制定一个可靠的 A/B/C 级洁净区的清洁和消毒规程,以达到和维持 A/B/C 级洁净区的环境要求,从而保证无菌产品的质量。

适用范围:适用于 A/B/C 级洁净区厂房、设备设施清洁工作的全过程。

职责:××××

生产管理人员:监督本规程的实施。

清洁人员:按照本规程对 A/B/C 洁净区进行清洁和消毒工作。

QA:对环境进行监测,确定按照本规程清洁后的环境符合无菌工艺要求的生产条件。

内容:

1　清洁工具:T字架、不锈钢盆或桶、无尘抹布(无脱落物、易清洁、易消毒、灭菌)、喷雾瓶/喷雾器、镊子。

2　A/B/C级洁净区使用的清洁剂:洗洁精、注射用水、0.1%氢氧化钠。

3　A/B/C洁净区使用的消毒剂有:75%乙醇、Perform·Classic GA(戊二醛)、Perform·Classic OXY(过-硫酸氢钾复合盐)、Spor-Klenz®(过氧化氢、过氧乙酸)、甲醛、臭氧、0.1%苯扎氯铵(仅用作地漏消毒)、3%过氧化氢(仅用作地漏消毒)、84消毒液。

4　清洁原则:从上到下,从里往外的原则进行清洁和消毒,即从较干净的地方到较脏的地方,如天花板、灯罩、墙面、设备表面、工作台面、设备侧面、工作台支架、地面。

5　清洁方法。

5.1　天花板的清洁。

5.1.1　用不锈钢桶接15 L的注射用水,白色的无尘抹布放入注射用水中浸湿,保证抹布表面浸湿均匀,用抹布包裹在T字架上,T字架的运动方向应是从里往外。

5.1.2　每块浸湿的抹布只能清洁3 m²天花板,从室内的最远端开始清洁,至通往缓冲间的通道处结束,要保证所有区域天花板都能清洁到位。

5.1.3　对注射用水进行更换,需清洁用水15 L。

5.2　墙壁(玻璃窗)的清洁。

5.2.1　白色的无尘抹布放入注射用水中浸湿,保证抹布表面浸湿均匀,用抹布包裹在T字架上,T字架的运动方向应是从上到下,不能反方向清洁。

5.2.2　每块浸湿的抹布只能清洁3 m²墙壁,从室内的最远端开始清洁,至通往缓冲间的通道处结束,要保证所有区域墙壁都能清洁到位。

5.2.3　对注射用水进行更换,需清洁用水15 L。

5.3　表面的清洁(设备、工作台面、仪器等)。

5.3.1　白色的无尘抹布放入注射用水中浸湿,保证抹布表面浸湿均匀,机器、设备按照从上到下、从后到前的顺序清洁。当遇到难接触的附件时,应用镊子夹着抹布进行清洁。

5.3.2　每擦拭完一个设备附件时都应对抹布进行清洗。

5.3.3　对注射用水进行更换,需清洁用水15 L。

5.4　回风口的清洁。

5.4.1　蓝色的无尘抹布放入注射用水中浸湿,保证抹布表面浸湿均匀,取出拧干后先清洁回风口的边框再对叶片进行擦拭。

5.4.2　每擦拭一个回风口都应对抹布进行清洁。

5.4.3　对注射用水进行更换,需清洁用水15 L。

5.5　地面的清洁。

5.5.1　蓝色的无尘抹布放入注射用水中浸湿,保证抹布表面浸湿均匀,用抹布包裹在T字架上,从室内的最里端开始清洁,至通往缓冲间的通道处结束。要保证所有区域的地面都能清洁到位。

5.5.2　T字架运动方向应该遵循"倒八字"的原则,此方式关键是T字架的运动方向不能反向,必须保证灰尘、颗粒始终在刮板的下方。

5.5.3 对注射用水进行更换,需清洁用水 15 L。

5.6 百级层流幕帘。

5.6.1 白色的无尘抹布放入注射用水中浸湿,保证抹布表面浸湿均匀,用抹布包裹在 T 字架上,幕帘上端的正反面用 T 字架清洁,每擦拭五片幕帘应对抹布进行清洁。

5.6.2 幕帘的底部用手拉着,擦拭幕帘中下端的正反面,保证每块幕帘的地方都擦拭到。不能反方向擦拭。

5.6.3 对注射用水进行更换,需清洁用水 15 L。

6 消毒方法。

6.1 用白色的抹布放入消毒剂中浸湿,保证抹布表面浸湿均匀,天花板、灯罩、墙面,用抹布包裹在 T 字架上,从最里端进行消毒。

6.2 设备表面、工作台面、设备侧面、工作台支架用白色的抹布放入消毒剂中浸湿擦拭。

6.3 幕帘用白色的抹布放入消毒剂中(消毒方法同清洁方法)。

6.3 地面用蓝色的抹布放入消毒剂中浸湿抹布包裹在 T 字架上,从室内的最里端开始消毒,至通往气闸间的通道处结束。要保证所有区域的地面都能消毒到位。

6.4 对无尘抹布无法消毒的地方应用喷雾瓶/喷雾器进行消毒,消毒一定要彻底,不能留有死角。

6.5 地漏(C 级洁净区)。

6.5.1 选用 0.1% 苯扎氯铵或者 3% 过氧化氢进行灭菌,具体方法参见《地漏卫生规程》。

7 清洁消毒周期。

7.1 产间隔超过清场有效期(24h)的应重新进行清洁消毒。

7.2 停产超过一周,在生产前应对所有洁净室进行清洁、消毒,并采取甲醛熏蒸消毒。

7.3 洁净区进行厂房、设备改造后,也应采取甲醛熏蒸消毒。

7.4 QA 人员可以根据环境监测结果,对洁净室的清洁、消毒频次作出调整。

7.5 地面、门把手、工作台、仪器、设备表面、电话、小车、门、墙、玻璃窗、不锈钢架、橱柜、天花板、高效散流板、灯罩、回风口,这些应是每次生产前都要清洁消毒。

8 A、B 级洁具的清洁、消毒。

8.1 不锈钢盆、桶使用完后用注射用水清洗一次,再用乙醇喷洒消毒或烘箱灭菌消毒。

8.2 无尘抹布(白色、蓝色)应洗净、烘干、灭菌后才能在 A/B 级洁净区使用。

8.3 清洁天花板和墙面使用的 T 字架应和地面使用的刮板分开,T 字架使用后必须清洗消毒。

8.4 喷雾瓶/喷雾器每次使用后至少用消毒剂对其表面擦拭消毒一次。

9 C 级洁净区。

9.1 桶、盆使用后应立即清洗,并倒置放置。

9.2 刮板使用后应当日清洗,用乙醇喷洒消毒。

9.3 无尘抹布应洗净、烘干后方可在 C 级洁净区使用。

10 洁具的存放。

10.1 清洁用具应保存在相应级别的清洁间(洁具间),不允许将洁具直接放在地上,清洁用具应标明使用级别,如"A、B级"、"C级"。

11　文件修订历史

版本号	修订原因	修订日期	修订内容

第六节　校　　准

药品质量是企业的生命,而做好计量工作是保证产品质量的重要手段。没有计量工作的高质量,就没有产品的好质量。制药生产中对衡器、压力、温度、流量等操作条件要求很高,一个参数或一个仪表出现偏差,就可能导致一批产品不合格。而保障各参数计量显示仪表的准确无误、正常运转,是企业计量工作的重要内容。

检定(verification):查明和确认计量器具是否符合法定要求的程序,它包括检查、加标记和(或)出具检定证书。

校准(calibration):是指"在规定条件下,为确定测量仪器或测量系统所指示的量值,或实物量具或参考物质所代表的量值,与对应的由标准所复现的量值之间关系的一组操作"。校准结果可以记录在校准证书或校准报告中。

校验:校验是确保产品质量的最基本要素,描述了那些仪表需要执行校验、需要谁做、什么时候完成、为什么去做等内容。

一、法规解读

每个受控仪表都有一个所对应的校准数据记录。且每个仪表都应该有唯一的仪表标签编号,和生产、工艺、安全环境关键仪表都有对应的铭牌。

校准方法应该在SOP标准作业程序的英文缩写中被明确定义。

所有仪表都有校准间隔和工艺所允许的可接受偏差。

有比较简单的方法能够确定仪表状态的好坏。

校准记录应该有保存地点和保存时限。

应按照预定的计划进行校验并记录,保证仪表在校验有效期内。

药品生产企业应该建立适应自己的计量校准管理体系,依据体系指导并开展企业内的计量校准工作的实施。应该设专门的校准部门和人员、校准管理规程、校验台账、校准操作程序(SOP)、校准记录表、偏差处理流程和变更控制流程等。

(一)仪表分类

《中国计量法》中规定将所有的仪表分为A、B、C三类。

A类仪表:用于量值传递的测量标准;用于安全防护、医疗卫生、贸易结算、关键数据测量的测量设备。

B类仪表:用于安装工艺过程控制、质量检测、设备系统调试,且有计量数据记录要求、或测量的结果需要记录并移交给顾客的测量设备;用于物资管理、库房环境控制的测量设备。

C类仪表:进口设备配备的且不能拆卸的测量设备;不能单独使用,仅作为 A、B 类测量设备的辅助配件;在生产工艺过程中不易拆卸的,而无严格准确度要求的,只作为一般指示性测量设备。

(二)校准范围和偏差及变更控制

1. 校准范围。正常情况下,仪表要求校验到满量程时应该能够达到供应商所提供的精度要求。如果仪表用来测量/控制一个更小的工艺操作范围,则应该缩短校准范围。

2. 偏差与变更控制管理。

(1)根据现场操作程序,当出现仪表损坏、校验结果超出允许误差、仪表损坏、显示功能不正常时,可执行偏差流程。

(2)当需要改变仪表的控制参数、分类等级、允许偏差、校准执行日,必须要执行变更控制流程。

3. 校准间隔。多数情况下,和生产相关的关键仪表的校准间隔应该不少于 6 个月一次,直到有充分的数据证明仪表的可靠性。

4. 校验记录表。如果仪表需要调整,则应该记录调整前和调整之后的校准数据。任何关键仪表参数的调整都必须及时更新校验台账、校准操作程序和校验记录表。记录表中包含如下内容:

(1)校验记录表的编号、修订日期、版本号

(2)被校准仪表的名称、校验标签编号、型号和编号

(3)测量标准器的名称、型号、编号

(4)执行和复核人签名、执行和复核时间

(5)校准设定值、校验的调整限度、校准的可接受允差

5. 校准结果的判定。结果合格:如校准结果符合预期要求,贴合格标识,可继续使用。结果不合格:如校准结果超差,贴禁用标识,并尽可能将其撤离现场,同时报告质量保证部门执行不符合事件管理流程。

6. 文档管理。校验文件管理包括相关的法规文件、计量检定证书、SOP 程序、校准记录表、校验台账、年度回顾报告和相关的设备资料。计量检定证书和相关的设备资料一般保存至对应设备报废后的第二年。校验主计划、SOP 和校准记录表一般保存至药品失效后的第二年。以上相关文档应该保管在公司文档中心。校验管理人员在每年年底应对当年仪表的使用情况做一次总结性回顾。并以报告的形式存档备查,年度报告内容中应该包含测量标准器使用情况、校准台账完成情况、校准方法的变更和关键参数变更等信息。

二、实例解析

电子天平的检定

（一）应明确的两个概念

在电子天平的检定工作中,首先应明确实际分度值 d 和检定分度值 e 两个概念和它们之间的关系,根据《No76-1 国际建议》中的定义,电子天平的实际分度值是指相邻两个示值之差,它表示电子天平的读数能力;而检定分度值则是用于天平(包括机械天平)的分级和检定的,并以质量单位表示的值。它们之间存在下述关系:$d \leqslant e \leqslant 10d$。

（二）应重视的两步操作

电子天平的生产厂家、型号众多,操作方法各异,但操作使用任何一台电子天平时都应注意以下两点:首先应将电子天平调整至水平状态,并按规定时间进行预热,然后再对其进行校准(可选择外校或内校方式),以消除不同使用地点重力加速度的不同对其称量结果的影响。这一过程是正确检定(包括使用)电子天平所必需的,否则难以保证检定(或称量)结果的准确性。

（三）电子天平的检定

JJG98-90 中指出评定电子天平的计量性能的指标有 8 项,其中对使用中的电子天平的周期检定主要是前 4 项:鉴别力和灵敏度、最大允许误差、重复性和偏载的检定。下面分别对它们作一些说明:

1.灵敏度和鉴别力的检定。根据《No76-1 国际建议》中的说明,灵敏度是指对于一个给定的重量变化(Δm),衡器的指示值相应能发生的示值变化(ΔL)。而鉴别力则是表征衡器对微小载荷的反应能力,也即要引起衡器示值有一个可发觉的变化需要添加的重量是多少。对电子天平来说,鉴别力是一个有意义的概念,而灵敏度则没有实际意义,因此检定员不要因为规程中将二者列在一起说明而产生误解。

对使用中的电子天平鉴别力的检定,通常允许作简化处理,即选择在空载或全载时处于平衡状态的天平上,用质量为 1.4 d 的小砝码,轻缓地加放在天平上或从其上拿下,此时原来的天平示值应有变化(具体过程见 JJG98-90 中表 15)。一般来说,使用中的电子天平的鉴别力不会有问题,所以规程中指出:对于 $d \leqslant 1$ mg 或 $e > 2$ d 的电子天平,允许免检其鉴别力。

2.各载荷点的最大允许误差的检定。电子天平的最大允许误差是指天平的线性度,它与电子天平的准确度等级和称量有关(详见 JJG98-90 表 8),其目的是判定电子天平的示值误差是否在规定的范围内。

通常,示值误差(E)由下式来确定:$E = I - I0$,I 为天平指示值,I0 为标准砝码的标称值。对电子天平来说,这样计算示值误差是不够严密的。我们知道,电子天平是数字显示方式,其示值的变化不是连续的,而是以阶跃形式进行。这样,当天平的实际示值处于相邻两个数字之间时,实际示值总是按一定的数字化整方式,以某一相邻数字显示出来,因此,电子天平的数字显示值除含有实际模拟示值外,还包含着数字化整误差。在对电子天平进行检定时,应当剔除这个数字化整误差,找到实际模拟示值,以准确确定电子天平的示值误差。在实际检定中,常采用附加小砝码寻求数字转换点,来进行凑整计算的方法,其过程是:对某一检定点用相应的标准砝码 L 加载,此时天平显示值为 I,然后将 e/10 值的附加小砝码 Z 逐个增加至 ΔL 时,显示数字增加一个字或在相邻两个示值间转换跳动。此时即可知数字化整误差为(e/2−ΔL),而实际模拟值为(I+e/2−ΔL);由此得到该检定点的示值误差 E =(I+e/2−ΔL)−L,这就是 JJ G98−90 中检定电子天平示值误差的计算公式。

JJG98−90 中同时指出:对 e≥4 d 的电子天平允许不作数字化整误差的修正。

3. 重复性检定。重复性是描述电子天平在相同的测量条件下,对同一载荷多次称量结果之间的差值,是衡量电子天平称量结果能否达到一致的能力。重复性检定应在空载和加载状态下进行,其检定过程及数据处理方法按 JJG98−90 表 18 进行。对 e≥4 d 的电子天平同样允许省略数字化整误差的修正过程而直接用天平示值减去砝码质量值来计算重复性误差。

4. 偏载检验。偏载检验又称四角误差检验,它是通过将载荷放置在秤盘上不同的位置来检验天平提供一致结果的能力。在实际检定工作中,应根据电子天平的使用要求来确定检验载荷。

第七节　制药用水

　　水在制药工业中既可作为原料又可作为清洗剂,各国药典中对制药用水的质量标准,用途都有明确的定义和要求;各个国家和组织的 GMP 将制药用水的生产和储存分配系统视为制药生产的关键系统,对其设计、安装、验证、运行和维护等提出了明确要求。

　　本节将具体介绍我国药典和 GMP 对制药用水的要求。制药生产中其他原料、辅料、包装材料是按批检验和投放的,而作为原料的制药用水(饮用水、纯化水或注射用水)通常是通过管道连续流出的,随时取用的,其微生物属性等质量指标通常无法连续地实时检测到。通常是先使用到产品中,若干天后才能知道其微生物指标是否合格,为保证制药用水系统生产出的水在任何时候都是好的,即水系统生产质量的稳定性和一致性是各国药品监管部门和制药企业共同关注的重大问题。

一、法规解读

制药工艺用水的质量标准:

在《中国药典》2010 年版中,规定纯化水检查项目包括酸碱度、硝酸盐、亚硝酸盐、氨、电导率、总有机碳、易氧化物、不挥发物、重金属、微生物限度,其中总有机碳和易氧化物两项可选做一项。与 2005 年版相比,增加了电导率和总有机碳的要求,取消了氯化物、硫酸盐与钙盐的检验项目。

在《中国药典》2010 年版中,规定注射用水检查 pH 值、氨、硝酸盐与亚硝酸盐、电导率、总有机碳、不挥发物与重金属、细菌内毒素、微生物限度。与 2005 年版相比,增加了电导率和总有机碳的要求(表 5-2)。

表 5-2 《中国药典》2010 年版纯化水和注射用水检验项目

检验项目	纯化水	注射用水
酸碱度	符合规定	
pH		5 ~ 7
硝酸盐	<0.000 006%	同纯化水
亚硝酸盐	<0.000 002%	同纯化水
氨	<0.000 03%	同纯化水
电导率	符合规定,不同温度有不同的规定值,例如 < 4.3 μS/cm@ 20℃ ;<5.1 μS/cm@25℃	符合规定,不同温度有不同的规定值,例如<1.1 μS/cm@ 20℃ ;<1.3 μS/cm @ 25℃ <2.5 μS/cm@ 70℃ ;<2.9 μS/cm@ 95℃
总有机碳	<0.50 mg/L	同纯化水
易氧化物	符合规定	—
不挥发物	1 mg/100 mL	同纯化水
重金属	<0.000 01%	同纯化水
细菌内毒素	—	<0.25 EU/mL
微生物限度	100 个/1mL	10 个/100 mL

注:总有机碳和易氧化物两项可选做一项。

在《中国药典》2010 年版中,规定灭菌注射用水检查 pH 值、氯化物、硫酸盐与钙盐、二氧化碳、易氧化物、硝酸盐与亚硝酸盐、氨、电导率、不挥发物与重金属、细菌内毒素。

二、实施指导

(一)纯化水制备系统

目前在国内纯化水制备系统的主要配置方式如图 5-3 所示,但并不局限于只有这几种。

这里需要提及一点的是,原水水质应达到饮用水标准,方可作为制药用水或纯化水的起始用水,如果原水达不到饮用水标准,那么就要将原水首先处理到饮用水的标准,再进一步处理成为符合药典要求的纯化水。纯化水系统需要定期的消毒和水质的监测来确保所有使用的水符合药典对纯化水的要求。

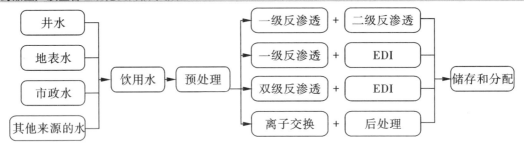

图 5-3　纯化水制备方法

（二）注射用水制备系统

《中国药典》2010 年版中规定,注射用水是使用纯化水作为原料水,通过蒸馏的方法来获得。注射用水的制备通常通过三种蒸馏方式获得,即单效蒸馏、多效蒸馏和热压式蒸馏。

蒸馏是通过气液相变法和分离法来对原料水进行化学和微生物纯化的工艺过程。在蒸馏过程当中,低分子杂质可能被夹带在水蒸发后的蒸汽中以水雾或水滴的形式被携带,所以需要通过一个分离装置来去除细小的水雾和夹带的杂质,这其中包括内毒素。纯化了的蒸汽经冷凝后成为注射用水。通过蒸馏的方法至少能减少 99.99% 内毒素含量。

（三）多效蒸馏水机

多效蒸馏设备通常由两个或更多蒸发换热器、分离装置、预热器、两个冷凝器、阀门、仪表和控制部分等组成。一般的系统有 3～8 效,每效包括一个蒸发器、一个分离装置和一个预热器。

在一个多效蒸馏设备中,经过每效蒸发器产生的纯化了的蒸汽(纯蒸汽)都是用于加热原料水,并在后面的各效中产生更多的纯蒸汽,纯蒸汽在加热蒸发原料水后经过相变冷凝成为注射用水。由于在这个分段蒸发和冷凝过程当中,只有第一效蒸发器需要外部热源加热,经最后一效产生的纯蒸汽和各效产生的注射用水的冷凝是用外部冷却介质来冷却的,所以在能源节约方面效果非常明显,效数越多节能效果越好。

（四）连续的微生物控制

工艺水系统通常应用连续的方法控制微生物,并进行周期性消毒。

（1）"热"系统。防止细菌生长的最有效和最可靠的方法是在高于细菌易存活的温度下操作。系统在 80℃ 的温度下操作,有很多的历史数据表明在这种条件下能防止微生物生长。需要注意的是,这个温度范围不会去除内毒素。当内毒素是我们所关注的问题时,必须通过设计合理的处理系统来去除它。

（2）"冷"系统。"冷"系统是在 4℃ 到 10℃（我国药典附录中提及的是低于 4℃）的温度下操作。在 15℃ 以下微生物的生长率明显降低,因此与常温系统相比,冷系统的消毒频率可能要降低。

（3）"常温"系统。在行业中,"常温"的纯化水系统通常使用臭氧和/或热水消毒,与"热"或"冷"系统相比,通常需要较低的生命周期成本,并且还减少了能量消耗。

（4）臭氧。臭氧能有效地控制微生物。它是一种强氧化剂,与有机体发生化学反应并杀死它们。在任何药典规定用水系统和大多数其他应用中,我们希望使用的水完全没有臭氧。臭氧一般通过紫外线辐射来去除。254 纳米的紫外线能把臭氧转变成氧气。较普遍的设计是维持储罐中臭氧浓度在 0.02×10^{-6} 到 0.1×10^{-6},在分配环路的起始端用紫外线辐射去除臭氧。

习　题

一、填空

1. 设备的设计、选型、安装应符合生产要求,易于_____、_____或灭菌,便于生产_____和_____、保养,并能防止_____和减少_____。

2. 与设备连接的主要固定管道应表明管内物料_____和_____。

3. 纯化水、注射用水的_____、_____和_____分配应能防止_____物的_____和污染。

4. 纯化水、注射用水管道的设计和安装应避免_____角_____管。

5. 纯化水、注射用水储罐和管道应规定对其进行_____、_____的周期。

6. 衡器、量具、仪表,用于记录和控制的设备以及仪器的校准频率间隔不少于____月/次。

7. 主要生产和检验设备在使用和清洁前都应当制定明确的_____。

8. 生产设备应当在_____的_____内使用。

二、选择题

1. 操作开始前应对生产用度量衡器等进行必要的检查或校正,超过(　　)的计量仪器不得使用。

　A. 计量周检期限　　　　　　　　B. 使用期限

　C. 生产周期　　　　　　　　　　D. 生产企业保修期

2. 在生产前应做好清场工作,应(　　),防止混淆。

　A. 核对本次生产产品的包装材料数量　　B. 检查使用的设备是否完好

　C. 确认现场没有上次生产的遗留物　　　D. 核对本次生产产品的数量

3. GMP 对设备的(　　)确认未作要求。

　A. 安装　　　　　　　　　　　　B. 安全

　C. 运行　　　　　　　　　　　　D. 性能

4. 对设备的设计选型安装,不一定要求(　　)。

　A. 易于清洗消毒　　　　　　　　B. 便于生产操作,维修和保养

　C. 便于现场监督和参观　　　　　D. 能够防止差错和污染

5. 不合格的物料应(　　)。

　A. 在原处用红色带子圈出区域内　　B. 在划出的专门区域内

　C. 一定要设置不合格的专门仓库　　D. 挂上不合格标记放在原处

6. 已清洁的生产设备应当在(　　)条件下存放。

　A. 清洁　　　　　　　　　　　　B. 潮湿

　C. 外露　　　　　　　　　　　　D. 干燥

7. 生产设备应当有明显的状态标识,下列(　　)属于设备状态标识。

　A. 设备运行　　　　　　　　　　B. 设备故障

C. 设备停机　　　　　　　　　　　D. 设备已清洁

E. 设备待清洁

8. 注射用水管道标识和箭头颜色是(　　　　)。

A. 蓝色　　　　　　　　　　　　　B. 红色

C. 绿色　　　　　　　　　　　　　D. 黄色

9. 带有黄色标识和箭头的管道内是(　　　　)内容物。

A. 药液　　　　　　　　　　　　　B. 循环水

C. 冷冻水　　　　　　　　　　　　D. 氮气

10. 下列(　　　　)管道内容物的标识和箭头的颜色是蓝色。

A. 真空　　　　　　　　　　　　　B. 氢气

C. 冷冻水　　　　　　　　　　　　D. 循环热水

E. 饮用水　　　　　　　　　　　　F. 氮气

11. 设备在维护过程当中应防止(　　　　)风险。

A. 产生污染　　　　　　　　　　　B. 交叉污染

C. 混淆　　　　　　　　　　　　　D. 差错

12. 设备维修前应对设备(　　　　)状态进行了解。

A. 运行时间　　　　　　　　　　　B. 缺陷

C. 隐患　　　　　　　　　　　　　D. 事故

E. 功能失常

13. 设备维修前实施(　　　　)安全技术准备。

A. 切断设备电源　　　　　　　　　B. 清场

C. 悬挂"禁止开启"警示牌　　　　　D. 防火

14. 设备维护和维修包括(　　　　)。

A. 计划维护保养　　　　　　　　　B. 预防检查

C. 故障维修　　　　　　　　　　　D. 设备技术改造

15. 润滑剂应按照(　　　　)原则进行选用。

A. 运动速度　　　　　　　　　　　B. 工作环境

C. 运动负荷　　　　　　　　　　　D. 加油方法

E. 工作温度

三、判断题

1. 缓冲设施没有洁净级别的要求。　　　　　　　　　　　　　　　　(　　)

2. 只有主要生产设备需要有专人管理,定期检查、保养、维修及验证,并建立设备档案。
　　　　　　　　　　　　　　　　　　　　　　　　　　　　　　(　　)

3. 在对技术资料进行修订时,应列出修订内容,更新版本号、生效日期等,在使用新版本技术资料时应该废除旧版本资料,预防混乱。　　　　　　　　　　　　　(　　)

4. 不合格的设备如有可能应搬出生产和质量控制区,未搬出前,应有醒目的状态标识。
　　　　　　　　　　　　　　　　　　　　　　　　　　　　　　(　　)

5. 所有标准操作程序及相关文件、记录应保存起来,不可存放在操作人员可涂改的作业现场。　　　　　　　　　　　　　　　　　　　　　　　　　　　　　(　　)

第六章

物料和产品

学习目标

1.掌握物料与产品的基本概念,熟悉物料的质量标准。
2.掌握物料与产品的管理要求。
3.熟悉包装材料的管理。
4.了解特殊物料和产品的管理。

药品生产是将物料加工转换成产品的一系列实现过程。产品质量基于物料质量,形成于药品生产的全过程。可以说,物料质量是产品质量的先决条件和基础。如果药品生产所用物料的质量不符合要求或达不到规定的标准就不可能生产出符合质量标准的产品。因此药品生产的控制必须从物料开始(图6-1)。

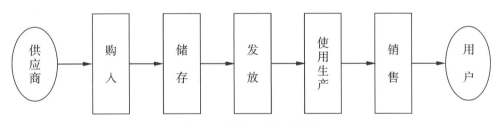

图6-1 药品生产的全过程

第一节 物料和产品的概念与质量标准

一、物料和产品的概念

《药品生产质量管理规范》(2010年版)中将物料与产品的概念进行了细分,其中物料包括原料、辅料、包装材料。产品包括中间产品、待包装产品和成品。

原料指药品生产过程中使用的所有投入物,辅料除外。辅料是指药品生产和调配处方时所用的赋形剂和附加剂。原辅料就是指除包装材料之外,药品生产中使用的任何物料。原辅料是生产高质量产品的一个关键、先决条件。

化学药品制剂的原料是指原料药;生物制品的原料是指原材料;中药制剂的原料是指中药材、中药饮片和外购中药提取物。

就药品制剂而言,原料特指原料药;就原料药而言,原料是指用除包装材料以外的其他物料。

包装材料就是指药品包装所用的材料,一般可分为三类:内包装材料、外包装材料和印刷性包装材料,不包括发运用的外包装材料。

印刷包装材料指具有特定式样和印刷内容的包装材料,如印字铝箔、标签、说明书、纸盒等。

中间产品指完成部分加工步骤的产品,尚需进一步加工方可成为待包装产品。

待包装产品指尚未进行包装但已完成所有其他加工工序的产品。

成品指已完成所有生产操作步骤和最终包装的产品。

二、物料的质量标准

药品生产所用的原料、辅料与药品直接接触的包装材料应当符合相应的质量标准。物料的质量标准可分为法定标准、行业标准和企业自定标准。

(一)法定标准

法定标准是国家颁布的对产品质量的最基本要求,是药品生产中必须达到的质量标准。

1.药品标准。药品标准是指国家对药品的质量、规格及检验方法等所作的技术规定,是药品的生产、流通、使用及检验、监督管理部门共同遵循的法定依据。在我国药品标准分两种:一是国家标准,即《中国药典》和国家食品药品监督管理局局颁药品标准(简称局颁标准);二是地方标准,即各省、自治区、直辖市卫生厅(局)批准的药品标准。目前地方标准中除有关中药材及中药材的炮制规范等以外,已不再保留。

 知识拓展

中国药典和局颁标准

《中国药典》已经颁布九版,即 1953 年版、1963 年版、1977 年版、1985 年版、1990 年版、1995 年版、2000 年版、2005 年版和 2010 年版,现行版本是 2010 年版药典。

国家食品药品监督管理局局颁标准,简称局颁标准,它是在《中国药典》的基础上,对目前还不适宜收载于药典,或新药典未出版前的优良产品制定颁发的药品标准,物料中的原料药品必须符合以上标准。

2.生物制品规程。《中国生物制品规程》2000年版自2000年10月1日起执行,该规程收载了预防、治疗和体内诊断用生物制品制造及检定规程。2002年颁布了《中国生物制品规程》(2000年版)增补本,收载了18个新生物制品的规程和暂行版中符合规程转正要求的4个体外诊断制品规程;增补了8个生物制品化学及其他检定方法;并且收载了《中国生物制品规程》(2000年版)的修订和勘误内容。

3.进口药品标准。进口药品原料必须经口岸药品检验所检验,检验标准为现行版的《中国药典》、局颁标准或国际上通用的药典。目前我国被授权的口岸药检所共有17家,分别为:中国药品生物制品检定所,北京市、天津市、上海市、广州市、大连市、厦门市、青岛市、武汉市、重庆市、成都市药品检验所,江苏省、浙江省、福建省、广东省、海南省、陕西省药品检验所。国际通用药典指:《美国药典》(USP)、《英国药典》(BP)、《欧洲药典》(EP)、《日本药局方》(JP)。对上述药典或标准未收载的,应采用国家食品药品监督管理局核发进口药品注册证时核准的质量标准。

4.药品包装用材料、容器标准。按照2000年实施的《药品包装用材料、容器管理办法(暂行)》,国家对药品包装用材料、容器实行产品注册制度。药品包装用材料、容器必须按法定标准进行生产,不符合法定标准的药包材不得生产、销售和使用。药品包装用材料、容器的国家标准或行业标准由国家食品药品监督管理局组织制定和修订,无国家标准、行业标准的,由申请产品注册企业制定企业标准。2006年我国实施的《药品说明书和标签管理规定》对药品包装用材料、容器的外观设计做了详细规定。首次进口药品包装用材料、容器(国外企业、中外合资境外企业生产),必须取得国家食品药品监督管理局核发的注册证书,并经其授权的检测机构检验合格后方可在国内销售使用。

(二)行业标准

行业标准是药品生产企业系统内部制定的,一般情况下行业标准高于法定标准,多用于行业内同品种的评比、考核,或互相考察各企业间的质量、生产水平。

(三)企业自定标准

企业自定标准是企业根据法定标准、行业标准和企业生产技术水平、用户要求等制定的高于法定标准、行业标准的内控标准,目的是保证产品出厂后,保证其在规定的期限内的质量,并对无法定标准的物料进行质量控制。

企业如使用尚无国家法定标准的物料,其依据是行业标准或企业自定标准,所用物料应安全无毒、性质稳定、不与药品发生物理或化学反应,不对药品的质量产生不良影响,并得到药品监督管理部门批准。

在药品生产过程中所产生的中间产品,其质量标准一般由企业自定,但标准必须明确。

第二节　物料的购入、接收与检验

物料的管理环节涉及采购、储存、发放及使用的通用管理,其中物料的采购是第一步。物料的购进与接收包括审计物料生产企业、物料的采购、运输、验收等环节。

一、物料的购入

(一)供应商的选择与确定

所谓供应商就是指物料、设备、仪器、试剂、服务等的提供方,包括生产商、经销商等。药品质量与购入的物料质量有着极为密切的联系,因此必须从合法的单位购进符合规定标准的物料。由采购部门选择合法的供应商来提供合法的物料,并由质量管理部门会同有关部门对主要物料供应商资质进行考核及其质量体系进行审计。经质量管理部门确认供应商及其物料合法,具备提供质量稳定物料的能力后,批准将供应商及对应物料列入"合格供应商清单",作为物料购进、验收依据。为了保证生产需要,避免临时缺货或其他因素影响生产,对同一种物料,一般选择两个合格的供应商。为了保障物料质量的稳定性,一旦确定供应商,要保持相对的固定(中药材的产地应保持相对稳定)。确有必要变更供应商的,应当再次进行质量评估以及产品验证及稳定性的考察,并经过质量管理部门的批准后方可购入。购入物料一般尽可能直接向生产商购买。

在选择供应商时,应当考核供应商资质同时审计其质量管理体系:

1. 考核供应商资质。考核供应商是否有法定的生产经营资格,是否证照齐全,如企业法人营业执照、药品生产许可证、GMP认证证书、所购物料是否有法定部门批准的生产批准文号等。

2. 现场审计质量管理体系。对物料供应商的人员、硬件(厂房、设备、环境)、软件(生产管理水平、质量保证体系)、人员情况和工作现场进行检查,重点了解产品的质量和防止污染和交叉污染的措施。对供应商的生产能力、质量控制能力、产品质量历史记录、市场信誉等进行深入的调查。如有必要,技术部门可带回物料样品进行测试,也可进行生产小试。此外,还应当对供应商定期回访,进行再审计。

(二)制订购入计划、签订供货合同及和物料发运

企业销售预测是编制采购和生产,企业以市场为导向,必须保证不因物料库存量低而影响生产计划的制订,导致失去商机,但又不能库存过多,与物料的库存量不匹配,造成大量资金积压。因此在签订物料供货合同之前需要根据生产计划制订出物料的采购计划确定购入量。采购计划需要经过相关部门审核批准。

在签订采购合同时,合同中除了规定如买卖双方、标的、数量、价格、规格、交货地点、交货期、付款方式、违约责任等一般内容外,还要特别注明原辅材料质量标准要求、卫生要求以及验收标准。此外,合同内容中应有对包装、装箱数量的要求。合同应将质量标准作为合同副本。

与同一供应商应先签短期合同,在确定其产品质量稳定可靠,信誉好,短期合同执行理想的情况后再订长期合同。采购方应当对供应商进行经常性的质量监督、检查管理,确定供应商的合同履行情况。

物料生产企业将物料发送到收货方需要配货、运输。物料的运输应能满足质量保证需要,对运输有特殊要求的物料,其运输条件应予确认。比如运输路线、运输容器、运输过程中的温度、湿度、光照要求等。

制药企业应与运输公司通过合同(协议)形式明确相互责任,以确保运输方理解并遵循所规定的运输要求。

二、物料的接收

(一)验收

物料运达后,物控部门或者仓库应派专人按照规定进行验收并暂存。物料的验收包括下面三个环节。

1. 货物凭证的审查。验收人员首先需要进行如下审查:供货厂商是否为批准的供应商;购货合同、订单、发票、产品合格证和检验报告书等单据是否真实、规范;货单是否相符。在确认货物凭证准确无误的情况下,准予卸车,否则一律不予接收。

2. 外观目验。审查完书面凭证之后,应对照书面凭证从物料标签和外观上逐项核对品名、批号、厂家、商标。检查包装或容器的完整性,发现外包装损坏或其他可能影响物料质量的问题,应当向质量管理部门报告并进行调查和记录。必要时,还应当进行清洁。

3. 填写接收记录。根据上述审查和目验的实际情况,填写接收记录,记录包括:交货单和包装容器上所注物料的名称;企业内部所用物料名称和(或)代码;接收日期;供应商和生产商(如不同)的名称;供应商和生产商(如不同)标识的批号;接收总量和包装容器数量;接收后企业指定的批号或流水号;有关说明(如包装状况)等。记录应真实、准确,注明验收结论,并有接收人和负责人的签名。

(二)编码和暂存

对经过上述验收程序的物料,要按规定进行统一编码。物料编码能使记录报表一致,确保信息准确,减少或避免混淆和差错的危险。编码还能增强严密性,防止机密外泄,同时适应计算机信息化的需要,便于查找。对物料进行编码要坚持以下原则:系统性,便于分类统计;唯一性,不同级别、规格物料编码不同;简易性,简短易懂;有一定的弹性;可用数字、英文字母表示。物料编码由物料管理部门负责指定或取消,以物料清单或台账的书面形式发放至相关部门。

编码可由物料识别号+时间+流水号组成,如 M-10-4-22-7,意思为代号为 M 的物料于 2010 年 4 月 22 日第 7 次入库。代号为企业自定。

编码后将物料放置在待检区域(挂黄色标志),仓储管理人员要申请质量管理部门检验。对验收检验不合格的货物,将其放置到专门的不合格区域,及时上报有关部门进行处理。要注意物料进出仓库后及时将门关好,物料进库及出库不得同时进行,以免发生混淆(图 6-2)。

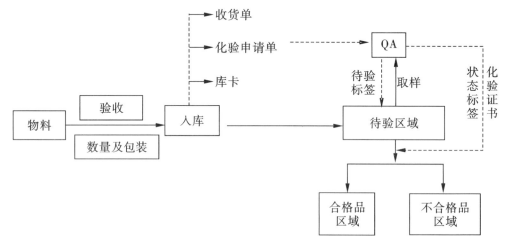

图 6-2　物料的接收示意图

三、物料的检验

待验物料必须存放于指定的区域,整齐地堆放在清洁垫仓板上,并挂黄色"待验"牌以示区别,不得与正常品同库混放。仓储部门填请验单,连同供货单位或口岸药品检验所提供的药品检验报告书一起交质量管理部门。质量检验部门接到通知后,立即派人员按规定取样后,贴取样标签(白色)并填写取样记录。取样应按编号(检验批)取样检验,一次接收数个批次的物料,应当按批取样、检验、放行。取样时库管人员应给予协助,取样后及时将货物封好,如有特殊要求的按特殊要求进行。注意被取样货物上贴有取样证;物料取样环境与生产要求一致。样品经检验后,质检部门将检验结果报质量管理部门审核,质量管理部门根据审核结果发放合格证或不合格证,并将检验报告书和合格证或不合格证交仓储部门。仓储部门根据质量管理部门的通知对物料进行处理,去掉原来的标志和标签,将合格的原辅材料移送至合格品库区储存,挂绿色标志;不合格的物料存放于红色区域,并挂上"不合格"标志,与正常品隔离存放,按规定程序及时通知有关部门处理。

第三节　物料的存储与养护

物料接收后,为保证物料质量的稳定性,必须按照其理化性质与生物学特性进行科学存储与养护。为避免物料发生污染、交叉污染、混淆和差错,应对仓库进行合理规划。

一、物料的存储

(一)货位的规划

1. 货位区划。由于物料品种多,批量不一,性能各异,为防止药品在储存过程中的污染和混淆,并为在库养护工作的开展打好基础,仓储管理人员必须对物料储存货位进行科学规划。

货位的区划可以根据库房(区)的建筑形式,面积大小,库房楼层、固定通道的分布和设施设备状况,结合储存物料需要的条件,将储存场所划分为若干货库(区),每一货库(区)再划分为若干货位。一个货位上只能存放同一品种、同一规格、同一批号、同一状态的物料。一般而言,按物料类别划分货库(区)如:原辅料库、包装材料库、成品库。每一货库(区)分为四个作业功能区,也就是接收、待验、合格、不合格区。

2. 货位编码和标识。货位编号是在货位区划的基础上,按储存地点和位置排列,采用统一的标记,编上顺序号码,做出明显标识,并绘制分区分类、货位标号平面图或填写方位卡片,以方便仓储作业,即货位方位制度。各仓库可根据自身实际情况,统一规定出货位划分及编号方法,达到方便作业的目的。货位编号确定后,每个货位要和所存储的物料(药品)的批号建立对应关系。每个货位上所存放的物料应有适当的标识,至少要注明这些内容:指定的物料名称和企业内部的物料代码;企业接收时设定的批号;物料质量状态(如待验、合格、不合格、已取样);有效期或复核期。标识要向外,便于识别。

(二)存储的要求

物料的合理储存需要按其性质,提供规定的储存条件,并在规定使用期限内使用。归纳为四个方面:分类储存、规定条件下储存、规定期限内使用、仓储设施与定期养护。

1. 分类储存。物料须按其类别、性质、储存条件分类储存,避免相互影响和交叉污染。通常分类原则:

(1)常温、阴凉、冷藏应分开;

(2)固体、液体原料分开储存;

(3)挥发性及易串味原料避免污染其他物料;

(4)原药材与净药材应严格分开;

(5)特殊管理物料按相应规定储存和管理并竖立明显标志。

2. 规定条件下储存。物料应根据其性质有序分批储存。物料储存必须确保与其相适宜的储存条件,来维持物料已形成的质量,此条件下物料相对稳定。

(1)温度。冷藏:2~10℃;阴凉:20℃以下;常温:10~30℃。

(2)相对湿度:一般为45%~75%,特殊要求按规定储存,如空心胶囊。

(3)储存要求:遮光、干燥、密闭、密封、通风等。

(4)码放要求:仓库内物料码放要按照品种、规格、批号堆垛物料。物料要放置在干净的垛墩上,底部要通风、防潮。码放要牢固、整齐,无明显倾斜,且应符合距离规定。码放距离通常应符合"五距"——垛距、墙距、行距、顶距、灯距(热源)的要求。比如:垛与墙之间不少于50 cm,垛与柱之间不少于30 cm,垛与地面之间不少于10 cm,垛与垛之间不少于100 cm,垛与梁之间不少于30 cm,库内主要通道宽度不少于200 cm,消防过道不少于100 cm,仓库内设备、设施与货物堆垛之间不少于50 cm,照明灯具垂直下方不准堆放物料。注意不正确储存会导致物料变质分解和效期缩短,甚至造成报废。

3. 规定期限内使用。物料在规定储存条件下一定时间内质量能保持相对稳定,当接近或超过这个期限时,物料趋于不稳定,甚至变质,这个期限为物料的使用期限。为确保物料仍适用于预定用途,由企业确定的需重新检验的日期,在该日期后必须要复测才能继续使用,这个期限叫复验期。原辅料应当按有效期或复验期储存,超过有效期的物料应按不合格品处理。储存期内,如发现对质量有不良影响的特殊情况,应当进行复验。复验后,需提出修订后的储存期,不允许无限期延长。

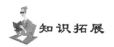

药品的有效期

　　药品有效期:经过药监部门批准的药品在规定储存条件下的允许使用期限,药品的销售使用不得超过有效期。药品有效期是控制药品质量的指标之一。我国《药品管理法》规定,使用变质的、被污染的原料药生产药品按假药论处;销售未标明有效期的或超过有效期的药品按劣药论处。

　　4.仓储设施和定期维护。物料的储存需要有必要的条件保障。仓储区应保持清洁和干燥,有照明和通风设施;有温、湿度测量仪器,按要求定时监测并记录;应有取样室(30万级可采用取样车),取样室环境的空气洁净度级别应与生产要求一致(或在洁净厂房内取样);根据物料的理化性能配置必要的设施或库房;库房应有严密的防火、防盗等安全措施。仓储人员要对仓储设施环境进行维护和清洁,保证物料的储存条件不对物料产生不良影响。

二、物料的养护

(一)养护方案

　　养护方案要结合企业实际,坚持依据"以防为主,把出现质量问题的可能控制在最低限度"的原则科学制定。养护方案中需要确定的要素包括:养护和保管人员,各种物料的储存条件和方式,重点养护品种,定期和不定期盘存的周期和方式,储存环境的环境因子的控制程序和仪器、设备的检测、维护规程,养护记录和档案的格式、填写和检查程序,发现、报告和处理养护中出现问题的程序和制度等。

(二)养护措施

　　1.保温和降温。许多物料对存储的温度有特殊的要求,特别是生物制品、抗生素、疫苗、血清制品等对温度的要求更为苛刻。即使是存储普通物料,过高温度也能影响其质量。因此把物料存储在适宜的温度环境中非常重要。要注重利用温度湿度记录仪器,每天至少进行一次检查,并做记录保存。降温的主要措施有:开窗,加冰,利用排风扇、空调冰箱等设备。在通风时要将温湿度一起结合考虑,因为物料往往怕热也怕潮,只要库外温度和相对湿度都低于库内,就可以通风降温。增温的措施有:统一供暖,利用暖气片、火炉取暖,火墙取暖。在使用上述方法时,一定要合理操作,注意设备和人员的安全,防止事故发生。

　　2.降湿和增湿。适宜的湿度同样也是保证物料质量重要条件之一。仓库管理人员需利用湿度计每天定时观测数据,并做好记录。一般来说,库内相对湿度控制在75%以下为宜。在库内湿度过大时,可以采用以下措施应对:晴天开窗通风,密封防潮,人工吸潮,利用除湿设备,减少潮湿来源。在空气十分干燥时,可以采取以下措施增湿:地面洒水、利用设备加湿,盛水容器贮水自然蒸发、挂湿草袋等。

3. 避光。为了防止有些对光敏感的物料遇光分解变质,除了采用避光容器或其他避光材料包装物料外,储存时应尽量将其置于阴暗处,对门、窗、灯具等可采取相应的措施避光,特别是在大包装分发之后剩余的部分应及时避光密闭,防止漏光,造成物料氧化分解、变质失效。

4. 防火。物料的包装尤其是外包装,大多数是可燃性材料,一些物料尤其是一些化学试剂也具有可燃性,因此防火是一项常规性工作。在库内四周墙上适当的地方要挂足消防用具和灭火器,并建立严格的防火岗位责任制度。库内外应有防火标记或警示牌,消防栓应定期检查,危险库、化学试剂库等应有防爆电路、电灯和开关,应严格按危险品有关管理办法进行管理。对有关人员进行防火安全教育和培训演练。

5. 防鼠防虫措施。被老鼠、昆虫污染的物料不能再供使用,否则常常给企业带来损失,因此必须防鼠防虫。防鼠的措施主要包括:加强库外鼠害防治、投喂鼠药、堵塞钻入通道、关闭门窗等方法,在仓库内可放置电子猫、粘鼠胶、鼠笼、鼠夹等防鼠工具,但要注意保证工具运行正常。工作人员不准带食物入库。对于昆虫,可以在窗户和排风扇上加装防虫纱网,预防动物爬(飞)入库,还可以采用放置灭虫灯或者用合适的灭虫药进行杀灭。

6. 特殊物料养护的措施。对易燃、易爆、腐蚀性强的危险品隔离在专库存放,并有明显标志。对易吸潮、串味药品远离正常品,防止化学污染,对特殊药品的麻醉药品、精神药品、毒性药品、放射性药品,专人、专库、专账、双人双锁严格管理,防止出现意外事故。

(三)存储质量检查

存储质量的检查包括定期检查和不定期检查。定期检查就是根据物料的性质和特点,按照固定的周期(例如每月、每季、每半年或年终)对物料进行全面清点,既要核对物料的数量,保证账、卡、货及货位相符,又要逐一对物料质量进行检查,对不合格的应及时处理。不定期检查,就是根据临时突发的情况,进行突击全面检查或局部抽查。临时突发的情况包括人为和非人为突发情况,人为突发情况包括,仓库环境控制失常,比如未按规定程序进行仓储温度控制等;非人为情况包括突发天气极端变化、设备故障或发现某些物料突发变异等。

物料检查时需要注意的事项包括:温湿度控制情况、物料存放位置、货垛堆码、垛底衬垫、通道、墙距、货距等是否符合规定要求,放置有无颠倒,外观形状是否正常,包装是否损坏,储存期限是否到期等。在检查中,要加强对重点养护品种的查看和检验。对易变品种、有效期商品应酌情增加检查次数,并认真填写库存商品养护检查记录。对下列情况应有计划地抽样送验:易变质的品种,已经发现不合格品种的相邻批号,储存两年以上的品种,近失效期(使用期)和厂方负责期的品种等。对于检查发现商品质量问题时,应挂黄牌暂停发货,并填写商品质量复检通知单向质管部门通报,同时采取必要的措施预防或延缓其受潮、变质、分解等,已发生变化的物料要及时处理避免污染其他物料。质管部门收到报告后一般在两个工作日内复检完毕,如不合格应填写商品停止发出通知单,向仓储、业务等部门通报。

在库检查,要求做到经常检查与定期检查、员工检查与专职检查、重点检查与全面检查结合起来进行。检查时要做好详细记录,检查完要对检查情况进行综合整理,写出质量小结。要注重养护资料的建立和保存,这些养护档案是分析质量变化的依据和资料,并对总结经验、加强业务指导、提高在库物料的保管养护水平很有帮助,同时也是落实责任、推进工作的有效工具。

第四节　物料的发放与使用

只有经质量管理部门批准放行并在有效期或复验期内的物料方可发放与使用。为确保产品的质量,制药企业需要对物料的发放与使用进行严格的控制。

一、物料的发放

(一)发放要求

1. 发出物料准确无误。物料发放出库是一项细致而繁杂的工作,只有保证发放品种正确、数量精准、质量良好,才能确保物料、中间产品、待包装产品、成品等的质量。

2. 发放记录可追溯。物料出库的全过程应当有相应的记录、凭证等文件资料,保障药品质量能够得到有效的追溯。

(二)发放原则

1. 待验、待处理和不合格物料不得发放。未收到物料检验结果"符合规定"的检验报告书及物料发放单的物料,不得发放。能发放的物料必须是经质量管理部门批准放行的物料。每件物料上应贴有"合格证"。

2. 超过储存期未经复验合格的物料不得发放。超过规定使用期限的物料,无复验结果"符合规定"的检验报告书,不得发放。

3. 指令、单据不符或数量有问题的不得发放。物料出库前,首先要对有关凭证进行核查,即查核生产或领用部门、领料凭证或批生产指令、领用器具是否符合要求;然后将凭证与实物进行核对,包括货号、品名、规格、单位、数量、包装是否相符。

4. 物料包装破损或其他原因造成污染、变质的不得发放。比如有时物料虽然经过质量管理部门批准发放,但是批准后在转运过程中发生包装碰撞破裂、被雨淋湿等意外,导致物料污染的,同样不得发放。

5. "四先出"原则,即库存同一物料,对先生产的批号尽先出库(先产先出);同一物料的进货,按进货的先后顺序出库(先进先出);对不宜久贮、易变质的则先出库(易变先出);有"有效期"的相同物料,对接近失效期的先行出库(近期先出)。物料的发放如果偏离"四先出"原则,应有操作规程来要求,有书面的偏差理由。

6. 按批号发货的原则。这一原则是"四先出"原则的延伸。发放物料应按照批次进行,尽可能把同一批完整发出,如果遇到物料一个批次数量不够,也要尽可能使用较少的批次,便于日后的质量追踪,防止尾料过多,包装被拆除过多,从而影响物料在库质量。

(三)发放的流程

1. 核对单据。生产部门领取物料应有批生产指令、领取物料的凭证或单据等文件。仓库保管员接到物料出库文件后,应按其所列项目审查确认无误后,先核实实物卡片上的存量,然后按文件,从货位上提取物料。严禁白条出库,凡无规定的出库凭证,仓库原则上不得出库。特殊情况如车间急需原辅料、供货商来人自提等必须有授权人和部门负责人签字才能出库。

2.检查物料。仓库保管员须目测待发物料的实物质量是否合规,检查合格证、检验报告书是否齐备、包装完好等。

3.计量/数发料。从货位上提取物料后,应按次序排列于待运货区,按规定要求称量计量,并填写称量记录。待运货区域应仅限于授权人员进入。须拆零的物料可根据其性质在指定区域拆包、称量,称量后被拆包件应封严后,放回原货位,并悬挂标志。标签、说明书等物料也应计数发放。复核人员等物料配发齐后,要反复清点核对,保证数量质量。既要复核单货是否相符,又要符合货位结存量来验证出库量是否正确,发料后,库存货位卡和台账上应填写货料去向、结存情况。

4.三方签字。放行出库的物料,经清点核对集中后,要及时办理交接手续。由保管人员根据文件所列数量,向生产部门领料人逐一点交。领料人、发料人、复核人均应在发料文件(单据)上签字,并标注"已核"字样。

5.填卡记账。货物发放后应由仓库保管员及时填写货位卡和账料卡,注明货物去向及结存情况,便于追溯和日后配货、核对。仓库保管员还应定期对库存情况进行盘点,如有差错,应查明原因,并及时纠正。

需要注意的是,对于特殊物料,如:贵细药材,毒、麻、精、贵重药原料等须双人备料,双人送料,双人收料,物料封口要加封条。毒性药材、药品的衡量器应专用。

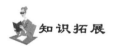 **知识拓展**

物料账和货位卡

物料账是指同一种物料的相关信息登记,包括来源去向及结存数量。用于统计一种物资的使用情况。货位卡是用于标示一个货位的单批物料的产品品名、规格、批号、数量和来源去向的卡。物料去向的记载须注明将用于生产的产品名称和批号。卡不仅是货物的标志,还是追溯的重要凭据。账、卡、物相应信息必须保持一致。通过账、卡、物核对,能及时有效地发现混淆和差错。

二、物料的使用

在生产车间,必须对所领取的物料、中间产品、待包装产品、成品等进行严格管理,确保它们不受到污染、不发生混淆、使用不发生差错。

(一)物料在生产场所的存放

在生产场所,生产所用的物料、中间产品、待包装产品、成品等必须按规定的保存条件存放在规定的房间(区域),并做好标识。在生产场所进行配料,应当由指定人员按照操作规程进行配料,核对配料后,精确称量或计量,并做好标识。配制的每一物料及其重量或体积应当由他人独立进行复核,并有复核记录。用于同一批药品生产的所有配料应当集中存放,并做好标识。中间产品和待包装产品的标识,除了和原辅料一样,标明产品名称和企业内部的产品代码、产品批号、数量或重量(如毛重、净重等)等外,还必须注明生产工序、产品质量状态(如待验、合格、不合格、已取样)等,防止发生混淆与差错。

(二)物料平衡的控制

物料平衡是生产管理过程中防止差错、混淆的一项重要措施,加强物料平衡的管理,有利于及时发现物料的误用和非正常流失,确保药品的质量。每批产品应按产量和数量的物料平衡进行检查,如有显著差异,必须查明原因,在得出合理解释,确认无潜在质量事故后,方可按正常产品处理。

1. 物料平衡的概念。2010 年修订版 GMP 中对物料平衡的解释是指产品或物料实际产量或实际用量及收集到的损耗之和与理论产量或理论用量之间的比较,并考虑可允许的偏差范围,即:

$$物料平衡=实际产量或用量/理论产量或用量×100\%$$

当生产过程处在正常受控的情况下,物料平衡的计算结果是相对比较稳定的,应接近 100% 。一旦生产过程中物料出现差错,如生产前投料量计算错误、前批产品废品数未及时清除或其他批号产品混入本批产品产生混批,物料平衡的结果将超出正常范围。

例:某制药企业有一批银翘散进行分装,计算产品投入的理论产量为 1 万袋,分装后中间产品数为 9400 袋,清场后得到产品的废料量为 2600 袋,进行物料平衡的计算,得到物料平衡为 120% 。产品的物料平衡大大超出 100% ,出现了异常情况,可见该批产品在生产过程中可能出现差错,应对整个分装工序的每一个步骤进行认真查找,核对数据,检查出差错发生的原因,如检查出的事故原因无质量问题,才能对该批产品进行外包装,发放产品。

产品在生产过程中应对各个关键工序进行物料平衡管理,及时发现物料的误用,如在散剂生产过程中的关键工序粉碎、过筛、分装、包装以及成品入库前应进行物料平衡的计算,对产品的整个生产过程进行监控。印刷性包装材料进行物料平衡管理,可防止物料的混用,特别是贴签工序,标签的使用是最容易发生混淆的地方。GMP 中对标签的管理特别严格,明确要求标签的使用数、残损数及剩余数之和应与领用数相符,绝不允许有一张差错出现,所以标签的使用应特别注意核对数据,防止同其他产品发生混淆。

2. 物料平衡限度。GMP 中规定,物料平衡可允许存在正常的偏差。当生产处于正常受控情况下,物料平衡的结果应在正常的偏差范围内,这个范围即是物料平衡限度,物料平衡限度应从生产经验中得出,取在正常情况下连续生产的几十批产品计算其物料平衡,根据数据所处的范围,初步制定出该产品的平衡限度,按以上方法取几次数据,调整平衡限度,最终确定所要产品的平衡限度。影响平衡限度的主要原因有机器的使用年限,机器使用年代越久,原辅料在生产过程中的损耗越多,平衡限度会越小,所以应定期更正平衡限度。印刷性包装材料中标签的平衡限度应是 100% ,并不允许存在偏差,所以在计算中应加以特别注意,避免出现差错。

（三）物料与产品的重新加工、返工与回收（表6-1）

表6-1　物料与产品的重新加工、返工与回收的比较

处理类型	状　态	物料产品类型	工艺	风险等级
回　收	合　格	原料药、制剂	相同	风险低
返　工	不合格	原料药、制剂	相同	风险中
重新加工	不合格	原料药、中间产品	不同	风险高

1. 重新加工。重新加工是指将某一生产工序生产的不符合质量标准的一批中间产品或待包装产品的一部分或全部，采用不同的生产工艺进行再加工，以符合预定的质量标准。这个不同于正常生产工艺的其他工艺，必须是正式的工艺。重新加工的操作规程要经过验证，可采用同步验证的方式确定重新加工的操作规程同样可得到符合预期的产品质量。

重新加工应当对物料或产品的批次进行评估、检验及必要的稳定性考察，并有完整的文件和记录，证明重新加工后的产品与原工艺生产的产品质量相同。重新加工后，应将重新加工的每个批次的杂质分布与正常工艺生产的批次进行比较。常规检验方法不足以说明重新加工批次特性的，还应当采用其他的方法。

重新加工应向注册部门报批，不得擅自进行。制剂产品不得进行重新加工。

2. 返工。返工就是指将某一生产工序生产的不符合质量标准的一批中间产品或待包装产品、成品的一部分或全部返回到之前的工序，采用相同的生产工艺进行再加工，以符合预定的质量标准。多数批次都要进行的返工，应当作为一个工艺步骤列入常规的生产工艺中。经中间控制检测表明某一工艺步骤尚未完成，仍可按正常工艺继续操作，则不属于返工。

对于不合格的原料药来说，可重复既定生产工艺中的步骤，进行重结晶等其他物理、化学处理，如蒸馏、过滤、层析、粉碎方法返工。不合格的制剂中间产品、待包装产品和成品一般不得进行返工。只有不影响产品质量、符合相应质量标准，且根据预定、经批准的操作规程以及对相关风险充分评估后，才允许返工处理。如在片剂生产制粒工序中，主药含量发生重大偏差，则不得返工。但如果是水分含量超标，则可以返工。返工应当有相应记录。

返工时，质量管理部门应当考虑需要进行额外相关项目的检验和稳定性考察，已经过验证和稳定性考察的例外。除已列入常规生产工艺的返工外，应当将未反映的物料返回至某一工艺步骤并重复进行化学反应的返工进行评估，确保中间产品或原料药的质量未受到生成副产物和过度反应物的不利影响。

3. 回收。产品回收就是指在某一特定的生产阶段，将以前生产的一批或数批符合相应质量要求的产品的一部分或全部，加入到另一批次中的操作。

产品回收须经预先批准，并对相关的质量风险进行充分评估，根据评估结论决定是否回收，除非潜在的风险已被评估。回收应当按照预定的经批准的操作规程进行，并有相应记录。回收处理后的产品应当按照回收处理中最早批次产品的生产日期确定有效期。

关于物料和溶剂的回收应注意：回收反应物、中间产品或原料药（如从母液或滤液中回收），应当有经批准的回收操作规程，且回收的物料或产品符合与预定用途相适应的质量标准。溶剂可以回收。回收的溶剂在同品种相同或不同的工艺步骤中重新使用的，应当对回

收过程进行控制和监测,确保回收的溶剂符合适当的质量标准。回收的溶剂用于其他品种的,应当证明不会对产品质量有不利影响。未使用过和回收的溶剂混合时,应当有足够的数据表明其对生产工艺的适用性。母液、溶剂及其他物料的回收与使用,应当有完整、可追溯的记录,并定期检测杂质。

对于回收,质量管理部门同样应当需要进行额外相关项目的检验和稳定性考察。

 **知识拓展**

尾料

尾料是指药品生产企业在生产过程中,由于生产设备的限制,一批正常生产、符合各项中间控制质量标准的产品在某一特定生产工段无法全部加工完的剩余产品,如压片机料斗内少量的剩余颗粒,如继续压片,则片重和片重差异无法控制在规定限度内。回收尾料应经质量管理部门审批,应进行相关的质量风险评估,且产品有效期按照最早批次产品的生产日期确定。提高生产水平,最大限度地减少尾料是企业应当追求的目标。

(四)不合格品与退货产品

1.不合格品。不合格品包括不合格的物料、中间产品、待包装产品和成品,是指质量管理部门不准予合格并贴上红色标签(不合格证)的物料。不合格品的每个包装容器上都应有清晰醒目的标志(应标明品名、规格、批号、数量、生产日期等),并在隔离区内妥善保存。发现不合格品应及时填写不合格品处理报告单,内容包括品名、规格、批号、数量,查明不合格的日期、来源、不合格项目及原因、检验数据及负责查明原因的有关人员等,分送有关部门。

不合格品可按照以下程序处理:

(1)收料时不合格品的处理。收料时的不合格项目有破包、受潮、霉变或其他明显不符合标准的。发现上述情况,接收人员应填写详细记录并填写不合格品处理报告单报告采购部,采购部通知质量管理部门联合派人同时检查,确认不合格的,由质量管理部门发放不合格标签,不合格品放入特定区域待处理。报废物料一般在3个工作日内处理完。

(2)留检物料或(半)成品不合格品的处理。经质量检验部门检验物料不合格的,应发放红色不合格标签,保证贴到准确对应的物料上,同时出具两份化验证书,一份交给物料管理部门,填写材料报废单,核对无误后,交给材料记账员。一份交给仓储部门,由工作人员将不合格物料转移到不合格库,并填好相应的库卡。

(3)生产过程中的不合格品处理。正常生产中剔除的不合格产品,必须标明品名、规格、批号、数量,妥善隔离储存,根据具体情况按规定处理。对于损耗过高或者整批不合格产品,应由生产车间写出书面报告。内容包括质量情况、事故或差错发生原因,应采取的补救方法,今后防止再发生的措施,对其他批次的影响以及调查结论和处理结果。

不合格品的处理应当经质量管理负责人批准,并有记录。相关文件应保存6年。如须销毁,仓库管理员及质量部有关人员必须监督销毁不合格品的销毁全过程。销毁前,应杜绝不合格品被误用的可能性。销毁时,应填写不合格品处理记录。应根据物料的类别及特性选择适当的处理方法,如:焚烧、切割、回收、掩埋等。物料报废处理不得污染环境。

2.退货产品。退货的原因有:产品质量问题(如破损、污染、不合格、稳定性差)、近有效期、滞销、中止合同等原因。经负责人批准,企业应收回已销售出的产品。企业应建立药品退货操作规程,并有相应的记录。退货时应根据退货产品规程进行接收检查,检查内容包括退货产品名称、物料代码、产品批号、数量以及外包装情况,对已拆箱的退货产品应检查至最小包装,以防止差错、混淆、假药。接收检查应有记录,内容至少应当包括:产品名称、批号、规格、数量、退货单位及地址、退货原因及日期、最终处理意见。退货产品接收后应单独隔离存放在退货品库,并标识为待检状态,直至产品经质量管理部门评估、放行后转为合格状态并存放在合格区(库),退货品库的空间应考虑产品退货和召回的可能,确保有足够的空间。同一产品同一批号不同渠道的退货应当分别记录、存放和处理。

退货产品应按照以下方式处理:

(1)重新包装发售。只有经检查、检验和调查,有证据证明退货质量未受影响,且经质量管理部门根据操作规程评价后,方可考虑将退货重新包装、重新发运销售。评价考虑的因素应当包括药品的性质、所需的储存条件、药品的现状、历史,以及发运与退货之间的间隔时间等。

(2)对退货质量存有怀疑的,不得重新发运。

(3)不符合储存和运输要求的退货,在质量部门监督下销毁。

(4)回收处理。产品应当经预先批准,并对相关的质量风险进行充分评估,根据评估结论决定是否回收。回收应当按照预定的操作规程进行,并有相应记录。回收处理后的产品应当按照回收处理中最早批次产品的生产日期确定有效期。

第五节　包装材料的管理

在药品生产、储存、运输、销售等环节中,无论是原料或成品,都离不开包装,药品的包装在保护药品免受光线、空气、水分、微生物等因素的影响而变质或外观改变等方面起着决定性的作用。药品的包装也可以让使用者能一目了然地辨认出所使用药品的种类、规格、浓度和剂量等。药品包装的质量在一定程度上影响着医疗质量。

一、包装材料的概念和分类

药品包装材料指直接接触药品的内包装材料和外包装材料、标签和使用说明书等,一般可分为三类。

(一)内包装材料

内包装材料是指用于与药品直接接触的包装材料,也称为直接包装材料或初级包装材料,如:玻璃瓶、安瓿、铝箔、油膏软管、瓶塞等。内包装应能保证药品在生产、运输、储藏及使用过程中的质量,并便于医疗使用。

(二)外包装材料

外包装材料是指不直接与药品接触的包装材料,如:纸盒、木桶、铝听、纸箱等。外包装应根据药品的特性选用不易破损的包装,以保证药品在运输、储藏、使用过程中的质量。

(三)印刷性包装材料

印刷性包装材料指印有文字、数字、符号等的包装材料。这类包装材料可以是内包装材料如软膏管,也可以是外包装材料,如外盒、外箱等。

二、包装材料的管理

为保证药品质量,必须加强对药品包装材料、容器的管理,国家食品药品监督管理局2000年制定实施了《药品包装用材料、容器管理办法(暂行)》,对药品包装用材料、容器实行产品注册制度。药品包装用材料、容器必须按法定标准进行生产,不符合法定标准的不得生产、销售和使用。2006年我国实施了《药品说明书和标签管理规定》对药品包装用材料、容器的外观设计做了详细规定。2010年版GMP中也明确规定:与药品直接接触的包装材料和印刷包装材料的管理和控制要求与原辅料相同。每批或每次发放的与药品直接接触的包装材料或印刷包装材料,均应当有识别标志,标明所用产品的名称和批号。

(一)内包装材料的管理

内包装材料在正常情况下应能够起到保护药品的作用,但如材质选用不当,或受到污染,那么不但不能起到保护药品的作用,反而可能对药品造成污染,影响药品质量。据报道,胰岛素可被玻璃中的二氧化硅与硼的氧化物吸附;肝素与生理盐水的混合液存放在玻璃容器中,2 h后活性明显下降;盐酸胺碘酮的5%葡萄糖溶液存放在玻璃瓶内,加橡胶塞放置一定时间后,接触橡胶塞的药液浓度减少10%~14%,而不接触的未见下降。因此,内包装材料的购入、储存、发放、使用等管理除按原辅料管理执行以外,还必须注意以下问题:

1. 凡直接接触药品的内包装材料、容器(包括黏合剂、衬垫、填充物等)必须无毒,与药品不发生化学反应,不发生组分脱落或迁移到药品中,以保证临床用药安全。

2. 直接接触药品的包装材料、容器(包括盖、塞、内衬物等)除抗生素原料药用的周转包装容器外,均不准重复使用。

3. 在内包装材料的订购合同中明确对包装材料的卫生要求。

4. 随着对内包装材料的洁净无菌化程度要求提高,要制定测定内包装材料上附着微生物菌数的工作规程。

5. 选用的药品包装必须适合药品质量的要求,方便储存、运输和医疗使用。避免因包装材料选用不当而造成药品渗出、泄漏、潮解、风化等现象导致药物变质。

6. 包装材料应当由专人按照操作规程保管、发放,并采取措施避免混淆和差错,确保用于药品生产的包装材料正确无误。

(二)印刷性包装材料的管理

印刷性包装材料指具有特定式样和印刷内容的包装材料,如:说明书、标签、直接印刷的包装材料(眼药水瓶、铝箔)等。由于印刷包装材料直接给用户和患者提供了使用药品所需要的信息,如果信息错误则可能会造成用药事故。据调查,在 404 例致死医疗事故和 82 起致残事故中,因印刷包装材料误导的各有 30 例和 6 例,分别占 3.84% 和 5.66%。所以对印刷包装材料必须进行严格管理,尽可能避免和减少由此造成的用药事故。

印刷性包装材料的管理大致可分为如下几个阶段:设计—印刷—接收—取样—检查—批准(是否合格)→发放。

1. 设计印刷。正确合理的设计是避免印刷包装材料引起用药信息错误的基础。药品生产企业应制定印刷性包装材料设计印刷方面的管理制度,从样张设计、审查、批准、付印、验收等方面严格管理,并制定合理的程序,做到经手人签字及做好有关的各项记录。设计时应尽量避免混淆,版面布置要简洁、色彩明快,材质、形状、大小应与产品性质、装量相适应。印刷性包装材料文字内容必须与药品监督管理部门核准的一致,并建立专门的文档,保存经签名批准的印刷包装材料原版实样。印刷性包装材料文字以汉语为主体,采用国家语言文字委员会公布的简化字为准,可以同时加注英文和汉语拼音,文字内容要求:

(1)标签的内容要求。药品标签分为内包装标签和外包装标签,药品内标签指直接接触药品包装的标签,外标签指内标签以外的其他包装的标签。标签内容不得超出国家食品药品监督管理局批准的药品说明书所规定的内容,文字表达应与说明书保持一致。药品销售的每一个最小销售单元的包装必须按照规定印有或贴有标签。

内包装标签内容应当包含药品通用名称、适应证或者功能主治、规格、用法用量、生产日期、产品批号、有效期、生产企业等内容。包装尺寸过小无法全部注明上述内容的,至少应当标注药品通用名称、规格、产品批号、有效期等内容。

外包装标签一般包括小、中包装盒,应当注明药品通用名称、成分、性状、适应证或者功能主治、规格、用法用量、不良反应、禁忌、注意事项、储藏、生产日期、产品批号、有效期、批准文号、生产企业等内容。适应证或者功能主治、用法用量、不良反应、禁忌、注意事项不能全部注明的,应当标出主要内容并注明“详见说明书”字样。

大包装标签主要指用于运输、储藏的包装的标签,应当注明药品通用名称、规格、储藏、生产日期、产品批号、有效期、批准文号、生产企业,也可以根据需要注明包装数量、运输注意事项或者其他标记等必要内容等。

标签上的有效期具体表述形式为:有效期至某年某月或有效期至某年某月某日。

麻醉药品、精神药品、医疗用毒性药品、放射性药品等特殊管理的药品,外用药品、非处方药品在其贴签、小包装、中包装和大包装上必须印有符合规定的标识;对储藏有特殊要求的药品,必须在标签的醒目位置注明。

(2)说明书的内容要求。药品说明书是指导用药的基本指南,应包含有关药品的安全性、有效性等基本信息。说明书应列有以下内容:药品名称(通用名、英文名、汉语拼音、化学名称)、分子式、分子量、结构式、复方制剂和生物制品应注明成分、性状、药理毒理、药代动力学、适应证、用法用量、不良反应、禁忌证、注意事项(孕妇及哺乳期妇女用药、儿童用药、药物相互作用和其他类型的相互作用,如烟酒等)、药物过量(包括症状、急救症状、解毒药)、储藏、有效期、批准文号、生产企业(包括地址和联系电话)等内容。如某一项目不明确,应注明“尚不明确”字样,如明确无影响,应注明“无”字样。

药品说明书中成分应当列出全部活性成分或者组方中的全部中药药味。注射剂和非处方药还应当列出所用的全部辅料名称。药品的用法用量除单位含量标示外,应使用通俗的文字,如"一次几片,一日几次""一次几支,一日几次"等,以正确指导用药。药品说明书核准日期和修改日期应当在说明书中醒目标示。

　　麻醉药品、精神药品、医疗用毒性药品、放射性药品等特殊管理的药品,外用药品、非处方药品在其说明书上必须印有符合规定的标识。

　　由于印刷厂家一般不具备医药方面的基础知识和制药企业的 GMP 管理的概念,因此,在印刷这些材料之前,应对印刷厂家做出选择,一经确定即应定点合作,尽量避免经常更换厂家。需要强调的是,印刷包装材料,特别是标签、说明书等在批量印刷之前及入库验收时,都必须进行仔细的校对和验收。校对和验收一定要严格仔细,对于印刷包装材料来说,即使出现像弄错或漏掉一个字符或标点符号逗号那样的微小错误,也都可能产生严重的后果。所以,印制印刷包装材料,必须强调核对和审核工作。为防止印刷性包装材料的差错和流失,在与包装材料厂家签订供货合同中应强调"印刷性包装材料在制作过程中应严格计数,凡有作废、多余的印刷性包装材料应严格计数销毁不得外流",印制时应派质监员监督。

　　2.接收、检验、保管、发放与使用。仓库管理员以标准样张为依据对来货进行验收,检查品名、规格、数量是否相符,目检是否污染、破损、受潮、霉变,检查外观质量有无异常(色泽深浅不一,字迹是否模糊),目视合格后分品种、批次分类入库,填写收货记录,向化验室请验,设待验标志。每批新印的标签必须留样存档并注明印刷单位、印刷日期、印刷数量和验收入库日期。仓库收到检验合格报告后,待验标志换为合格标志,不合格的移到不合格库,指定专人计数后及时销毁,做好记录,并由监销人审查签字。

　　储存时按品种、规格、批号分区或专柜存放并专人专锁管理,未经批准人员不得进入存放区域。印刷包装材料由生产部门专人领取。发放时按照操作规程和需求量(生产指令单和车间领料单)发放,由领料人和发料人共同核对品种、数量,确认质量和包装后发货。切割式标签或其他散装印刷包装材料应当分别置于密闭容器内运输,防止混淆。发料后,库存货位卡和台账上应详细填写标签去向、结存情况。

　　生产完毕后,如实填报实用数、残损数、剩余数,并与领用数核对,计算物料平衡率。印刷包装材料的物料平衡率要保持在规定限度,其中标签的物料平衡率应为 100%,不允许有偏差。不合规定的要及时查明原因,做好记录。不得将印刷包装材料改作他用或涂改后再用。由印刷厂印好批号的标签,发剩时或该批号取消时,应指定专人及时销毁,做好记录,并由监销人审查签字。车间剩余印有批号的标签不得退回库房,同样应指定两人负责销毁,并做好销毁记录并审查签字。

　　3.变更管理。药品生产企业应主动跟踪药品上市后的应用情况,并在必要时提出修改标签、说明书等印刷包装材料的申请,也可因其他原因提出申请,这时按照原申报程序进行,不得擅自修改。印刷包装材料的版本变更时,应当采取措施,确保产品所用印刷包装材料的版本正确无误。宜收回作废的旧版印刷模板和过期或废弃的印刷包装材料并予以销毁,同时做好记录。

习 题

一、不定项选择

1. 物料和产品的运输应当能够满足其( )的要求。

A. 不抛洒   B. 数量

C. 保证质量   D. 时间

2. 过期或废弃的印刷包装材料应当予以( )并记录。

A. 保存   B. 另外区域存放

C. 销毁   D. 计数

3. 药品生产所用的原辅料、与药品直接接触的包装材料应当符合相应的( )。

A. 规格要求   B. 管理规定

C. 要求   D. 质量标准

4. 物料的放行应当至少符合以下要求( )。

A. 物料的质量评价内容应当至少包括生产商的检验报告、物料包装完整性和密封性的检查情况和检验结果

B. 物料的质量评价应当有明确的结论,如批准放行、不合格或其他决定

C. 物料应当由指定人员签名批准放行

D. 物料放行须药品生产质量受权人批准

二、填空题

1. 物料和产品应当根据其性质有序_____储存和周转,发放及发运应当符合_____和_____的原则。

2. 不合格的物料、中间产品、待包装产品和成品的每个包装容器上均应当有清晰醒目的标志,并在_____内妥善保存。

3. 只有经_____批准放行并在_____或复验期内的原辅料方可使用。

4. 每批产品应当检查_____和_____,确保物料平衡符合设定的限度。

5. 与药品直接接触的包装材料和印刷包装材料的管理和控制要求与_____相同。

6. 对返工或重新加工或回收合并后生产的成品,质量管理部门应当考虑需要进行额外相关项目的_____和_____。

三、判断题

1. 进口原辅料应当符合国家相关的进口管理规定。   ( )

2. 物料的外包装应当有标签,并注明规定的信息。   ( )

3. 印刷包装材料可以设有专人保管,并按照操作规程和需求量发放。   ( )

4. 产品返工应有相应记录。   ( )

四、简答题

1. 简述物料接收记录的内容。

2. 简述药品退货操作规程的内容。

3. 标签、使用说明书必须注明哪些内容?印制、发放、使用时有何规定?

第七章

确认和验证

1. 掌握确认和验证的管理原则。
2. 熟悉确认和验证的实施过程。
3. 掌握如何持续保持确认与验证状态。
4. 了解确认和验证的文件管理。

企业建立药品质量管理体系的目标是确保持续稳定地生产出符合预定用途和注册要求的药品。验证是药品生产质量管理规范(GMP)的基本组成部分,其指导思想是"通过验证确立控制生产过程的运行标准,通过对已验证状态的监控,控制整个工艺过程,确保质量",强化生产的全过程控制,进一步规范企业的生产及质量管理实践。验证在药品生产和质量保证中有着重要的地位和作用。

第一节 确认和验证的概念与分类

一、确认和验证的概念

验证和确认的目的是企业为了证明在药品生产和质量管理中能影响产品质量的机构与人员、厂房与设施、设备、物料、卫生、文件、生产工艺、质量控制方法等关键要素是否达到了预期的控制目标。

验证是有文件证明任何操作规程(或方法)、生产工艺或系统能达到预期结果的一系列活动。确认是有文件证明厂房、设施、设备能正确运行并可达到预期结果的一系列活动。

所谓"预期结果"是个定量的概念,比如"灭菌效果"应定量地描述为每一个药品单位中的微生物的残存概率数量降到 10^{-6} 以下。

所谓"文件证明"就是在预先设计并确认的方案的基础上实施验证(确认),结果以文件的形式表达出来。

验证和确认内涵上是一致的,可以说确认是验证的一部分。只是在实施对象和范围上有所不同。确认通常用于厂房、设施、设备和检验仪器,而验证则用于操作规程和检验方法、清洁方法、生产工艺或系统等。

二、验证的分类

1. 按照验证对象,验证可分为厂房设施与设备的验证、工艺验证、分析方法验证、清洁验证。

(1)厂房设施与设备的验证,包括厂房验证、公用设施验证(空气净化系统、工艺用水系统等系统),生产设备验证,包括单机设备验证和设备系统验证。

(2)工艺验证,即对某个产品工艺的整体,也可以是对工艺中关键工序进行的验证。

(3)分析方法验证,即对药品检测分析所使用的分析方法进行的验证。

(4)清洁验证,指对厂房设施、设备仪器和容器器具清洁(消毒)所使用的规程,也称为对清洁规程进行验证,确认其效果有效、稳定。

2. 按照验证的时间,验证可分为前验证或称预验证、同步验证、回顾性验证、再验证。

(1)前验证。前验证(也可被称为前瞻性验证或预验证)是指一项工艺、一个过程、一个系统、一个设备或一种材料在正式投入使用前按照设定验证方案进行的验证。前验证强调的是期前行为,描述的是一切从零开始的验证,目的是杜绝先天性缺陷。前验证适用于正常使用前的新设备、新工艺的验证,在验证成功结束之后才可以放行产品。

(2)同步验证。同步验证是指上市产品与正常生产同步进行的验证。同步验证是在常规生产过程中进行的,需要在某些非常特殊的情况下才可接受。同步验证常运用于生产量非常低、成本昂贵、生产周期长的产品以及再验证中采用,比如返工。同步验证中生产的产品如果符合所有验证方案中规定的要求,可以在最终验证报告完成之前放行。进行同步验证的风险比较大,因此是否实施必须合理、有文件记录并且经过质量部门批准。同步验证一般为前三批产品,为连续的三个全批量。

(3)回顾性验证。回顾性验证是指以以往积累的生产、检验和其他有关历史资料为依据进行统计分析,回顾、分析工艺控制的全过程,来证实正常生产的工艺条件等的适应性。通常用于非无菌产品生产工艺的验证。此类验证活动只对于成熟的已进行常规生产的工艺适用,当发生产品组分变更、操作规程、方法或设备变更时不允许使用回顾性验证。回顾性验证所涉及的过程包括准备验证方案、报告数据回顾的结果、作出相应的结论和建议。

(4)再验证(或再确认)是指一项生产工艺一个系统或设备或者一种原材料经过验证(或确认),发生变更或在使用一个阶段以后存在证实其状态没有发生漂移的需要而进行的再验证(或再确认)。再验证通常分为下述三种类型:

1)药品监管部门或法规要求的强制性再验证,有些法规也称其为校验,但是实际确认的内容一样。包括无菌操作的培养基灌装试验、计量器具的强制检定。

2)发生变更时的"改变"性再验证。起始物料的变更(物理性质或可能影响工艺或产品的粒径分布);起始物料生产商的变更;生产场所(或厂房)转移(包括影响工艺的安装);内包装材料的变更;生产工艺的变更;设备变更;生产区和配套支持系统的变更;出现不良的质量趋势;基于新知识而出现的新情况,如新技术;改变配套支持系统;检验方法的改变。

3)每隔一段时间进行的"定期"再验证。由于有些关键设备和关键工艺对产品的质量和安全性起着决定性的作用,也要再确认或验证,即使是在设备及规程没有变更的情况下也应定期进行。

第二节　验证的管理

一、验证组织及其职责

(一)验证组织

对于制药企业来讲,验证是一项经常性的工作且对验证人员的专业知识有很高的要求,所以建议成立专管部门并且由专人进行管理(图7-1)。

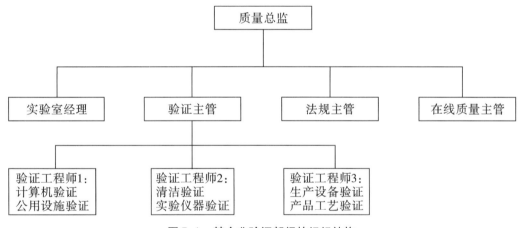

图7-1　某企业验证部门的组织结构

对于一个全新的制药企业或车间,或者一个大型的技术改造项目,则有大量的验证工作须在较短时间内完成,那么就需要成立一个临时的验证组织机构(图7-2)。

(二)验证人员的职责

对于内部及外部人员的职责应在公司验证总计划或相关文件中规定。

通常验证部门的职责包括但不限于:

1.验证管理和操作规程的制定和修订;

2.变更控制的审核;

3.验证计划、验证方案的制订和监督实施;

4.参加企业新建和改建项目的验证以及新产品生产工艺的验证;

5.企业验证总计划的制订、修订和执行情况的监督。

具体到各个负责人和部门、小组来说,一般生产管理负责人和质量管理负责人都应确保完成各种必要的验证工作,确保关键设备经过确认;质量管理负责人还应负责审核和批准验证方案和报告。通常,用户部门或相关工作(如生产、清洁等)的负责部门负责进行厂房、设施、设备等的确认以及相关的验证,并起草相关的确认或验证方案和报告。质量部门负责对确认或验证方案和报告进行批准。此外,确认和验证中也经常涉及工程技术部门、开发部门以及公司外部的合同商。

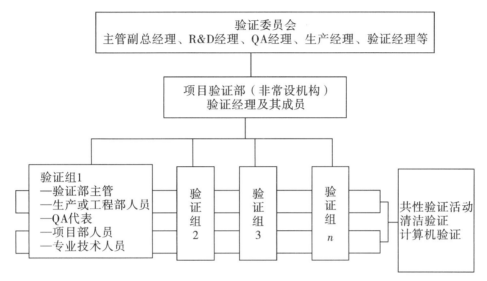

图7-2 某企业临时验证组织的结构图

二、验证的文件管理

由于验证文件是重要的 GMP 文件,所有的验证文件必须按照企业文件的管理规程进行管理。验证文件包括:验证总计划、验证方案、验证记录、验证报告、标准操作规程。下面重点介绍验证总计划、验证方案、验证报告。

(一)验证总计划(validation master plan,VMP)

为保证确认和验证活动有组织、有计划地准备和执行,并且按照正式批准的程序和方法实施,需要制订验证总计划(又称验证规划)。验证总计划是总结企业确认和验证的整体策略、目的和方法的文件。它的作用是确定确认和验证的策略、职责以及整体的时间框架,具体说验证总计划能保证验证方法的一致性和合理性;界定工艺、设备,使其处于受控状态;是制定验证程序、草案及报告的基础,也为验证的有效实施提供保证,并可以作为相关人员培训的工具。

验证总计划一般要求:

——应对所有的厂房、设施、设备、计算机系统与生产、测试或储存相关的规程、方法是否需要确认或验证进行评估；

　　——应能反映上述确认和验证活动的状态；

　　——应定期回顾；

　　——应及时更新；

　　——应在验证活动开始前完成，并经过批准才可实施。

　　验证总计划格式：验证总计划应是一个简洁清晰的概况性文件，内容应当简洁明了，确认和验证的组织、计划以及实施方式等的要求应在验证总计划中进行描述，但注意不用重复其他文件(如企业政策、操作规程、验证报告等)已经涵盖的内容。通常应包括以下部分：

　　——概述；

　　——各部门的职责和组织结构；

　　——所有厂房、设施、设备、仪器等的清单以及确认的需求；

　　——所有工艺过程、分析方法和清洁程序的清单以及验证的需求；

　　——所有计算机系统的清单以及验证的需求；

　　——确认和验证文件的格式：对确认和验证的方案及报告的格式进行规定；

　　——制定上述确认和验证活动的计划，包括时间安排等。

　　除了上述的验证总计划外，企业还可以根据需要建立针对项目或针对特定产品的验证总计划。

(二)验证方案

　　验证方案应该能够清楚地描述出验证程序。

　　至少应该包括：

　　——重要的背景信息，验证目的；

　　——负责人员，操作规程的描述；

　　——设备(包括验证前后的校验)；

　　——相关产品和工艺的标准，验证类型和频率；

　　——应该清楚地确定需要验证的工艺和/或参数。

　　验证方案应在审核并得到批准后实施。

(三)验证报告

　　验证报告应反映验证方案的要素。内容至少包括：

　　简介——概述验证总结的内容和目的。

　　系统描述——对所验证的系统进行简要描述，包括其组成、功能以及在线的仪器仪表等情况。

　　相关的验证文件——将相关的验证计划、验证方案、验证报告列一索引，以便必要时进行追溯调查。

　　人员及职责——说明参加验证的人员及各自的职责，特别是外部资源的使用情况。

　　验证的实施情况——预计要进行哪些试验，实际实施情况如何。

　　验证合格的标准——可能的情况下标准应用数据表示。如系法定标准、药典标准或规范的通用标准(如洁净区的级别)，应注明标准的出处，以便复核。

　　验证实施的结果——各种验证试验的主要结果。

偏差及措施——阐述验证实施过程中所发现的偏差情况以及所采取的措施。

验证的结论——明确说明被验证的子系统是否通过验证并能否交付使用。

第三节 厂房设施与设备的确认

厂房和设施主要指药品生产所需的建筑物以及与工艺配套的空调系统、水处理系统等公用工程;生产、包装、清洁、灭菌所用的设备以及用于质量控制(包括用于中间过程控制)的检测设备、分析仪器等也都是确认的考察对象。

厂房、设施、设备等的生命周期包含设计、采购、施工、测试、操作、维护、变更以及报废,而确认工作应贯穿生命周期的全过程,确保生命周期中的所有步骤始终处于一种受控的状态。厂房设施与设备的确认包括设计确认(design qualification,DQ)、安装确认(installation qualification,IQ)、运行确认(operational qualification,OQ)和性能确认(performance qualification,PQ),见图7-3。

一、设计确认

新的厂房、设施、设备确认的第一步为设计确认(DQ)。

设计确认就是根据药品生产工艺的要求,对药品生产所使用的厂房、设施与设备的设计方案进行确认,证明厂房、设施与设备的设计方案可达到预期结果的一系列活动。它是有文件记录的审核活动,目的是确保设计符合用户所提出的各方面需求。经过批准的设计确认是后续确认活动的基础。

通常,设计确认中包括以下项目:

1. 用户需求说明文件(user requirement specification,URS),是从用户角度对厂房、设施、设备等所提出的要求。需求的程度和细节应与风险、复杂程度相匹配,其中可以针对待设计的厂房、设施、设备等考虑相关因素。

2. 技术规格说明文件(technical specification,TS)是从设计者的角度对厂房、设施、设备等怎样满足用户需求所进行的说明。技术规格说明应根据用户需求说明文件中的条款准备,其中应包括必要的技术图纸等。

3. 对比用户需求说明和技术规格说明。可采用表格的方式将需求条款与设计条款进行逐条的比对并将对比的结果进行记录。为了方便对比以及对相应条款进行引用,建议对每一条需求和技术规格单独编号。

4. 风险分析。应通过风险分析确定后续确认工作的范围和程度,并制定降低风险的措施。降低风险的措施可以是确认中的某项具体测试、或者增加相应的控制或检查规程等,这些措施的执行情况须在后续的确认活动中进行检查。

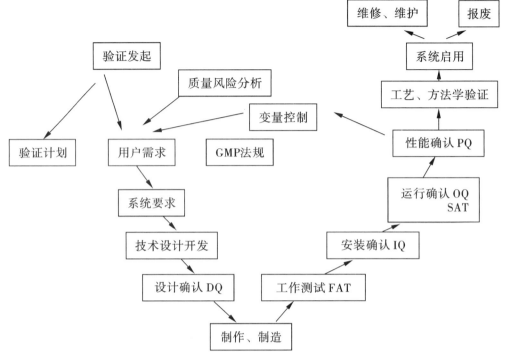

图 7-3　厂房设施与设备确认的生命周期

二、安装确认

安装确认是指在设备制造商的帮助下,对设备是否按设计进行制造,设备本身,包括技术资料的完整性以及设备计量及性能参数准确性、安装环境及安装过程的符合性与正确性进行确认,对设备安装后进行各种系统检查及技术资料包括标准操作规程的文件化工作。

安装确认须注意:新的或发生改造之后的厂房、设施、设备等应进行安装确认;设备、设施、管路的安装以及所涉及的仪表应对照工程技术图纸及设计确认文件进行检查;供应商提供的操作指导、维护和清洁的要求等文件应在安装确认过程中收集并归档;新设备的校准需求和预防性维护的需求应在这一阶段定义。

安装确认应至少包括以下检查项目:①到货的完整性;②材质和表面;③安装和连接情况;④初始清洁;⑤校准;⑥文件(表 7-1、表 7-2)。

安装确认应做到:①应提供文件证据证明安装已完成且结果符合要求;②在安装确认过程中,应核对采购标准、图纸、手册、备件清单、供应商详情;③控制和测量装置应经校验。

表 7-1　安装确认到货完整性检查清单

1.到货的完整性(对照参考文件检查实物,并记录实物信息)						
1.1 设备	参考文件 (订单、发货单 等)	接受标准 (实物与订单、 发货单相符)	记录 (记录设备型 号、序列号等信 息)	结果	签字	日 期
a…						
b…						
1.2 部件	参考文件 (订单、发货单 等)	接受标准 (实物与订单、 发货单相符)	记录 (记录设备型 号、序列号等信 息)	结果	签字	日 期
a…						
b…						
1.3 文件	参考文件 (DQ 文件)	接受标准 (DQ 中所要求 提供的文件齐 全)	记录 (记录文件编号 和存档位置)	结果	签字	日 期

表 7-2　安装确认材质和表面检查清单模板

2.材质的表面(对照参考文件检查实物,并记录实物信息)						
2.1　接 触产品的 部件	参考文件 (供应商材质证 明)	接受标准 (与 DQ 中要求 相符)	记录 (记录部件的材 质)	结果	签字	日 期
a…						
b…						
2.2　润 滑剂	参考文件 (供应商材质证 明)	接受标准 (与 DQ 中要求 相符)	记录 (记录润滑剂型 号)	结果	签字	日 期

三、运行确认

运行确认就是根据在安装确认中形成的各类规程的草案,对设备的每一部分和整体进行空载试验,确保设备在工作时正常运行,并且性能达到规定的技术指标。

1.运行确认应至少包括以下内容:

●功能测试(测试项目应根据对于工艺、系统和设备的相关知识而制定)。

●培训。

●检查 OQ 中所使用到的测量用仪器。

●检查相关文件的准备情况。

2. 运行确认应做到：

●应提供书面证据证明公用设施、系统或设备以及所有的部件能按运行标准操作。

●应设计测试以证明在整个正常运行范围内及其运行条件的上下限（包括最差条件即操作参数的上下限度例如最高和最低温度）时都能正常运行，而且测试应重复足够的次数以确保结果可靠并且有意义。

●应测试运行控制、报警、开关、显示以及其他运行要素。

●应完整阐述根据统计学方法而进行的测量。

四、性能确认

性能确认应在安装确认和运行确认成功完成之后执行，在有些情况下也可以将性能确认与运行结合在一起进行。性能确认是指在给定的具体工艺情况下，对设备实际生产过程中运行的稳定性、可靠性进行确认，确保设备在实际生产中能生产出合格产品。性能确认的过程应当通过文件证明当设备、设施等与其他系统完成连接后能够有效地可重复地发挥作用，即通过测试设施、设备等的产出物（例如纯化水系统所生产出的纯化水、设备生产出的产品等）证明它们正确的性能。性能确认可以使用与实际生产相同的物料，也可以使用有代表性的替代物料（如空白剂）。

性能确认应做到：

●提供文件证据证明公用设施、系统或设备以及所有的部件在常规使用中能持续一致地符合性能标准。

●收集覆盖适当时间段的测试结果以证明一致性，应包含"最差条件"，例如在设备最高速度运行时测试。

五、再确认

厂房、设施、设备等完成确认之后应通过变更管理系统进行控制，对它们的确认状态进行维护，所有可能影响产品质量的变更都应正式的申请、记录并批准。厂房、设施、设备等的变更（包括改造、反复出现故障等情况）可能造成的对产品质量影响时应进行评估，其中包括风险分析，通过风险分析确定是否需要再确认以及再确认的范围和程度。

在没有发生较大变更的情况下，可以通过对维护、校准、工作日志、偏差、变更等的定期回顾确保厂房、设施、设备等的确认状态。这种周期性的回顾可视为再确认。

在进行厂房、设施与设备确认时应注意：

（1）确认中的测试项目、范围和程度由风险分析而定。当发生变更时，应执行变更管理程序并通过风险评估确定是否需要进行再确认。

（2）确认应在生产工艺验证实施前完成。确认的过程应有逻辑性、系统性，应起始于厂房、设备、公用设施和设备的设计阶段。

（3）根据设备、公用设施或系统的功能和操作，可能仅要求安装确认（IQ）和运行确认（OQ），因为设备、公用设施或系统的正确运行足以证明其性能。设备、公用设施和系统随后应按照常规计划进行维护、监控和校准。

（4）主要设备以及关键公用设施和系统需要进行安装确认（IQ）、运行确认（OQ）和性能确认（PQ）。

（5）确认期间，应准备操作、维护和校验的所有操作规程（SOP）。

（6）应对操作人员进行培训并保存培训记录。

第四节　工艺验证

一、工艺验证的概念

工艺验证（process validation）是证明工艺在预期参数范围内运行时，能有效地、重复地生产出符合预定质量标准和质量属性的产品的有文件记录的一系列活动。生产工艺中涉及的可能影响最终产品质量的因素应在工艺的开发阶段确定，在开发结束之后通过工艺验证对这些因素的影响进行系统化的评估。工艺验证的目的是保证药品生产过程以正确的方式进行，并证明这一生产过程具有重现性、稳定性和可控性，使生产过程处在严格的受控状态之下。一个优良的工艺验证，对于降低生产成本，促进工艺持续改进，意义重大。

工艺验证的要素主要是：

第一，工艺规程能生产出规定产品产量与质量的能力得到认定；

第二，生产过程中所有参数的认定，包括温度、压力、时间等的所有限度，如生产合格产品的最低限度、生产合格产品的可接受限度和生产合格产品的操作限度等；

第三，挑战实验和最劣工况。按照标准操作规程，确定实验的上限和下限的一个或一组测试条件，从而得出与理想的工艺条件相比，造成工艺或产品事故的最大可能性认定。

知识拓展

挑战性试验

指为确定某一个工艺过程或一个系统的某一组件，如一个设备、一个设施在设定的苛刻条件下能否确保达到预定的质量要求的试验。最劣工况理念是药品生产验证中最重要的原理之一，其应用原理是指对工艺、系统或设备提出相比于正常生产情况更大的挑战，如果在存在更大挑战的情形下都可以获得可接受的结果，则就更有信心相信在正常生产情况下系统将会有更高的可靠性。

二、工艺验证的内容

(一)工艺生命周期各阶段的验证

工艺验证是质量管理活动之一,它通过文件化的证据为工艺持续生产出符合质量要求的产品提供保证。一个工艺的生命周期包括以下几个阶段,如图7-4、图7-5所示。

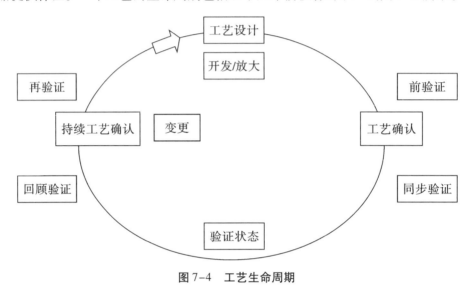

图7-4　工艺生命周期

1. 工艺设计。在该阶段,基于从开发和放大试验活动中得到的知识确定工业化生产工艺。该阶段首先要筛选合理的处方和工艺,然后进行工艺验证,最后通过稳定性试验获得必要的技术数据,以确认工艺处方的可靠性和重现性。

2. 工艺确认。在这一阶段,对已经设计并注册批准的工艺在投入某一生产线生产前进行工艺验证,证明其能够进行重复性的商业化生产,基于验证的结果确定关键工艺参数。本阶段可以采用前验证或同步验证。

3. 验证状态的保持,也可称为持续工艺确认。该阶段的目标是持续保证工艺能保持在商业化生产中的受控状态(验证的状态)。验证状态保持的主要手段有:

(1)预防性维护保养(设备);

(2)校验(设备);

(3)变更控制(质量保证);

(4)生产过程控制(物料采购、生产管理、质量控制);

(5)产品年度回顾(质量保证);

(6)再验证管理(质量保证、验证管理),本阶段可以采用再验证和回顾性验证。

影响验证状态的变更包括:

——起始物料的变更(包括物理性质,如密度、黏度,或可能影响工艺或产品的粒径分布);

——起始物料生产商的变更;

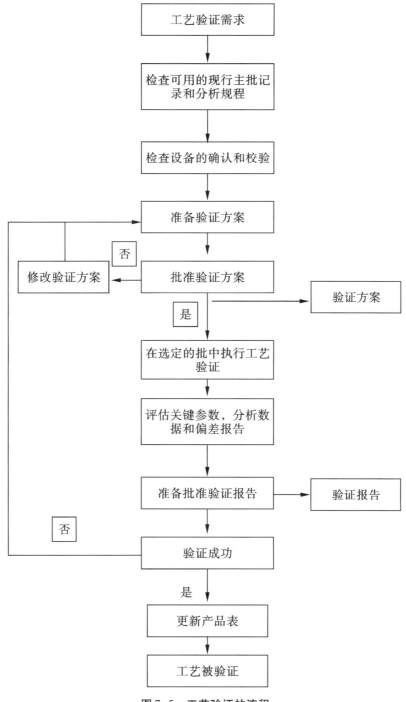

图 7-5 工艺验证的流程

——将生产转移到不同的场所(包括厂房的变更和影响工艺的安装);

——内包装材料的变更(如用塑料替代玻璃);

——设备变更(如增加自动检测系统、安装新设备、机器或装置有较大的改动以及故障）；

——生产区和配套支持系统的变更（如区域重新布局，或采用新的水处理方法）；

——出现不良的质量趋势；

——基于新知识而出现的新情况，如新技术；

——改变配套支持系统。

（二）工艺验证的检查要点

●在工艺验证中应对关键工艺参数进行监测并以正式记录形式存放在验证文件中。

●查三批产品（有代表性）验证的完整记录，看工艺运行是否稳定。

●抽查工艺规程，看工艺变更时，有无变更的验证依据和记录。

●验证过程是否有偏差：

——偏差是否直接影响验证结果。

——偏差是否进行过调查，处理。

——是否根据偏差情况进行变更。

●非最终灭菌的无菌产品的验证是否包含如下内容：

——是否进行了无菌模拟分装试验。

——A级洁净区是否进行了动态监测。

——验证过程是否对无菌操作区内操作人员进行了监测。

——除菌过滤前对药液是否进行微生物污染水平的监控。

——除菌过滤器使用前后是否进行了完整性检测。

对非无菌药品，设备清洗的工艺验证，是保证更换品种时不发生交叉污染，保证产品质量的重要工作部分。

●最终灭菌的无菌产品的验证是否包含如下内容：

——局部百级环境是否进行了动态监测。

——是否对灭菌前的产品进行微生物污染水平监控。

——容器密封性（大容量注射剂产品）是否进行了微生物挑战试验。

——除菌过滤器使用前后是否进行了完整性检测。

在无菌药品的各个剂型的工艺验证中，灭菌工艺的验证是重要的工作部分，而灭菌工艺又依托于灭菌设备，因此，灭菌设备的验证又是灭菌工艺验证的另一个重要的工作内容（表7-3至表7-7）。

●下列情况是否进行了再验证：

——关键物料的物理特性的改变（如：密度、黏度、粒度等）。

——关键物料供应商的改变。

——设备更换公用辅助系统的更换（如工艺用水系统的更新）。

——日常操作偏差超出范围。

——生产场地的变更。

——生产工艺的变更。

——辅料变更。

——内包装材料的变更。

——关键设备的变更。

表 7-3 片剂工艺条件验证示例

验证工艺	验证项目	评估项目
粉碎	速度,型号,筛目,条件	堆密度,时间,休止角
预混合	转速,混合时间	水分,含量
制粒	搅拌条件及时间,干燥温度及时间,黏合剂浓度及用量	水分,筛目分析,堆密度
总混	时间及不同取样点	含量均匀度,水分,粒度分布,堆密度,色泽均匀度
压片	转速,压力,压片时间,每 15 min 取样一次,共 5 h	外观,片重差异,厚度,硬度,溶出度,含量,脆碎度
包衣	锅速,温度,喷射速率,喷雾粒度、直径,包衣液浓度及用量,手工加料量加料间隔	片面,片重差异,溶出度
铝塑包装	转速,时间,温度,湿度,热合温度	外观,装量差异,含量,溶出度(或崩解时限)

表 7-4 颗粒剂工艺条件验证示例

验证工艺	验证项目	评估项目
粉碎	速度,型号,筛目,条件	堆密度,时间,休止角
预混合	转速,混合时间	水分,含量
制粒	搅拌条件及时间,干燥温度及时间,黏合剂浓度及用量	水分,筛目分析,堆密度
总混	时间及不同取样点	含量均匀度,水分,粒度分布,堆密度,色泽均匀度
颗粒包装	速度,压力,热合温度,温度,湿度,每 15 min 取样一次,共 5 h	外观,装量,装量差异,含量,溶化性

表 7-5 胶囊剂工艺条件验证示例

验证工艺	验证项目	评估项目
粉碎	速度,型号,筛目,条件	堆密度,时间,休止角
预混合	转速,混合时间	水分,含量
制粒	搅拌条件及时间,干燥温度及时间,黏合剂浓度及用量	水分,筛目分析,堆密度
总混	时间及不同取样点	含量均匀度,水分,粒度分布,堆密度,色泽均匀度
胶囊填充	速度,每 15 min 取样一次,共 5 h	外观,装量,装量差异,溶出度,含量
铝塑包装	转速,时间,温度,湿度,热合温度	外观,装量差异,含量,溶出度(或崩解时限)

表 7-6　冻干粉针剂工艺条件验证示例

验证工艺	验证项目	评估项目
洗瓶	洗瓶水的澄明度	微粒检查符合注射用水要求
	压缩空气(微粒、润滑油)	微粒数、微生物符合 100 级洁净级别要求,压力,无油性
	隧道烘箱	按设备验证要求
	西林瓶	澄明度、微粒、无菌检查(染菌率<0.1%)
配液及过滤	药液	澄明度,pH 值,含量浸出性(无异物浸出)
	过滤器	起泡点实验(孔径、完整性),微生物挑战实验
	灭菌过滤前药液(不能灭菌产品)	带菌量(根据产品自定),细菌内毒素 0.25 ~ 1 EU/mi
	管道清洗液	澄明度
灌装	灌装半成品	不同灌装速度下的装量,澄明度、半压塞质量
	无菌灌装(培养基灌装实验)	污染率≤0.1%
冻干	冻干后制品	产品外观、理化指标及稳定性达到标准
轧盖	轧盖后西林瓶	轧盖质量(外观)、铝盖松紧度、西林瓶密封性
灭菌	湿热灭菌柜	热分布试验最冷点与平均温度差<±2.5℃,无菌保证值大于6
	湿热灭菌挑战性试验	生物指示剂试验
	干热灭菌	热分布试验最冷点与平均温度差<±15℃,无菌保证值大于6
	干热灭菌挑战性试验	灭菌灭热原要求细菌内毒素下降 3 个对数单位

表 7-7　原料工艺条件验证示例

验证工艺		验证项目	评估项目
提取		投料量,溶剂浓度,加入量,时间,温度,搅拌速度	药液数量与性状,提取物浓度
过滤	常压、加压、减压	过滤时间、压力或真空度	药液数量、澄清度、性状
	离心	转速、进料量、离心时间	

续表 7-7

验证工艺		验证项目	评估项目
浓缩	真空浓缩	真空度、蒸汽压力、温度、进料速度、时间	浓度、数量、PH值、性状
重结晶		转溶溶剂浓度、用量,静置时间、温度	药液含量
干燥	烘箱	温度、时间、装量、循环热风的尘埃粒子	性状、水分、定量
	履带式	温度、时间、传运速度、进料速度	
	喷雾干燥	进出口温度、喷液速度,雾化温度、压力	
	冷冻干燥	温度、真空度、时间	
灭菌	蒸汽灭菌	灭菌温度、时间、蒸汽压力、装量、干燥温度、时间	性状、水分、微生物数、定性、定量
	干热灭菌	灭菌温度、时间、装量、循环热风的洁净度	
	微波灭菌	装量、时间、微波输出功率	

第五节　清洁验证

一、清洁验证的概念

"清洁"是从工艺设备或储存设备中清除污染物的工艺过程,以保证设备能够安全地进行下一步的产品生产,它包括清洗、消毒和储存。它的目的是确保产品不会受到来自于同一设备上生产的其他产品的残留物、清洁剂以及微生物污染,并达到可接受的合格标准。

清洁验证是考虑到多种因素,如批量、剂量、毒性、设备大小,确立清洁程序能将残留降低到可接受水平的有文件和记录的相关活动。一个完整的清洁验证方案应当包括:建立清洁标准、建立取样方法、建立检验方法、建立数据分析方法。

二、清洁验证的内容

(一)清洁操作规程、标准的制定及清洁方法的选择

制定操作规程是清洁验证的先决条件。清洁操作规程的制定,应参照设备的说明书制定详细的规程,规定每一台设备的清洁程序,保证每个操作人员都能以可重复的方式对其清洗,并获得相同的清洁效果。清洁程序应具有稳定性和重现性,以有效防止污染和交叉污染(图 7-6)。

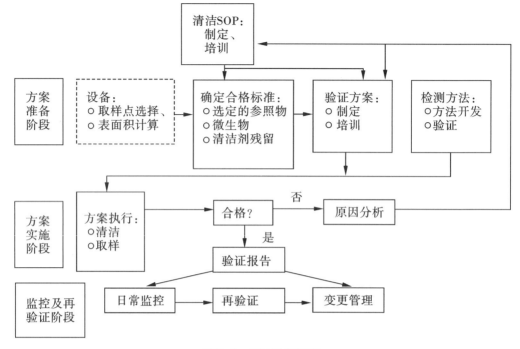

图 7-6　清洁验证流程

　　清洁标准的制定应根据所涉及的物料,合理地确认产品残留、清洁剂和微生物污染的限度标准。这个限度标准应该是可以达到的,能够被证实的。

　　在清洁方法的选择上应使用经验证的、检出灵敏度高的检验方法来检测残留或污染物。清洁方法可分为手工清洗、自动清洗、半自动清洗三种方式。手工清洗由操作员用擦洗或高压水管进行的清洗。自动清洗由自动化控制进行的清洗。半自动清洗是结合以上两者清洗的过程。每种分析方法或仪器的检测灵敏度应足以检测出设定合格限度水平的残留或污染物。

（二）清洁验证的具体对象

　　通常直接接触产品的设备表面,其清洗程序是需要验证的。对于非直接接触,但产品有可能会移动进去的部位,也要进行考虑,比如说搅拌轴、封口、烘箱风扇等。设备应及时清洗,清洗后应及时干燥,干燥后需要保存在干燥的环境中,避免引起微生物的繁殖。在实践中,不可能对每个工艺过程、每个设备、每个步骤都进行清洁验证,也没有必要。可以如下进行具体操作:

　　1.按产品和设备进行分类。如果多个产品使用某些共同设备,且用同"程序进行清洁",则可按需要选择有代表性的产品做清洁验证。

　　2.根据分类选择"最劣工况"进行清洁验证。选择最不利清洁情形,如设备最难清洁部位,从残留物,包括活性成分残留、物料残留与清洁剂残留等,寻找最难清洁物质。设备按清洗程序清洗后,假设用棉签对最难清洁部位进行擦拭取样检验,将所得结果与可接受限度比较,若低于残留物浓度,则可证实清洗程序的有效性。

3. 考虑人工清洗和取样造成的差异。三次验证应由不同操作员操作。操作人员的数目应大于或等于清洁验证的部件。

清洁程序的验证还应该包括间隔时间及储存条件,包括设备使用后到开始清洁的最长放置时间、设备清洁干燥后到开始使用的最长放置时间。

(三)清洁验证的注意事项

1. 清洁验证的要求:

● 建立书面标准操作程序(SOP),其中必须详细规定设备各部件的清洗过程。

● 建立书面的清洗方法验证通则要求。

● 清洗方法验证通则应规定执行验证的负责人、批准验证工作的负责人、验证标准(合格标准)、再验证的时间。

● 对各生产系统或各设备部件进行清洗验证之前,应制定专一特定的书面验证计划,其中应规定取样规程、分析方法(包括分析方法的灵敏度)。

● 按验证计划进行验证工作,记录验证结果。

● 做出最终的验证报告,报告应由有关管理人员批准,并说明该清洗方法是否有效。

2. 清洁规程的关键环节。

● 消毒(消毒剂浓度、消毒方法、消毒剂用量)。

● 装配:按说明书、示意图要求装配。

● 干燥:明确清洗后干燥的方式和参数。

● 检查:符合预定的标准。

3. 清洁验证的检查要点。

● 清洁验证的合格标准是否根据溶解性、清洗难度以及由活性、毒性和稳定性计算出的残留量作为合格标准。清洁验证的底线是"目检合格"。

● 清洁验证的效果是否包含清洁状态可以保持的最长时间。

● 新生产线的清洁验证如果在试生产(产品验证)阶段进行,应检查:

——选择的清洁参照物及理由;

——取样点位置;

——清洁达到的标准;

——取样的方法。

● 清洁验证规程是否按规定的清洁方法(使用什么水或清洁剂、温度、压力、时间、经清洁后设备可储存的最长时间),同品种批之间的清洁、品种变更时的清洁是否有明确规定和记录。

● 清洁验证采用的检验方法如不是药典规定的法定方法,应进行方法验证。

● 周期性的再评价。

4. 清洁验证的维护。清洁验证是一个动态的、持续改进和发展的过程。清洗规程需要遵循变更控制的流程和进行日常的监控。在首次清洗验证完成之后,应在评估后固定周期进行再验证。当发生下列变更时,也需要进行清洁维护:

——增加新产品或取消现有产品;

——产品处方变更;

——清洗流程及参数变化;

——设备、生产工艺的变更；

——清洁剂变更；

——可接受标准变化。

（四）清洁剂残留问题

对于产品残留，企业评价清洗程序去除残留的效果是能做到的。但是，清洁剂的残留不同于产品残留，不是生产过程的一个部分，仅在清洗过程中添加到清洁设备中。所以最好的情况是清洁后没有清洁剂存在（或者使用很严格的分析方法检测残留很低）。为保证清洁剂残留符合规定，就需要制定残留的可接受标准并进行验证。

选择清洁剂时，应选择安全、无危害性、无毒性、溶解性好容易去除、低发泡、经济实惠、成分明确并符合食品标准或相关法规的清洁剂。要考虑使用的清洁剂与产品产生的副产物。注意不得使用Ⅰ类、Ⅱ类有机溶剂作为清洁剂。

（五）清洁验证举例

通常有两种取样方法：常用和较好方法的是从设备表面直接取样；另一种方法用冲洗溶液法。两种方法结合使用效果好。下面例子中假设用棉签对最难清洁部位进行擦拭取样检验，取样方法和标准见表7-8。

表7-8 清洁验证取样与标准

取样方法	标准
目检法	应清洁、无痕迹或气味残留
	棉签擦拭应干净，无污染，洁白，不变色
棉签擦拭取样	残留物≤10⁻⁶
	微生物限度：总菌落数≤50CFU/mL

以片剂整粒机为例来说明可接受标准。

确定取样点：接触物料最多的部位及最不易清洁部位，如筛网，进料口底部。

设备表面目检合格后，先微生物取样，再化学检查取样。取样完成后及时填写取样记录，最后进行分析检测。

微生物检验可接受标准：棉签取样，菌落总数≤50 CFU/mL。

残留物可接受标准：以10^{-6}（10 mg/kg）作为有毒物质的考核指标时检验的最大允许残留量：$\dfrac{10^{-5}B}{S*F}$（mg/cm²）

公式中B表示每批最小量，S表示整粒机与药品接触面积，F表示安全因子。

验证实验应连续进行3次。

第六节 分析方法验证

一、分析方法验证的概念

GMP中规定"应采用经过验证的检验方法进行检验,并保持持续的验证状态"。分析方法验证就是指对药品生产过程中所使用的检测与分析方法进行验证,证明这些方法确实能够达到预期检验目的。

检验方法应经过验证,具有用来测定残留或污染的分析方法的专属性和灵敏性。随着分析技术的进展,使得生产和清洁过程的残留物能在很低的水平检测出来。但如果污染或残留物的水平不能检出,这并不意味着清洁后没有残留污染,只说明样品中污染水平比分析方式的灵敏度或检测限低。常用仪器验证方法有:色谱分析、pH、电导率、UV(紫外)光谱。分析方法验证还包括检测限度、精密度、线性、范围等实验。

二、分析方法验证的内容

分析方法的验证内容见表7-9。

表7-9 分析方法的验证内容

程序	内容
建立验证方案	1.确定标准及方法 2.确定试验及检查范围 3.确定步骤 4.方案审批
分析仪器的确认	1.安装:确认安装、检查、文件检查及保存 2.仪器校正 3.适用性预试验 4.再确认:制定再确认的周期 5.制定使用、清洁、保养规程,建立记录
适用性试验	1.准确度 2.精密度 3.专属性 4.检测限度 5.定量限度 6.线性线 7.范围
验证报告	评价及批准,归档
检验规程	起草、审批后建立

注：

1.准确度指用该方法测定结果与真实值或参考值接近的程度,一般以百分回收率表示。

2.精密度指在规定的测试条件下,同一个均匀样品,经多次取样测定所得结果之间的接近程度,一般用偏差、标准偏差或相对标准偏差表示。精密度可以从重复性、中间精密度、重现性三个层次考虑。

3.专属性是指在其他成分(如杂质、降解产物、辅料等)可能存在的情况下,对被分析物进行准确可靠测定的能力。

4.检测限度指样品中被检测物能被检测出的最低量。

5.定量限度指样品中被测物能被定量测定的最低量。

6.线性线指在给定的范围内,检测结果与样品中被测物浓度成正比关系的程度。

7.范围指能达到一定精密度、准确度和线性,测试方法使用的高低限浓度或量的区间。

 习 题

一、填空题

1.企业应当确定需要进行的确认或验证工作,以证明有关操作的关键要素能够得到有效控制。确认或验证的范围和程度应当经过_____来确定。

2.清洁验证通常有两种取样方法:一种_____;另一种方法_____。两种方法结合使用效果好。

二、多选题

应当建立确认与验证的文件和记录,并能以文件和记录证明达到(　　　)的目标。

A.设计确认应当证明厂房、设施、设备的设计符合预定用途和本规范要求

B.安装确认应当证明厂房、设施、设备的建造和安装符合设计标准

C.运行确认应当证明厂房、设施、设备的运行符合设计标准

D.性能确认应当证明厂房、设施、设备在正常操作方法和工艺条件下能够持续符合标准

三、判断题

1.应当根据确认或验证的对象制定确认或验证方案,并经审核、批准。确认或验证方案应当明确职责。　　　　　　　　　　　　　　　　　　　　　　　　(　　　)

2.企业的厂房、设施、设备和检验仪器应当经过确认,应当采用经过验证的生产工艺、操作规程和检验方法进行生产、操作和检验,并保持持续的验证状态。　　　　(　　　)

四、简答题

1.厂房设施与设备的确认分哪几个步骤,分别是什么?

2.什么情况下需要进行再验证?

3.简述怎样进行清洁验证。

4.确认和验证过程中需要进行哪些内容的文件管理?

第八章

文件管理

学习目标

1. 掌握文件管理的原则。

2. 熟悉文件管理的生命周期。

3. 了解文件的编码和格式。

4. 了解记录文件的管理。

　　建立一个合理、规范、完整的文件系统是 GMP 文件管理的关键。一个内容完善、体系健全、运转高效的文件系统使药品生产、质量活动与管理的各个环节都稳定有序,促使企业在遵守国家有关法规的原则下,所有的生产活动有章可循、责任明确、照章办事、有案可查。文件管理的好坏是企业管理软实力的体现。

第一节　文件管理基础知识

一、文件管理的概念

(一)文件管理的定义和特点

　　文件管理是质量保证系统中不可缺少的部分,它涉及 GMP 的各个方面,贯穿于药品生产管理的全过程。

　　GMP 概念中的文件(documentation)是指一切涉及药品生产、管理全过程中使用的书面标准和实施过程中产生的结果的记录。它具有系统性、严密性、动态性、适用性、可追溯性的特点。贯穿药品生产经营管理全过程、连贯有序系统化的文件称为文件系统(documentation system)。如果说先进的制药厂房、制药设施和设备是制药企业的硬件支撑,那么文件系统就是其软件系统的基础,能够保证企业的良好运转。文件系统的完善与否是一个药品生产企业管理水平的重要指标。

（二）文件管理的目的和作用

文件管理的目的是界定管理系统、减少语言传递可能发生的错误、保证所有执行人员均能获得有关工艺的详细指令并遵照执行，而且能够对有缺陷或疑有缺陷产品的历史进行追查。简单概括起来就是有章可循，照章办事，有案可查，利于追踪，持续改进。

良好的文件管理系统是质量保证体系的重要组成部分。完备的文件系统明确了药品生产的标准、方法、职责，确保完全掌握药品是否能够投放市场所必需的全部信息。它以文字形式规定了一个行动可否进行，如何进行，保证行动的一致性，并对所有行动进行文字记录，为不良产品调查追踪、追究责任、改进工作提供依据，有助于对企业员工进行培训，保持企业内部的良好联系，促进企业实施规范化、科学化、法制化管理。

二、文件的类别

结合药品生产实践的全过程来看，文件的表现种类多样，包括书面质量标准、生产处方和工艺规程、操作规程以及记录等，大体可分为标准和记录（凭证）两大类文件。

（一）标准类文件

根据标准的不同可分为下列三种：

1.技术标准文件（工艺规程、质量标准），是由国家、地方、行业及企业所颁布和制定的技术性规范、准则、规定、办法、标准和程序等书面要求。如原、辅、包装材料质量标准及检验规程、中间产品、成品质量标准及检验规程、稳定性试验质量标准及检验规程、产品生产工艺规程、工艺用水质量标准、计量校验规程、卫生学控制标准等。

2.管理标准文件（管理制度），是指企业为了行使生产计划、指标、控制等管理职能，使之标准化、规范化而规定的制度、规定、标准、办法等书面要求。包括厂房设施、设备管理制度、物料管理制度、卫生管理制度、验证管理制度、文件管理制度、生产管理制度、质量管理制度、其他管理制度等。

3.工作标准文件（标准操作规程），是指以人或人群的工作为对象，对工作范围、职责、权限以及工作内容考核等所提出的规定、标准、程序等书面要求。如岗位责任制度、标准操作程序等。

（二）记录类文件

记录类文件包括记录和凭证。记录是反映实际生产活动中实施结果的书面文件，如报表、台账、生产操作记录等。凭证是表示物料、物件、设备、房间等状态的单、证、卡、牌等，如产品合格证、半成品交接单等。

标准类文件与记录类文件之间的关系。标准是记录的指导，记录应与标准保持对应。

三、文件管理的一般要求

●应建立文件的起草、修订、审查、批准、撤销、印刷、复制及保管制度。未经授权任何人不得修改文件。

●文件的制定、审查和批准的责任应明确,并应由有关的负责人员签字并注明日期。

●文件应定期审查、修订并应保证只有现行批准的文本方能分发使用。已撤销和过时的文本不得在现场出现,并应有一个系统管理此事。

●文件的内容应清楚明确:

——文件的标题应能清楚地说明文件的属性和目的;

——文件应有便于识别版本和类别的系统编码及日期;

——文件中的指令应使用清楚、准确、详细和易懂的文字书写。

●文件的复制本应清楚、易读,绝不允许因复制工艺而引入错误。

●文件应有秩序地存放,以便检查。如果用电脑保管文件,应做到以下几点:

——应由授权人输入或修改电脑中的文件内容或数据,同时应有修改和删除的记录。

——应使用密码或其他方法限制接近电脑的人。

——电脑储存的批记录应以 U 盘、微缩照相、打印本或其他方法备份保护。

——尤其重要的是,在保存期内,文本和数据应迅速可得。

●记录应注意做到:

——填写内容真实,记录及时,不得超前记录和回忆记录;

——尽可能采用生产和检验设备自动打印的记录、图谱和曲线图,标明相关信息并签注;

——留有填写数据的足够空间,数据与数据之间有适当的间隙;

——填入的数据应字迹清晰、易读并不易擦掉;

——记录应保持清洁,不得撕毁和任意涂改。如确须修改,原因应予记录,但修改后应能看清原来填写的数据,任何更改需要签注签名和日期;

——停止使用的栏目标题和空间应尽早清除。应用"NA"或"／"标识。

四、文件管理的结构与生命周期

(一)文件的体系结构

为了确保质量管理系统的有效性,能够全面体现质量管理系统组织结构的文件系统是十分重要的。可将文件分为以下四个层次进行管理,见图 8-1。

上述四个类别有交叉和合并,如指导文件和规程可以合并为一类。企业根据自身情况使用标准管理规程和标准操作规程两类的文件结构也是可以的。

(二)文件管理的生命周期

同设施、设备和程序的管理一样,文件管理也有相应的流程和生命周期过程(图 8-2)。

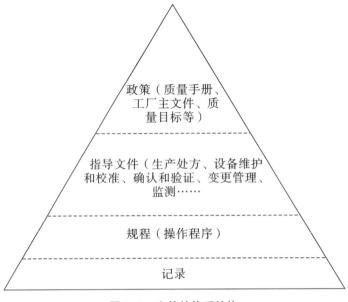

图 8-1　文件的体系结构

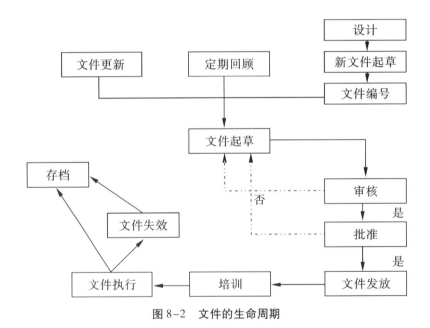

图 8-2　文件的生命周期

第二节　文件的编写

一、文件的设计与编码

（一）文件设计

文件设计要遵守语言准确、清楚,内容全面、完善,具有可追踪性的原则。由总工程师、技术副厂长或其他负责人牵头,成立多部门参与的工作组织(可为临时机构),负责建立文件起草的筹备机构。挑选合格高素质人员参与其中,要安排与提供适宜的、有效的培训。

首先要建立职责文件。明确组织机构体系中相关职责部门的职责,确认各部门、各岗位职责尤其是关键岗位职责。不同岗位职责中有相同内容时应予以界定。

其次要建立文件系统的文件,即确定文件管理制度。明确文件的体系结构,明确文件编制或修订的程序,明确起草、审核、批准责任主体,明确文件的发放、使用、回收等行为。

最后,根据公司产品、机构情况将文件进行分类及制定编码系统。

（二）文件编码

所有文件必须有系统的编码及修订号,在制药企业内部,文件的编码及修订号应保持一致,便于识别、控制及追踪,同时可避免使用或发放过时的文件。文件编码有以下要求:

1. 系统性:统一分类、编码,指定专人负责,并记录。

2. 准确性:文件应与编码一一对应,一旦某文件终止使用,相应编码即告作废,不得再次启用。

3. 可追踪性:可任意调出文件,并可随时查询文件的变更历史。

4. 稳定性:应保证系统的稳定性,不得随意变动,防止文件管理混乱。

5. 相关一致性:文件一旦变更,必须给定新编码,相关文件中出现的该文件号同时进行修正。

不同的制药企业,其代码可选用英文缩写,也可选用汉语拼音。但在企业内部编码应统一,作为文件管理制度应有具体说明,以方便使用者和检查者查找。文件的编码可采用如下方法:编码+流水号+版本号,其中编码由文件性质、部门代号、文件类别组成。在具体编号时,如有通用的标准,宜采用字母来表示。文件性质可用 SOP、SMP 或 R(记录)、V(验证)等表示;部门代号、文件类别可用英文或拼音缩写,也可用阿拉伯数字;版本号应统一;记录的编号可另设系统,也可在相应的文件后加注。

例:设备管理制度 EM-SMP-A001-00

　　设备清洁规程 204-SOP-A003-00

第一部分表示部门简称代号,第二部分表示文件分类代号,第三部分单个英文表示部门文件分段号,阿拉伯数字表示部门文件流水号,最后一部分表示版本号。

二、文件的起草程序

在建立企业 GMP 文件起草组织机构后,根据文件的使用对象,由使用部门负责起草,以保证文件内容的全面性和准确性,其内容必须依据现行的 GMP 标准。文件的起草人可为部门主管或班组长,检验操作文件可由检验员起草。编写时应明确最终哪个岗位使用此文件。编写过程中应与文件相关使用人员、管理人员涉及的其他部门讨论协商,征求意见,会稿讨论,总结后编写,使文件一旦实施后,具有可行性。

起草文件的要求有:

1. 文件标题、类型、目的、原则、适用范围应有清楚的陈述。

2. 文件信息准确,不可模棱两可,可操作性要强。

3. 文件逻辑清楚,流程清晰,职责明确,易理解,能为执行操作人员理解和使用。

4. 文件格式方便实际需要。文件必须是经正式打印的正式文件,不得使用手抄。文件应有统一的格式,如:①表头、基本格式。②版面设计、页眉、页脚、总页数及分页号。③标题、编码、正文的字体、字号、行间距等全部要求,并制定成制度,今后新起草和修订文件时必须服从。文件如需记录,应有足够空间。可为文件附上必要的流程图及记录样本。④要实事求是。可借鉴别人先进经验,但要结合本企业实际。要征求他人或其他部门意见,会稿讨论,一时难形成的文件,如某些 SOP(标准操作程序)可待时机成熟后再期完成。(表 8-1)

表 8-1　文件样例

文件名称				编号	
编制者		审核者		批准者	
编制日期		审核日期		批准日期	
编制依据				版本号	
颁发部门				制作部门	
分发部门				实施日期	

目的:

范围:

责任:

内容:

三、文件的审核批准

文件起草完成后交由质量管理部门(QA)或者 GMP 主管部门审批。所有文件的审核人与批准人必须预先规定。审批人须具有相应的资格与能力。文件审核的要点是:审核内容是否与国家药品监管法律、法规、现行 GMP 标准或精神、药品许可与注册要求一致;文件内容的可行性;语言是否简练、确切、易懂,不能有两种以上的解释;是否同公司已生效的其他文件相悖。经 QA 审核后的文件,如需改正,交回原编写人员所属部门的负责人员进行修改,直至符合要求。如有不同意见,由 QA 负责人裁定。在 QA 审核完成后,交由企业负责人批准生效。所有正式生效的文件,均应有起草、修订、审核、批准人签字,并注明日期。

四、文件发放

文件批准后,在执行之日前发放至相关人员或部门,并做好记录,同时收回旧文件。

具体要求:

1. 文件的印制应由文件管理部门专人负责,统一制作,经审核盖印章后登记发放,其他人员不得随意印制。文件按需复印相应的份数,并使用专用复印纸或在复印好的文件上做标记。

2. 文件发放时按要求发放,并应履行签发手续,发放人、接收人均须签字,并做有发放记录。分发记录内容应包括:文件名称、文件编号、版本号、印制份数、分发份数及各部门的签收日期等。

3. 发放新版文件时,旧版文件已过时失效,由文件管理人员应立即回收,统一处理,不得在工作现场出现。回收文件时应按发放记录回收,一份也不能少。回收时应履行签发手续,有文件回收记录,回收人、交接人均须签字。对须保存的旧版文件应另行明显标识,与现行文件隔离保存。对须销毁的文件由专人负责,除留一份备查外,收集全后统一销毁。销毁文件时应有监督人及销毁记录。

4. 制定现行文件清单,供随时查阅最新文件修改状态。现行文件清单应包括文件编号、文件名称、制定日期、主要执行部门、现存份数及保管人等各项内容。

五、培训

培训是 GMP 培训的重要组成部分,由质量管理部门统一安排进行。具体要求:

1. 新文件必须在执行之日前进行培训并记录。

2. 培训师原则上为文件的起草者/审核者或文件批准者。

3. 培训的方式为:自学/培训课、提问与回答、模拟演练、实地一对一授教等。

4. 必须保证文件的使用者均受到了有效培训,经考核合格。

六、文件的执行

文件的有效执行是最重要的环节。应做到以下几点:

1. 文件起始执行阶段,有关管理人员应特别注意监督检查执行情况。

2. 文件管理部门应定期向文件使用和收阅者提供现行文件清单,避免使用过时旧文件。

3. 所有文件应定期复核。如文件采用自动控制或管理系统记录,应仅允许授权人操作。

4. 所有的文件必须定期进行审查,以保证文件的可操作性,并始终符合 GMP 要求和相关的法律、法规要求。

5. 建立文件有效期的规定。

6.保证复核的有效性和完整性。

七、文件的归档

各种归档文件应建立台账、分类存放以便调用。

1.文件管理部门保留一份现行文件原件或样本,并根据文件变更情况随时更新记录在案。过时文件仅保留一份,并与现行文件隔离保存。

2.质量标准、工艺规程、操作规程、稳定性考察、确认、验证、变更等其他重要文件应当长期保存。各种记录完成后,整理分类归档,保留至规定期限。

3.对于批生产记录、用户投诉记录、退货报表等应定期进行统计评价,为质量改进提供依据。

八、文件的修订

文件一旦制定,未经批准不得随意更改,但也要结合实际情况边执行、边修订、边完善。文件一经修订,该文件的相关文件(或记录、报告、表格等)也应作相应的修订。

(一)修订的原因

当文件满足以下几种情况时通常应考虑对文件进行修订:

1.法定标准或其他依据的文件更新导致标准有所改变;

2.引入新设备、新工艺、新厂房;

3.物料供应商变更,认为有必要修订标准文件;

4.产品质量回顾或回顾性验证的结果说明应修订文件;

5.技术标准文件根据经济和技术水平的发展需要,每隔2~3年修订一次;

6.规格标准文件应按最新出版的国家药典或其他法定规格进行及时修订。

(二)修订的程序

为适应生产发展的需要,应定期对重要的管理标准作相应的回顾,及时进行变更。同时也要对重要的GMP活动作年度回顾,如:产品年度回顾、供户质量管理年度回顾、客户投诉年度回顾、验证年度回顾。

文件的变更是必要的,但失控的变更是危险的。文件需要变更时,应按照以下要求进行:

1.变更的提出:文件的使用者或管理人员有权提出变更,应先填写文件修订申请,写明修订文件的名称、编码、修订原因,附文件修订说明交予质量管理部门批准。

2.变更的审批:批准人应评价变更的可行性后签署意见,履行变更手续。

3.变更的执行:变更执行过程可视为一份新文件起草,按照相关程序执行。

4.变更管理:文件管理部门应检查文件变更引起的其他相关文件的变更。

5.变更记载:文件管理部门对文件的任何变更必须详细进行记录,以便跟踪检查。

第三节 GMP 要求的各种文件

GMP 要求的文件大体可分为生产管理文件、质量管理文件、设备管理文件、物料管理文件,具体见表 8-2。

表 8-2 GMP 要求的各种文件

GMP 要求的各种文件	生产管理文件	生产工艺规程
		标准操作程序
		批记录(生产/包装)
	质量管理文件	药品的申请和审批文件
		质量标准(物料/中间品/成品)及其检验操作规程
		产品质量稳定性考察
		批检验记录
		文件管理程序
		不符合事件处理程序及记录
		变更控制程序及记录
		人员培训管理制度及记录
		环境、厂房、设施、设备及人员卫生管理制度和记录
		产品销售、退回、回收及客户投诉管理制度及记录
		设备、工艺、方法等验证管理程序及文件
		质量体系内部审核
		供应商质量体系评价
	设备管理文件	厂房、设施(空调系统及水系统)和设备的使用、校验、维护、保养、检修等制度和记录
	物料管理文件	物料接收、释放、储存、发放及平衡管理制度及记录
		不合格品的管理
		成品销售及记录

下面主要介绍具体的几种文件。

一、操作规程

操作规程(SOP)是指经批准用来指导药品生产的通用性文件,如设备操作,维护与清洁,验证,环境控制,取样和检验等,也称标准操作规程。操作规程是企业活动和决策的基础,确保每个人正确、及时的执行质量相关的活动和流程。操作规程的过程和结果应当有记录。

标准操作规程根据企业的规定应该有相应的模板和编写要求,一般情况下,应包括以下内容。

举例

每页
- 文件题目/文件编号/版本号
- 第几页/共几页

封面页
- 公司名称
- 文件类型-标准操作规程
- 文件题目/文件编号/版本号
- 第几页/共几页
- 适用范围
- 生效日期
- 回顾日期
- 参考文件/替代文件编号
- 作者、审核人和批准人签名/日期
- 文件发放
- 关键字

正文(表8-3)

表8-3　操作规程格式

1.目的 ● 描述文件的目标
2.定义/缩略语 ● 解释文件中的定义和缩略语,便于文件的理解
3.职责 ● 描述程序中执行者和参与者的责任,如果任务可授权需要明确指出 ● 文件改版、检查和批准的职责
4.设备及材料 ● 描述规程执行的过程中需要使用的设备或材料

续表 8-3

5.步骤(尽量使用表格、清单和流程图,清晰描述) ● 描述需要完成的任务和达成的目标 ● 使用物料和设备的质量标准 ● 可接受标准,时间要求 ● 使用的文件、表格和模板 ● 偏差处理,如需要
6.附件 ● 数据信息、工作流程,如表格、清单等
7.培训要求 ● 部门 ● 需培训的岗位
8.变更历史 ● 文件编号 ● 版本号 ● 变更描述 ● 生效日期

二、质量标准

GMP 规定物料和成品应当有经批准的现行质量标准;必要时,中间产品或待包装产品也应当有质量标准(表 8-4)。

质量标准详细阐述生产过程中所用物料或所得产品必须符合技术要求。质量标准是质量评价的基础,是保证产品质量、安全性、有效性和一致性的重要因素。

表 8-4　GMP 中描述的质量标准

质量标准		内容要求(见 GMP)	制定依据
物料质量标准	原辅料	第一百六十五条	国家药品标准(包括:药典和药品标准) 中国国家标准(GB) 中国行业标准(例如:药包材行业标准,YBB) 产品的官方注册文件 说明:1.根据药品成品的销售地点,须考虑其他各国药典或国际标准。2.进口药品包装材料应同时符合进口药品包装材料标准
	与药品直接接触的包装材料		
	印刷包装材料		
中间产品和待包装产品		第一百六十六条	
成品		第一百六十七条	

质量标准须根据药典、国家标准或注册文件的变化,进行相应的修订。当药典或有关文

件更新时,应检查每个物料相对应的专论、方法等,进行相应物料的影响分析,以确定是否需要更新质量标准。

标准加严→重新评估检测结果

方法变更→进行评估/风险分析,并且适当时候按照新方法检测

新的要求→检测或风险分析

经过一定的过渡期,所有批次的物料应该经过评估或测试以满足新的要求。

例如:某公司质量标准文件

物料的质量标准:物流的基本信息;企业统一指定的物料名称和内部使用的物料代码;质量标准的依据;经批准的供应商;如果是印刷包装材料,还应当有实样或样稿;物料取样、检验方法或相关操作规程编号;物料定性和定量的限度要求;物料储存条件和注意事项;物料有效期或复验期。

成品的质量标准:产品名称以及产品代码;对应的产品处方编号(如有);产品规格和包装形式;成品取样;检验方法或相关操作规程编号;成品定性和定量的限度要求;成品储存条件和注意事项、有效期。

外购或外销的中间产品和待包装产品:具体格式同物料标准;如果中间产品的检验结果用于成品的质量评价,则应当制定与成品质量标准相对应的中间产品质量标准,格式与成品质量标准格式相同。

三、工艺规程

工艺规程是产品设计、质量标准和生产、技术、质量管理的汇总,是企业组织和指导生产的主要依据和技术管理工作的基础。制定生产工艺规程的目的是为药品生产单位提供必须共同遵守的技术准则以保证生产的批与批之间,尽可能地与原设计吻合,保证每一药品在整个有效期内保持预定的质量。

根据 GMP 要求,工艺规程应至少包括生产处方、生产操作要求、包装操作要求三部分。

(一)生产处方

● 产品名称和产品代码;

● 产品剂型、规格和批量;

● 所用原辅料清单(包括生产过程中可能消失、不在成品中出现的物料),阐明每一物料的指定名称、唯一的代码和用量;如原辅料的用量需要折算时,还应说明计算方法。

企业通常还要求:

● 产品特性概述(包括产品的物理特性描述,如外观,颜色,形状,单位重量等);

● 针对需要按照效价调整的物料,可描述调整需要的计算方法;

● 产品质量标准编号,注册标准编号。

(二)生产操作要求

● 对生产场所和所用设备的说明(如操作间的位置和编号、洁净度级别、必要的温湿度要求、设备型号和编号等);

● 关键设备的准备所采用的方法(如清洗、组装、校准、灭菌等)或相应操作规程编号;

●详细的生产步骤说明(如物料的核对、预处理、加入物料的顺序、混合时间、温度等);

●所有中间控制方法及评判标准;

●预期的最终产量限度,必要时,还应说明中间产品的产量限度,以及物料平衡的计算方法和限度;

●待包装产品的储存要求,包括容器、标签及特殊储存条件;

●需要说明的特别注意事项。

(三)包装操作要求

●以最终包装容器中产品的数量、重量或体积表示的包装规格;

●所需全部包装材料的完整清单,包括包装材料的名称、数量、规格、类型以及与质量标准有关的每一包装材料的代码;

●印刷包装材料的实样或复制品,并标明产品批号、有效期打印位置;

●需要说明的特别注意事项,包括对生产区和设备进行的检查,在包装操作开始前,确认包装生产线的清场已经完成等;

●包装操作步骤的说明,包括重要的辅助性操作条件和所用设备的注意事项、包装材料使用前的核对;

●中间控制的详细操作,包括取样方法及合格标准;

●待包装产品、印刷包装材料的物料平衡计算方法和限度。

工艺规程应进行定期回顾,通过变更管理控制其改变。

四、批记录

根据 GMP 的规定,批记录是记述每批药品生产、质量检验和放行审核的所有文件和记录,可追溯所有与成品质量有关的历史和信息。每批药品都应有批记录,包括:批生产记录、批包装记录、批检验记录、药品放行审核记录及其他与本批产品有关的记录文件。

通过批记录可以追溯所有与产品生产、包装和检验相关的历史和信息,特别是当产品在销售过程中出现质量问题时。基于批记录在药品生产过程中的重要作用,下面就批记录管理过程中的重要控制点和风险点以表8-5列出:

表8-5　批记录管理中重要控制点和风险点

过程	控制点/风险点
起草	1.批记录依据以下文件制定:注册文件、现有批量的工艺验证、工艺规程质量标准、其他相关文件 2.有统一格式的标准化的模板要求
使用	1.为了区别批记录与其他文件,可以使用彩色纸张(如绿色)打印或复印 2.以现行版基准批记录进行复印或打印 3.遵循记录填写的要求进行记录

续表 8-5

过程	控制点/风险点
审核	在任何情况下,质量受权人必须在产品放行前对"必须保证每批已放行产品的生产、检验均符合相关法规、药品注册批准或规定的要求和质量标准"的要求作出书面承诺,并纳入批记录
保存	按照相应规定保存。用电子方法保存的批记录,应采用磁带、缩微胶卷、纸质副本或其他方法进行备份,以确保记录的安全,且数据资料在保存期内应便于查阅
修订	基准批记录的修正或变更应当根据变更管理的规定程序进行批准。填写变更历史记录

下面重点讲述批生产记录和批包装记录。

批生产记录和批包装根据现行批准的工艺规程的相关内容制定。制定好的批生产记录、批包装记录经批准后,以原版空白批记录的形式存在。在使用时,在受控条件下复制和发放。

批记录的内容是否充分可靠非常重要。当发生偏差和检验结果偏差时,批记录应该能够提供足够的设备、参数、时间等信息以支持调查和发现根本原因。另外,批生产控制记录应是原始记录,应避免任何替换和造假的可能,这就要求企业有一套体系对批记录加以管理。

从流程上讲,批记录(包括批生产记录和批包装记录)的管理包括:空白原版批记录的起草,审核批准,空白原版批记录的保存;批记录的复制,发放;批记录的使用;批记录的审核;批记录的保存。

通常生产过程的各项记录由车间按批整理后,由生产和质量部门指定专人进行复核,复核的内容一般包括:配料、投料、称重过程中的复核情况;生产各工序检验记录;清场记录;中间产品质量检验结果;物料平衡的计算;各种状态标志和关键工艺参数等。专人审核后再交质量管理部门终审,并保存。保留期限为至产品有效期后一年。

举例:批生产记录/批包装记录格式

●每页:物料号;产品名称;规格;生产批号;文件编号(包括版本号);页号/总页数;批准签名。根据新版中国 GMP 要求其中产品名称;规格;生产批号是必须包括的内容。

●封面页:物料号;产品名称;批量;文件编号(包括版本号);生效日期;参考文件;批信息:生产批号、生产日期(仅限包装阶段)、有效期(仅限包装阶段)、生产订单号、批量(仅限非固定批量包装阶段);编制人和复核人的签名。

●内容:以下列出了基准批记录中包括的内容,根据企业的实际情况,在满足相应法规要求的前提下,内容可有所不同。

(1)批记录总结

——由生产和质量相关负责人员对整批进行最后的评估。

——如果批记录有偏差,须附偏差报告。

——需要时,要报告相关的验证的信息。

(2)批记录内容列表

批记录所包括的内容的清单及生产结束后生产和 QA 相关人员的初步审查的结果。

(3)安全警告

——列出所有物料的物料安全数据表(MSDS)编号以保证所有相关人员都已受到培训。可确保使用这些物料时可采取适当的处理方法避免事故发生。

——陈述所有必要的人身保护措施。

——任何与所有步骤相关的重要注意事项。

(4)物料清单(bill of materials,BOM)

——参考注册文件的单剂量处方。

——验证批量的处方,包括物料号、物料名称、数量和单位(参考验证文件和操作规程)。

(5)清场及设备清洁度确认

——列出生产房间号(或者区域位置)和所有将要使用的设备名称和系统号。

——按照上批的清场记录检查区域状态。

——检查设备清洁度。

(6)安装和功能测试

——安装指南。

——机器功能测试和结果。

(7)物料的接收

对照物料接收清单双人复核。

(8)操作步骤

——操作指南和记录,包括起始时间、完成时间、操作人签名、复核人签名。

——凡重要步骤,必须由第二个人检查或者得到相关负责人的批准,并在批记录中进行清晰的描述,例如物料的接收、称量、计算和一些危险的操作。

——产率和物料平衡。

(9)中间过程控制

——取样计划,须描述频率、地点、数量、方法和工具。

——检验规程和记录包括测试仪器类型、标准、结果和签名。

——相关负责人评估测试结果。

(10)转移文件

转移文件应当放到批件录指定的页号或者说明应当附到哪页上,例如印刷包装材料的实样、物料标签、设备清洁标签、机器打印信息、称量表等。

(11)附录

其他批相关的文件,例如偏差报告。

说明:批记录中的相关操作需指出所参考的标准操作规程。

习　题

一、填空题

1. 记录应当保持清洁,不得撕毁和任意涂改。记录填写的任何更改都应当签注_____和_____,并使原有信息仍清晰可辨,必要时,应当说明更改的理由。

2. 批记录应当由质量管理部门负责管理,至少保存至药品_____。质量标准、工艺规程、操作规程、稳定性考察、确认、验证、变更等其他重要文件应当_____。

二、选择题

1. 批生产记录的每一页应当标注产品的(　　　)。

A. 规格　　　　　　　　B. 数量

C. 过滤　　　　　　　　D. 批号

2. 下述活动也应当有相应的操作规程,其过程和结果应当有记录(　　　)。

A. 退货　　　　　　　　B. 环境监测

C. 确认和验证　　　　　D. 培训、更衣及卫生等与人员相关的事宜

三、简答题

批记录由哪些记录组成,由哪个部门管理?

第九章

生产管理

学习目标

1. 熟读法规原文。

2. 背诵批、批号、批记录、污染、混淆与差错等术语。

3. 知道常见的污染的形式,污染的产生原因、传播途径与方式。

4. 学会如何控制生产过程中的污染。

5. 学会如何防范生产过程中的差错与混淆。

6. 知道清场过程中需要注意的事项。

7. 熟悉包装操作的有关事项。

生产管理是一切企业管理的最基础和最关键的部分,良好的生产作业管理系统是企业在日益增强的竞争中得以生存的关键要素。药品生产管理(production management)所涉及的内容非常广泛,我们在此仅讨论部分药品生产过程中的有关问题。药品的生产过程同其他商品的生产过程一样,基本上都是以生产工序为单元,生产过程中某一个工序出现变化或影响工序的因素出现变化,如生产环境、物料、人员操作、设施与设备、生产工艺等变化,必然要引起药品质量的变化。所以在生产过程中,要严格控制这些因素的变化,从而使药品质量稳定并符合标准要求。

第一节 批

一、批的概念

批就是经一个或若干加工过程生产的、具有预期均一质量和特性的一定数量的原辅料、包装材料或成品。为完成某些生产操作步骤,可能有必要将一批产品分成若干亚批,最终合并成为一个均一的批。

例如：口服或外用的液体制剂以灌装（封）前经最后混合的药液所生产的均质产品为一批；口服或外用的固体、半固体制剂在成形或分装前使用同一台混合设备一次混合所生产的均质产品为一批。

二、批号的概念

批号（batch number/lot number）就是用于识别一个特定批的具有唯一性的数字和（或）字母的组合。

例如：130129（3）即 2013 年 1 月 29 日生产的药品的批号，后面的（3）表示当天生产的第三批。

三、批的记录

批记录（batch record）就是用于记述每批药品生产、质量检验和放行审核的所有文件记录，可追溯所有与成品质量有关的历史信息。

四、批的划分

实际上，在药品生产企业中，同一品种的"产品"不一定是相同的"产品"，只有相同批号的同一品种的"产品"才是相同的"产品"，比如阿奇霉素和林可霉素是不同的产品。不同批号的阿奇霉素也是不同的产品，就相当于"阿奇霉素"与"林可霉素"的不同关系一样。因此，批的划分就显得十分重要。企业应当根据产品的产量、生产时间的长短、生产设备等因素，从所生产产品的"均一""确定数量""确定时间"等因素来建立划分产品生产批次的操作规程，生产批次的划分应当能确保同一批次产品质量和特性的均一性。

（一）批的确定

在药品生产中，由于剂型不同，生产情况不同，为确保生产的每批药品达到均一的要求，就必须根据批的定义确定生产中哪些产品才能为一个批。一般而言，产品批按如下方式确定：

1. 连续生产的原料药，在一定时间间隔内生产的在规定限度内的均质产品为一批。间歇生产的原料药，可由一定数量的产品经最后混合所得的在规定限度内的均质产品为一批。

2. 灭菌制剂（包括滴眼液、注射用药及其他需灭菌处理的制剂）以一个配液罐配置的均质药液，并使用同一台灭菌设备灭菌的产品为一批。

3. 粉针剂以一批无菌原料药在同一连续生产周期内生产的均质产品为一批。

4. 冻干粉针剂以同一批药液使用同一台冻干设备在同一生产周期内生产的产品为一批。

5. 容量注射剂、眼用制剂、软膏剂、乳剂和混悬剂以同一配液罐最终一次配制的药液所生产的均质产品为一批。

6. 散剂以在同一生产周期内，进行内包装前使用同一台混合设备生产的一次混合量为一批。

7. 细粒剂、颗粒剂(冲剂)以在同一生产周期内,颗粒干燥后使用同一台混合设备生产的一次混合量为一个批次。

8. 生物制品的批号按《中华人民共和国药典》(2010 年版)"生物制品分批规程"确定。

9. 片剂、胶囊剂以压片前使用同一台混合设备生产的一次混合量为一个批号。

10. 中成药丸剂以制丸前使用同一台混合设备生产的一次混合量为一个批号。

11. 口服液体制剂以灌装(封)前经最后混合质量均一的药液为一个批号。

12. 中成药提取物以经最后混合质量均一的一次混合量为一个批号。

(二)批号的编制方法

批号是用于识别"批"的一组数字或字母加数字,用以追溯和审查该药品的生产历史。据此,能查到该批药品的生产日期直至相关的生产、检验、销售等记录,查到药品生产的操作员工、生产检测所使用的硬件、生产检测所使用的软件、生产检测的工作现场情况等,应当建立编制药品批号的操作规程,每批药品均应当编制唯一的批号。以下以某制药有限公司(简称为"A"公司)为例来说明这个问题。

A 公司批号的编码方式通常为:年–月–日(流水号)。常用六位数字表示,前两位是年份,中间两位是月份,后两位是日期或流水号。一般来说有以下几种批号形式。

正常批号:如 120723(1)即 2012 年 7 月 23 日生产的药品的批号,后面的(1)表示当天生产的第一批,如果当天还生产了其他批,就用(2)、(3)等表示。

返工批号:返工后原批号主干不变,只是在原批号后加一符号以示区别,如在 120114(1)之后加 R,表示是 2012 年 1 月 14 日生产的这批药品的返工。

混合批号:生产企业为了包装销售方便等原因,将几个批号的药品进行混合,在批号上则应表示出来,如 120723/(1)~(8),表示将 2012 年 7 月 23 日生产的第一批至第八批药品进行了混合。

第二节　污染和交叉污染

污染(contamination)是药品质量的最大威胁者,药品从原料到成品的生产过程中,一般都要涉及许多的技术细节,其中任何一个环节的疏忽,都可能导致药品受污染,生产出不合格药品。受污染的药品不仅给企业在经济上造成损失,如果这些药品流落到患者手中,将对他们的生命健康构成严重威胁。我们必须对污染的形态和形成作认真的分析,形成对策,防止药品受到污染。

一、污染的概念

什么是污染?《辞海》中的定义是:"物品混入不洁净的物体或者不需要的物体。"为了研究方便,我们对污染的定义是:在生产、取样、包装或重新包装、储存或运输等操作过程中,原辅料、中间产品、待包装产品、成品受到具有化学或微生物特性的杂质或异物的不利影响。

也可以把污染理解为:如果药品(物料或中间体)中混入不需要的物质,并当物质的含量超过规定限度时,这个物质就是污染,这个药品即受到了污染。污染常见的形式有三种,微生物污染、物理污染、化学污染。

(一)微生物污染

微生物污染以附着、漂浮各种形式等大量存在、普遍存在。微生物具有高繁殖性,只要繁殖条件存在,就能以几何级数形式繁衍。微生物无论其本身还是其代谢物一般都具有毒性或高毒性。

(二)物理污染

物理污染以尘粒(混合物)的形式表现出来,普遍存在、大量存在。污染颗粒大小不一,差距很大,给分类去除带来很大困难。污染颗粒粒径在 $0.1~\mu m$ 以上,一般通过传统的过滤方法可以去除。

(三)化学污染

化学污染以烟、雾、气、液体等形式表现出来。污染颗粒很微小,能和空气和工艺用水相溶,流动性强,给防范带来很大困难。污染颗粒同分子大小,很难通过传统的过滤方法除去。

在药品生产过程中,对于特定的生产企业或特定的生产工艺(工序),这三种污染有时是一种起作用,有时是两三种共同起作用。

二、污染的传播

(一)污染的传播方式

污染传播的方式有三种,即直接污染、二次(多次)污染和交叉污染,由于药品生产所涉及的环节比较多,因此,这三种方式往往会同时发生。

1. 直接污染:指平时我们所说的污染,由传播媒介直接将污染物带入生产环境所造成的污染。

2. 二次(多次)污染:污染进入生产环境后,在物理、化学或生物因素作用下生成新的污染物(二次污染物)而对生产环境产生再次(多次)污染。也可以指非污染物,如生产所用到的物料或介质等,在物理、化学或生物等因素的作用下,形成新的污染物对药品生产造成污染。比如由于某些物理因素,像设施、设备、仪器在生产过程中发生碰撞、旋转、挤压等运动,造成物料颗粒、产品颗粒、金属颗粒、油污颗粒等在生产环境中飘浮。再比如由于某些化学因素,像一次污染物或物料、中间体,性质不稳定,在一定条件下,如温湿度、光解等因素的作用下,产生化学反应,而产生新的污染物。还有由于某些生物因素,像一次污染物或生产所用到的物料、介质、溶剂、清洁剂等在微生物作用下,腐败、霉败成污染物。一般而言,由于二次或多次污染可控性差,通常,形成机理也比较复杂,给防范带来困难。

3. 交叉污染(cross-contamination):是指由于药品生产过程中,两个或两个以上产品的生产活动,如人流、物流、环境区划等不能很好地区分,造成彼此相互影响的情况,也就是一个产品生产过程的物品,对另一个产品生产过程构成污染,或互相污染的情况。也可以指同一个生产工艺,由于各个工序区分不当,不同阶段的产品或中间体彼此相互影响和污染的情况。

（二）污染的传播途径

污染进入生产环境的途径大致有三个：人流通道、物流通道和空调通道。

1. 人流通道。在人流通道中，污染物可能随人体表面进入生产环境，或随洁净服进入，或者随生产所用的工具、洁具等进入生产环境。

2. 物流通道。在物流通道中，污染物可能随生产所用的物料进入生产环境，或随生产所用的工艺用水进入，或者随物料所用的包装材料或容器进入生产环境。

3. 空调通道。在空调通道中，污染物可能随通风管道进入生产环境，或随人流、物流通道或不合理的压差梯度进入，或者随洁净厂房缝隙或接口进入生产环境。如果空调管道没有按规定洁净，也容易滋生污染物，造成污染。

（三）污染的传播媒介

无论是微生物污染、物理污染还是化学污染都是要通过一定的媒介进行传播。一般来说，污染传播媒介有以下五种。

1. 人员。人是一个污染源，因为在新陈代谢过程中，每人每天脱落的皮屑量可达1000万颗，这些颗粒随着人的各种动作也会散发出来，一个人坐着时发尘数为每分钟10万～250万个，走路时发尘数为每分钟500万～1 000万个，发菌数为每分钟700～5 000个，人的言谈和咳嗽等能将这些污染大量带入。员工进入药品生产岗位，带入大量物理与微生物污染，成为污染传播媒介。

2. 物体表面。药品生产离不开所依托的各类表面，包括设备、容器及其他工具的表面，由于物理化学的作用，所有表面都吸附了一层含水的薄膜，这层薄膜由于静电吸引而沾了物理、化学和微生物污染，成为传播污染的媒介。

3. 水。药品生产不能离开水，药品生产的所有剂型几乎都需要水。水并不产生污染，但是，水能把各类对其有亲和力的污染带入药品生产。

4. 空气。空气也不产生污染，我们生存和生产离不开空气，可是，空气能把物理污染、化学污染和微生物污染带入制药企业的各个角落。

5. 物料。药品生产用到各类原料、辅料和包装材料，由于很多这些材料都是其他企业生产的，并在生产之前经过运输、储存等一系列物流处理过程，如果处理不当，就会沾染各类污染，成为污染的携带者。

以上五种污染传播媒介，各自传播污染的比例见表9-1。

表 9-1　各种传播媒介传播污染比例

污染传播媒介	人员	物体表面	水	空气	物料
传播污染比例	35%	25%	8%	7%	25%

三、药品生产过程中污染的防范

生产过程中的污染防范是药品生产管理中的重点内容，我们可以通过对药品生产的环境控制、对物料的洁净控制、对生产员工的卫生控制以及对空气通道的洁净控制来防范药品生产过程中的污染。

（一）药品生产环境的控制

药品生产所处的环境可以分为两种：

第一种是药品生产企业所处的外部环境，药品生产企业应选择空气条件良好、无水土污染和污染排放源的地区，避免建立在潮湿或干旱、少雨或沙尘暴频繁的地区。药品生产企业所选地区水源应能满足生产用基础用水的质量标准要求，并远离工业废气较多的工业区、化工区以及闹市区和交通繁杂区域。

第二种是药品生产活动所在的企业内部环境。药品生产区要设置在企业内部最洁净的区域，如果企业还有多个产品生产或有原料药生产，彼此就要进行严格的区分，并能证明彼此的排放物没有相互影响。因此，要严格区分不同产品的生产区域，在同一生产操作间不得同时进行不同品种和规格药品的生产操作，除非没有发生混淆或交叉污染的可能。严格把原料药生产区域和制剂生产区域进行区分，并能证明彼此没有影响。

（二）物料的洁净控制

物料的洁净控制可以从物料的使用前、物料在使用过程中的传送以及物料的配料三个方面来进行洁净控制。

所谓的物料使用前控制就是指物料的生产、运输、存放等环节的控制。药品生产所用到的原料、辅料与直接用于药品内包装的包装材料，在进入生产工艺之前必须确保没有受到污染。对物料的生产企业要进行严格的审查，如对物料生产企业资质的审查、对物料生产企业生产现场的检查以及根据统计学要求进行连续三批的产品检验等。对物料运输条件的控制也应严格，比如对物料包装要进行严格的检查，对物料运输设备、设施、器具要进行严格的检查，对物料运输时间、运输期间温度、湿度、光照等条件要进行严格的控制等。另外，对物料存储的条件也要进行严格的控制，比如物料验收的控制，物料存储环境的温湿度、光照等因素的控制，物料存储时限的控制，要定期或不定期对物料进行检查、检验等。

物料运送到生产区域（车间）后，应该有专门的脱外包房间，脱外包间环境应被控制，有清洁、消毒和灭菌等设备设施，便于在物料脱外包时进行必要的清洁、消毒和灭菌。脱外包间和生产车间要有缓冲间，缓冲间的门要有连锁，如果物料是通过传递窗进入生产车间，传递窗要有连锁和消毒灭菌装置。

物料进入生产区域之后，要有专门的配料间进行存放和配料，配料间只能允许一种产品的配料，所有操作和配好的物料包括内包装材料，必须在规定的时间内使用完毕，应尽可能缩短包装材料、容器和设备的清洗、干燥和灭菌的间隔时间以及灭菌至使用的间隔时间。应建立规定储存条件下的时限控制标准。

如果需要进行灭菌和消毒的也必须在规定时间内完成，消毒灭菌后的物料与包装材料也必须在规定时间内使用完毕，应尽可能缩短药液从开始配置到灭菌（或除菌过滤）的间隔时间。应建立各产品规定储存条件下的时限控制标准。余料在规定时间内进行退库或其他处理。此外，取样、配料所用到的器具、容器也要按规定洁净。

（三）生产员工的洁净控制

生产员工的洁净控制分为生产员工个人卫生、生产员工操作卫生和生产员工洁净服装和所携带的生产工具卫生三个部分。

1. 个人卫生方面。要求生产操作人员要勤洗澡、理须发、剪指甲,定期体检、没有传染病、皮肤病,身体健康,操作前不吃挥发性强、刺激性强的食物,等等。

2. 生产员工的操作卫生。要求生产操作人员不化妆,不戴首饰,不裸手接触生产物料、药品和生产器械器具,不大声喧哗、肢体不做大幅度动作,严格按规定进更衣、消毒和穿戴洁净衣帽,严格按规定进入洁净厂房。

3. 生产员工洁净服装和所携带的生产工具卫生方面。要求生产员工要按规定挑选洁净服的材质和式样,严格按规定对洁净服进行清洗消毒,严格按规定存放、传递洁净服,严格按规定存放、传送生产用工具、洁具和配件等。

(四)空气通道的洁净控制

空气出入洁净厂房的通道有四条:人流通道、物流通道、空调净化系统通道和厂房漏风等。在生产过程中,洁净厂房和外界空气交换必不可少,但是,所有的空气如果是进入洁净室的一定要经过处理,不能携带污染(或超标准污染物),洁净厂房排出的空气也不能对其他生产环境构成污染。

人流通道前室环境要受控,要有足够空间的缓冲室、更衣室、洗手消毒室,要有气闸、连锁门等装置,由里往外,要保持10Pa以上的空气压差。物流通道要有环境受控的物料外包处理室,要有足够空间的缓冲室、清洁消毒室,要有气闸、连锁门(窗)等装置,由里往外,要保持10Pa以上的空气压差。空调系统通道要定期或不定期进行通道检修,防止管道泄漏,要定期或不定期按规定对系统中各个部件、管道等进行清洗、消毒或更换,按规定对动力设备如风机等进行性能测试等,干燥设备的进风应当有空气过滤器,排风应当有防止空气倒流装置。对洁净厂房的密闭性按规定要定期或不定期进行检测,对厂房内表面要进行定期或不定期清洗、灭菌和消毒,对各个功能房间的温度、湿度、压力、粒子浓度要按规定定期或不定期检测。

值得注意的是,由于各个企业产品生产工艺不同,洁净厂房设计也不同,所以企业应结合具体的生产工艺、工序和生产设备的布置情况,在洁净区内,合理设置功能房间和人流物流走向,在此基础上,安排好洁净气流的走向和压差,防止二次污染和可能出现的化学污染。对于药品生产而言,污染的防治是一个系统工程,需要企业在硬件、软件、工作现场和人员方面进行综合管理与控制。

第三节　生产操作

在药品生产过程中,防止混淆(混药)与差错是药品质量管理的重要方面,如果控制不好,就会发生很大的问题,必须予以高度的重视。

一、混淆与差错

混淆是指一种或一种以上的其他原材料或成品与已标明品名的原材料或成品相混。如一种原料与另一种原料,一种药品的标签与另一种药品的标签,一种成品与另一种成品的混淆等。在药品生产中,这类的混淆事件一旦发生,就会产生严重的后果,有的还会带来极大的危害,应改避免。

从定义中我们可以看出,越是外观、名称等相似的物料或产品越是容易发生混淆。产生混淆的原因有很多,主要是以下几个方面。

人员:药品生产操作人员要培训上岗,遵守有关生产操作程序,要有较强的责任心,否则极易发生混淆。

物料:物料要有标签或明显的标志,放置混乱,包装易破损或印刷不清晰极易发生混淆。

厂房:厂房或生产区域越是狭小、拥挤,越容易发生混淆,同一生产区域有不同规格、品种、批号的药品同时生产时,易发生混淆;

设备:生产过程中使用的设备、容器要清洁,并且要有状态标志,否则会发生混淆。

制度:药品生产管理制度要健全,并要严格按照制度执行,执行不力,无复核、监督等,极易发生混淆。

差错:在生产过程中,因为计量器具未调试到位、计量方式不正确、计数不准确而造成的错误。差错是错误,不等同于误差。产生差错的因素主要有计量器具调试、计量方式、计数三方面。差错造成的直接后果就是产生劣药。

二、混淆与差错的防范

(一)药品生产前要仔细检查

每个品种或每个批号药品生产开始前,应认真检查设备、器械、容器等是否洁净或灭菌,以及是否有前一次生产的遗留物,否则不能进行新的生产操作。

生产开始前后,在生产区和辅助生产区进行生产操作的人员要严格进行控制。防止操作人员行为不规范或外来人员有意或无意造成的差错或混淆。

(二)药品生产区域要专一

在同一生产区域包括相应的辅助生产区域,只能生产同一批号、同一规格的相同产品。在同一生产区域包括相应的辅助生产区域同时生产不同品种、规格或批号的药品是混淆产生的最主要的原因,必须坚决制止。特别是无菌药品、生物制品、血液制品、毒性药材、高致敏药品等生产如果发生混淆,后果将非常严重。企业应具有适当的原辅料、包装材料处理区,中间产品、半成品储存区,不同洁净级别的清洁区和通道等,此外,减少人流物流混杂也是防止物料混淆的方法。

(三)药品生产工序衔接要合理

在药品生产中,工艺布局的合理与否是药品生产秩序能否保持正常,生产效率能否提高的关键,也是体现GMP能否得到切实贯彻执行的关键。工序衔接合理应包括三方面内容。

(1)生产流程应顺向布置。生产流程应尽可能按照工艺流程方向布置,防止原材料、中间体和半成品在进入下道工序时的路径出现交叉和迂回,造成混淆。

(2)传递迅速。根据统计,就生产过程而言,80%的混淆发生在工序之间的衔接过程中。因此,生产过程的时间也要合理,传递要迅速,避免物料在某一工序特别是在工序和工序之间的衔接处滞留时间过长,防止物料混淆。

（3）管道连接通畅。应当检查产品从一个区域输送到另一个区域的管道和其他设备连接，确保连接正确无误。

（四）药品生产设备状态标识要明确

药品生产中生产区域、车间、设备、容器等要用到大量的状态标识来标明它们所处的状况来正确指导生产，防止污染和混淆。状态标识管理程序和标签以及说明书的管理程序一致，在生产活动中，应由生产负责人或由生产负责人指定的人员统一管理，其格式应合理明确、醒目，粘贴和清除应完全。每一生产操作间、每一台生产设备、每一盛物容器均应有能够指明正在加工的产品或物料、批号及数量等的状态标识见表9-2。

表9-2　各种状态标识所注明内容

状态标识	内容
生产状态标识	表明正在生产的情况，内容包括正在生产的品名、规格、批号等
生产设备状态标识	运行的设备应标明正在加工何种物料，停运的设备应标明其性能状况、能用与否、待修或维修，对已损坏报废的设备，应从生产线上清除
容器状态标识	表明容器内容物的情况，如品名、规格、批号、状态（半成品、中间体、回收料等）
卫生状态标识	生产前后，生产线、设备、容器等均应有卫生状态标识，标明其卫生状况，如已清洁、已消毒、已清场

三、清场操作

清场是指每批药品的每个生产阶段完成之后，由生产人员按规定的程序和方法对生产过程中所涉及的设施、设备、仪器、物料等逐一清理，以便下一阶段的生产。清场的目的，是为了防止药品的混淆和污染。清场的范围应包括生产操作的所有区域和空间，包括生产区、辅助生产区，以及涉及的一切设施、设备、仪器和物料等。

一般来说，清场工作涉及以下三个方面内容：

1. 物料的清理：生产中所用到的物料包括原料、辅料、半成品、中间体、包装材料、成品、剩余的物料等的清理和退库、储存和销毁等工作。

2. 文件的清理：生产中所用到的各种规程、制度、指令、记录，包括各种状态标注物等的清除、交还、交接和归档等工作。

3. 清洁卫生：对生产区域和辅助生产区域的清洁、整理和消毒灭菌等工作。

清场工作不是随意的，必须按企业生产和质量管理部门根据企业的生产的实际情况制定的清场工作规程进行。清场工作规程的主要内容包括：清场的目的、要求、时间、方法、检查、记录以及实施人、核对人和负责人签名等。这个规程应经过企业负责人批准，并形成正式文件下达，供生产操作和检查人员共同遵守。

清场过程中，必须填写清场记录。清场记录一般包括：工序名称、产品名称、规格、生产批号、清场日期、清场结果、清场内容、清场人员签名、核查人员签名和负责人签名等。

第四节　包装操作

药品质量在很大程度上靠包装去维护,药品包装的好坏在一定程度上影响医疗质量,并且包装文字用于指导人们用药,因此应十分重视药品的包装工作。包装操作规程应当规定降低污染和交叉污染、混淆或差错风险的措施。

一、包装操作前的准备工作

包装开始前应当进行检查,确保工作场所、包装生产线、印刷机及其他设备已处于清洁或待用状态,无上批遗留的产品、文件或与本批产品包装无关的物料。检查结果应当有记录。

包装操作前,还应当检查所领用的包装材料正确无误,核对待包装产品和所用包装材料的名称、规格、数量、质量状态,且与工艺规程相符。

每一包装操作场所或包装生产线,应当有标识标明包装中的产品名称、规格、批号和批量的生产状态。有数条包装线同时进行包装时,应当采取隔离或其他有效防止污染、交叉污染或混淆的措施。

待用分装容器在分装前应当保持清洁,避免容器中有玻璃碎屑、金属颗粒等污染物。

二、包装操作要求

产品分装、封口后应当及时贴签。未能及时贴签时,应当按照相关的操作规程操作,避免发生混淆或贴错标签等差错。

单独打印或包装过程中在线打印的信息(如产品批号或有效期)均应当进行检查,确保其正确无误,并予以记录。如手工打印,应当增加检查频次。

使用切割式标签或在包装线以外单独打印标签,应当采取专门措施,防止混淆。

应当对电子读码机、标签计数器或其他类似装置的功能进行检查,确保其准确运行。检查应当有记录。包装材料上印刷或模压的内容应当清晰,不易褪色和擦除。

包装期间,产品的中间控制检查应当至少包括下述内容:包装外观;包装是否完整;产品和包装材料是否正确;打印信息是否正确;在线监控装置的功能是否正常。

样品从包装生产线取走后不应当再返还,以防止产品混淆或污染。

三、包装操作后的检查工作

因包装过程产生异常情况而需要重新包装产品的,必须经专门检查、调查并由指定人员批准。重新包装应当有详细记录。

在物料平衡检查中,发现待包装产品、印刷包装材料以及成品数量有显著差异时,应当进行调查,未得出结论前,成品不得放行。包装结束时,已打印批号的剩余包装材料应当由专人负责全部计数销毁,并有记录。如将未打印批号的印刷包装材料退库,应当按照操作规程执行。

 习 题

一、填空题

1. 应当建立划分产品_____的操作规程,生产批次的划分应当能够确保同一批次产品质量和特性的_____。

2. 每批产品应当检查产量和_____,确保物料平衡符合设定的限度。如有差异,必须查明原因,确认无潜在_____,方可按照正常产品处理。

3. 应当尽可能避免出现任何偏离_____或_____的偏差。一旦出现偏差,应当按照偏差处理操作规程执行。

4. 每批药品的每一生产阶段完成后必须由生产操作人员_____,并填写_____。其内容包括:操作间编号、产品名称、批号、生产工序、清场日期、检查项目及结果、清场负责人及复核。

二、简答题

包装期间,产品的中间控制检查应当至少包括哪些内容?

三、论述题

生产中一般采取哪些措施来防止污染和交叉污染?

第十章
质量控制与质量保证

学习目标

1. 掌握药品安全与质量管理的基本原理和主要方法；
2. 熟悉药品质量管理的主要研究内容；
3. 了解药品质量管理的发展阶段；
4. 了解药品安全的基本概念及国内外发展现状、动态。

　　质量保证就是为使产品或服务符合规定的质量要求，提供足够的置信度所必须进行的一切有计划的、系统的活动。质量控制就是指为达到质量标准所采取的作业技术和活动。它们统一于质量管理，是相辅相成的两个方面。

　　本章详细明确了质量控制与保证体系，包括组织机构、文件系统和取样、检验、产品批准放行、持续稳定性考察、变更控制系统对产品质量的影响、供应商质量评估的重要性、合理的产品质量回顾、建立药品不良反应报告和监测管理制度性等具体要求。包括专业技术和管理技术两个方面，围绕产品质量形成全过程的各个环节，对影响工作质量的人、机、料、法、环五大因素进行控制，并对实际质量活动进行动态监控。同时要求注意质量控制的动态性，要随工艺、技术、材料、设备的不断改进而研究新的控制方法。

第一节　质量控制实验室管理

　　质量控制实验室管理适用于产品生命周期全过程，产品质量形成全过程包括产品研发、产品/技术转移、商业生产、产品运输、在市考察甚至产品退市等。

一、质量控制实验室的重要性及工作范围

　　质量控制涵盖药品生产、放行、市场质量反馈的全过程。负责原辅料、包材、工艺用水、

中间体及成品的质量标准和分析方法的建立、取样和检验,及产品的稳定性考察和市场不良反馈样品的复核工作。质量控制的职责也可涵盖产品过程控制。所以质量控制实验室的具体工作包括(但不限于)以下内容:

1. 确保实验室安全运行,并符合药品 GMP 要求。

2. 根据药典、申报标准、各种法规及企业内部要求制定原辅料、包材、工艺用水、产品过程控制、中间体及成品的质量标准及分析方法。

3. 组织取样、检验、记录、报告等工作。

4. 对于检验过程中发现的异常现象应及时向质量保证部门及相关生产负责人通报,并调查是否为实验室原因。如确认不是或无可查明的实验室原因,应协助查找其他原因。

5. 保留足够的起始物料和产品的样品(即留样),以便以后必要时对产品进行跟踪检测。

6. 根据需要制定稳定性试验方案,并确保其具体实施。

7. 确保用有效的体系来确认、维护、维修和校验实验室仪器设备。

8. 参加与质量有关的客户审计。

9. 参加与质量有关的投诉调查。

10. 根据需要参与和支持生产工艺验证,清洁验证和环境监测工作等。

二、质量控制实验室内部结构

质量控制实验室内部结构包括专业技术和管理技术两个方面。围绕产品质量形成全过程的各个环节对影响工作质量的人、机、料、法、环五大因素进行控制,并对质量活动的成果进行分阶段验证,以便及时发现问题,采取相应措施,防止不合格现象重复发生,尽可能地减少损失。其工作内容有以下方面:

1. 取样;

2. 试剂及试液的管理;

3. 标准品及对照品的管理;

4. 实验室分析仪器的确认;

5. 实验室分析仪器的校准与维护;

6. 分析方法的验证及确认;

7. 稳定性实验研究;

8. 超出质量标准或超出趋势的实验室调查;

9. 原始数据的管理;

10. 物料及产品的检验;

11. 微生物检验等。

三、质量控制实验室的设计及要求

实验室的设计应确保其适用于预定的用途,并能够避免混淆和交叉污染,应有足够的区域用于样品处置、留样和稳定性考察样品存放以及记录的保存。要求主要有以下几个方面:

1. 质量控制实验室通常应与生产区分开,生物检定、微生物和放射性同位素的实验室还应彼此分开,无菌检查实验室、微生物限度检查实验室、抗生素效价测定实验室、阳性菌实验室也应彼此分开。

2. 实验室的设计必须与生产要求相适应。必须有足够的地方避免混淆和交叉污染。同时还应有足够的区域用于样品处置、留样和稳定性考察样品的存放及记录保存。

3. 必要时应设置专门的仪器室,使灵敏度高的仪器免受静电、震动、电磁波、潮湿等因素的干扰。

4. 处理生物或放射性样品等特殊样品的实验室应符合特殊要求。

5. 用于微生物检验的实验室应有符合无菌检查法和微生物限度检查法要求的、用于具有开展无菌检查、微生物限度检查等检测活动的、独立设置的洁净区或隔离系统,并为上述检验配备相应的阳性菌实验室、培养室、实验结果观察区、培养基及实验用具准备区、标准菌种储存区、污物处理区等。

实验室应设有专门的区域或房间用于清洗玻璃器皿,取样器具,以及其他用于样品测试的物件。

四、质量控制实验室中取样的要求

实验室的取样工作是进行质量检验工作的基础,不但关系到检验结果是否准确、有效,更关系到所生产的药品质量问题。要求的内容有:

1. 取样的人员必须是经 QA 授权,有一定的学历、资历、经验并经过相关培训的人员,只有经过授权的人员才能够进入生产区和仓储区进行取样及调查。

2. 取样人员在取样过程所做的任何操作,都要严格按照经批准的取样操作规程进行操作;取样操作规程应当具体描述:经授权的取样人情况;取样方法;取样所用器具;取样样品量;分样的方法;存放样品容器的类型和状态;取样后剩余部分及样品的处置和标识;取样注意事项,包括为降低取样过程产生的各种风险所采取的预防措施,尤其是无菌或有害物料的取样以及防止取样过程中污染和交叉污染的注意事项;样品储存条件;取样器具的清洁方法和储存要求等。

3. 取样方法应当科学、合理,以保证样品的代表性。

4. 留样应当能够代表被取样批次的产品或物料,也可抽取其他样品来监控生产过程中最重要的环节(如生产的开始或结束)。

5. 盛放样品的容器应当贴有标签,注明样品名称、批号、取样日期、取自哪一包装容器、取样人等信息。

6. 样品应当按照规定的储存要求保存。

五、质量控制实验室对检验的要求

1. 物料和不同生产阶段产品的检验应当至少符合以下要求:

(1)企业应当确保药品按照注册批准的方法进行全项检验。符合下列情形之一的,应当对检验方法进行验证:采用新的检验方法;检验方法须变更的;采用《中国药典》及其他法定标准未收载的检验方法;法规规定的其他需要验证的检验方法。对不需要进行验证的检验方法,企业应当对检验方法进行确认,以确保检验数据准确、可靠。

(2)检验应当有书面操作规程,规定所用方法、仪器和设备,检验操作规程的内容应当与经确认或验证的检验方法一致。

2.检验应当有可追溯的记录并应当复核,确保结果与记录一致,且所有计算均应当严格核对。检验记录应当至少包括以下内容:

(1)产品或物料的名称、剂型、规格、批号或供货批号,必要时注明供应商和生产商(如不同)的名称或来源。

(2)依据的质量标准和检验操作规程。

(3)检验所用的仪器或设备的型号和编号。

(4)检验所用的试液和培养基的配置批号、对照品或标准品的来源和批号。

(5)检验所用动物的相关信息。

(6)检验过程,包括对照品溶液的配置、各项具体的检验操作以及必要的环境温湿度。

(7)检验结果,包括观察情况、计算和图谱或曲线图,以及依据的检验报告编号。

(8)检验日期。

(9)检验人员的签名和日期。

(10)检验、计算复核人员的签名和日期。

3.所有中间控制(包括生产人员所进行的中间控制),均应当经质量管理部检查。

4.应当对实验室容量分析用玻璃仪器、试剂、试液、对照品以及培养基进行质量检查。

5.必要时应当将检验用实验动物在使用前进行检验或隔离检疫。饲养和管理应当符合相关的实验动物管理规定。动物应当有标识,并应当保存使用的历史记录。

6.质量控制实验室应当建立检验结果超标调查的操作规程。任何检验结果超标都必须按照操作规程进行完整的调查,并有相应的记录。

六、质量控制实验室对留样的要求

企业按规定保存的、用于药品质量追溯或调查的物料、产品样品为留样。用于产品稳定性考察的样品不属于留样。

(一)留样的要求

(1)应当按照操作规程对留样进行管理;

(2)留样应当能够代表被取样批次的物料或产品。

(二)成品的留样

(1)每批药品均应当有留样;如果一批药品分成数次进行包装,则每次包装至少应当保留一件最小市售包装的成品;

(2)留样的包装形式应当与药品市售包装形式相同,原料药留样如无法采用市售包装形式的,可采用模拟包装;

(3)每批药品的留样数量一般至少应当能够确保按照注册批准的质量标准完成两次全检(无菌检查和热源检查等例外);

（4）如果不影响留样的包装完整性，保存期间至少应当每年对留样进行一次目检观察，如有异常，应当进行彻底调查并采取相应的处理措施；

（5）留样观察应当有记录；

（6）留样应当按照注册批准的储存条件至少保存至药品有效期后一年；

（7）如企业终止药品生产或关闭的，应当留样转交授权单位保存，并告知当地药品监督管理部门，以便在必要时可随时取得留样。

（三）物料的留样

（1）制剂生产用每批原辅料和与药品直接接触的包装材料均应当有留样。与药品直接接触的包装材料（如输液瓶），如成品已有留样，可不必单独留样。

（2）物料的留样应当至少满足鉴别的需要。

（3）除稳定性较差的原辅料外，用于制剂生产的原辅料（不包括生产过程中使用的溶剂、气体或制药用水）和与药品直接接触的包装材料的留样应当至少保存至产品放行后两年。如果物料的有效期较短，则留样的时间可相应缩短。

（4）物料的留样应当按照规定的条件储存，必要时还应当适当包装密封。

七、质量控制实验室对试剂、试液、培养基和检定菌的要求

试剂、试液、培养基和检定菌的管理应当至少符合以下要求。

（1）试剂和培养基应当从可靠的供应商处采购，必要时应当对供应商进行评估。

（2）应当有接受试剂、试液、培养基的记录，必要时，应当在试剂、试液、培养基的容器上标注接受日期。

（3）应当按照相关规定或使用说明配置、储存和使用试剂、试液和培养基。特殊情况下，在接受或使用前，还应当对试剂进行鉴别或其他检验。

（4）试液和已配置的培养基应当标注配置批号、配置日期和配置人员姓名，并有配置（包括灭菌）记录。不稳定的试剂、试液和培养基应当标注有效期及特殊储存条件。

（5）配置的培养基应当进行适用性检查，并有相关记录。应当有培养基使用记录。

（6）应当检验所需的各种检定菌，并建立检定菌保存、传代、使用、销毁的操作规程和记录。

（7）检定菌应当有适当的标识，内容至少包括菌种名称、编号、代次、传代日期、传代操作人。

（8）检定菌应当按照规定的条件储存，储存的方式和时间不应当对检定菌的生长特性有不利影响。

八、质量控制实验室对试剂标准品或对照品的要求

标准品或对照品的管理应当至少符合以下要求：

（1）标准品或对照品应当按照规定储存和使用。

（2）标准品或对照品应当有适当的标识，内容至少包括名称、批号、配置日期（如有）、有效期（如有）、首次开启日期、含量或效价、储存条件。

（3）企业如需自制工作标准品或对照品,应当建立工作标准品或对照品的质量标准以及配置、鉴别、检验、批准和储存的操作规程,每批工作标准品或对照品应当用法定标准品或对照品进行标化,并确定有效期,还应当通过定期标化证明工作标准品或对照品的效价或含量在有效期内保持稳定。标化的过程和结果应当有相应的记录。

九、实例分析

实例一　取样实例

某药厂的取样计划示例

该药厂根据供货商的历史供货状况将其分成批准级、授权级和认证级三个不同等级。接收物料时,对于来自不同等级供应商的物料需要进行不同方法的取样和检验。以下是该药厂一份针对批准级供应商提供的固体原料药 A 的取样方案,该原料要求储存于 2～8℃ 的环境中:

1. 取样量和取样数量的确定

基于统计学原理对来货进行取样,每一个包装都需要分别取样 2 g,并根据现行控制方法进行鉴别实验;从 $\sqrt{n+1}$ 个包装中取样混合进行微生物限度实验,总取样量 20 g,每个取样包装取平均量;从 $\sqrt{n+1}$ 个包装中取样混合进行理化全检实验,总取样量 40 g,每个取样包装取平均量;从任意一个包装中取样 50 g 作为留样。

2. 取样工具

不锈钢勺、不锈钢插入式取样枪,其中用于微生物取样的不锈钢勺须先灭菌并且在灭菌后一周内使用。

3. 盛装样品用的容器

2# 自封袋用于装鉴别样品,5# 自封袋用于装理化样品,经过灭菌的玻璃瓶用于装微生物样品,适当体积的棕色玻璃瓶用于装留样。

4. 取样程序

取样之前,根据现行 SOP 准备样品标签,标签信息包含样品名称、样品类别、数量、批号、取样日期、取样人等。根据现行 SOP 对取样工具进行消毒并做好消毒记录。

取样过程严格按照现行 SOP 执行,佩戴口罩、手套、套袖等防护设施,每一件取样工具只能用于从一个包装中取样。样品取回后应储存于 2～8℃ 冷藏冰箱。留样交由留样管理员登记接收并尽快转移至冷藏库中储存。

实例二　实验室设备维护实例

分析天平校准与使用维护

称量是分析实验过程中最普遍的操作之一,准确可靠的分析天平是实验室必不可少的仪器。下面列举了分析天平校准需要考虑的因素。

根据《JJG 1036-2008 电子天平检定规程》,分析天平至少每年检定一次,主要检定项目：

（1）天平的偏载误差。

（2）天平的重复性。

（3）线性误差（示值误差）。

1. 分析天平校准示例

表10-1为某实验室 METTLER AX205 分析天平的校准要求：

METTLER AX205 分析天平：可读性 0.000 01 g，称量范围 10 mg～200 g。

表10-1　分析天平校准要求

项目	测试方法	频率	可接受标准
偏载	按图示位置，用 100 g 的标准砝码进行称量，计算不同位置的示值误差	每年	不得超过±0.15 mg（根据国标 JJG 1036-2008）
重复性	用 200 g 的标准砝码称量 6 次，计算最大示值与最小示值的差值	每年	不得超过 0.15 mg（根据国标 JJG 1036-2008）
线性	称量标准砝码组：10 mg,1 g,5 g,20 g,100 g,200 g,计算示值误差	每年	0.01 g≤m≤5 g:±0.05 mg 5 g<m≤20 g:±0.1 mg 20 g<m≤200 g:±0.15 mg（根据国标 JJG 1036-2008）
内置校准功能	按使用说明书规定进行	每月	—
天平日检	1 g(E2) 100 mg(E2)	每天	±0.001 g（根据 USP 不确定度 0.1% 的要求）
国家强制检定	JJG1036-2008	每年	符合检定要求

（1）偏载，重复性，线性测试时间与国家检定时间可间隔 6 个月安排进行，这样保证天平每半年进行一次该项目测试。

（2）根据天平的精度，METTLER AX205 分析天平的校准和日检应使用 E2 等级标准砝码。

2. 天平的使用与维护示例

（1）环境：天平应放置在稳定、水平、无振动的位置，应避免强风（来自空调或门窗）和过大的温度波动。保持天平及其周围的干净整洁。

（2）称量前后，分析师应检查天平的清洁，用软毛刷对天平内部进行清洁。如果需要移开天平的称量托盘进行清洁，则应十分小心地将托盘移走，用软毛刷仔细清洁托盘下部残留物质，不要用力触碰天平的机械装置，清洁后重新放置托盘后，应稳定几分钟或更长时间，进行天平日检确认后再使用。

（3）称量前,分析师应检查天平的水平,确认水平传感器的气泡是否在内圈中。

（4）每天第一个使用天平的分析师应按上表进行天平日检,检查称量值是否在制定的限度内,并记录在使用日志上。

（5）每个分析师在使用前应检查使用日志确认天平日检已经被完成,并确认校准标签是否在检验期内。

（6）称量物质和称量盅的总重不能超过天平的最大称量范围。

（7）称量被冷藏的物质时,应放置到室温再打开瓶盖进行称量操作,以避免吸潮。

（8）称量结束后,及时用软毛刷对天平进行清洁,清理所使用的称量纸或称量盅。

（9）移动后的校准或检查。天平移动后应使天平稳定到新环境的温度,应至少进行天平日检的检查。根据天平的精度和移动的程度,可能需要重新进行偏载、重复性和线性误差的检查。

（10）断电后的稳定和检查。通常天平应保持通电状态,如果断电或重新开机应根据天平使用说明书的要求稳定一段时间(如 AX205 需要稳定 2 个小时),并按天平日检程序检查合格后,方可使用。

3.通常影响天平称量误差的因素

（1）天平的防风门未关闭(气流影响度数);

（2）称量物质的重量变化(吸潮);

（3）静电影响(冬天经常发生);

（4）天平和被称量物质的温度不一样;

（5）气流影响(没有防风装置);

（6）天平水平未调节好;

（7）其他操作造成的震动(影响天平的稳定性);

（8）实验室温度波动;

（9）天平移动后没有足够的平衡和稳定;

（10）天平断电,重新开机后没有足够的稳定;

（11）天平托盘放置不合适,或称量纸接触托盘的周围。

第二节　持续稳定性考察

一、概述

药品的稳定性是指原料药及其制剂保持其物理、化学、生物学和微生物学性质的能力。稳定性试验的目的是考察原料药、中间产品或制剂的性质在温度、湿度、光线等条件的影响下随时间变化的规律,为药品的生产、包装、储存、运输条件和有效期的确定提供科学依据,以保障临床用药的安全有效。并且通过持续稳定性考察可以监测在有效期内药品的质量,并确定药品可以或预期在标示的储存条件下,符合质量标准的各项要求。

稳定性研究是药品质量控制研究的主要内容之一,与药品质量研究和质量标准的建立紧密相关。其具有阶段性特点,贯穿原料药、制剂产品及中间产物的药品研究与开发的全过程,一般始于药品的临床前研究,在药品临床研究期间和上市后还应继续进行稳定性监测和研究。

二、原则

研发阶段:应进行全面的稳定性实验,以得到注册所需所有数据。此数据用于证明环境因素对产品特性的影响,以确定包装、储存条件、复验周期和有效期。

已上市阶段:产品上市后,应进行适当的持续稳定性考察,监测已上市药品的稳定性,以发现市售包装药品与生产相关的任何稳定性问题(如杂质含量或溶出度特性的变化);也用于考察产品上市后因变更对产品稳定性的影响。

三、稳定性分类

按照《中国药典》2010 年版及法规要求,我国的稳定性研究可以分为以下几类:影响因素试验、加速稳定性试验、长期稳定性试验、持续稳定性试验。

四、稳定性试验的基本要求

稳定性试验应遵循具体问题具体分析的基本原则,其设计应根据不同的研究目的,结合原料药的理化性理化性质及剂型的特点和具体的处方及工艺条件进行。参照《中国药典》2010 年版本,一般性要求如下:

(1)影响因素实验用一批原料药或一批制剂进行。加速实验和长期稳定性试验用 3 批供试品进行。

(2)原料药供试品应是一定规模生产的。供试品量相当于制剂稳定性试验所要求的批量,原料药合成工艺路线、方法、步骤应与大生产一致。药物制剂供试品应是放大试验的产品,其处方与工艺应与大生产一致。药物制剂如片剂、胶囊剂,每批放大试验的规模,片剂至少应为 1 万片,胶囊剂至少应为 1 万粒。大体积包装的制剂如静脉输液等,每批放大规模的数量至少应为各项试验所需总量的 10 倍。

(3)供试品的质量标准应与临床前研究及临床试验和规模生产所使用的供试品质量标准一致。

(4)加速试验与长期试验所用的供试品的包装与上市产品一致。

(5)研究药物稳定性,要采用专属性、准确、精密、灵敏的药物分析方法与有关物质(含降解产物及其他变化所生成的产物)的检查方法,并对方法进行验证,以保证药物稳定性结果的可靠性。

(6)由于放大试验比规模生产的数量要小,故申报者应承诺在获得批准后,从放大试验转入规模生产时,对最初通过生产验证的 3 批规模生产的产品仍需进行加速试验和长期稳定性试验。

五、样品储存条件

样品储存条件见表10-2：

表10-2 标准储藏条件表

标准储藏条件［依据 ICH QIA（R2）和 ICH QIF］		
	温度	相对湿度
对于气候带Ⅰ和Ⅱ		
长期试验研究	25℃±2℃	60%±5%
中间条件	30℃±2℃	65%±5%
加速试验研究	40℃±2℃	75%±5%
对于气候带Ⅲ和Ⅳ		
长期试验研究	30℃±2℃	65%±5% 或 75%±5%
加速试验研究	40℃±2℃	75%±5%

第三节 变更控制

一、概述

药品生产在很多方面是依赖稳定、一致和持续的可控状态，以确保产品质量的安全性和有效性。例如：企业建立标准的操作规程和对人员进行有效的培训，是为了确保所有操作是以可控的方式进行的；对生产过程进行验证，是为了证明工艺是可控的，并且能持续稳定的生产出符合预定质量标准的产品；对所用的设备进行确认，是为了确保它能始终如一地正常运行。一旦所建立起来的规程、设备和工艺发生了变化，无疑会引发人们对产品质量的担心。但是如果能够预先对变更可能带来的影响进行充分的评估，尽量降低风险，实施有效的变更管理，这些顾虑是可以消除的。

企业的革新创造，持续改进，工序能力和产品质量检测及改进预防行动促进了变更。为了更好地评估、批准和执行这些变更，企业应建立有效的变更管理系统。通常首次提交注册文件之前和提交注册文件之后的变更管理程序会有所不同，对已注册文件的变更，可能需要遵守地区法规的要求。

二、变更控制内容的确定

变更管理系统应能确保及时有效地进行持续改进,同时确保不会产生不良的后果。变更管理系统应包括下列内容,并与产品生命周期的不同阶段相适应:

(1)应使用质量风险管理的方法对变更进行评估。评估的水平和形式应与风险水平相适应。应按照地区法规的要求,评估并确定变更是否影响注册。

(2)所有变更应进行适当的评估。如评估变更对上市许可的影响,包括设计空间,已建立的和/或基于目前对产品和工艺的理解。

(3)变更应由不同领域,例如:药物研发、生产、质量、注册事务和医学领域等具有足够经验和知识的专家组进行评估,以确保变更在技术上的合理性,并应建立预期的可接受的标准。

(4)执行变更后,应评估变更是否已达到预期的目的,是否对产品质量产生不良影响。

(5)对于已上市产品的变更应评估对注册申请/批准的影响。

三、变更控制的实施

(一)适用范围

任何可能影响产品质量或重现性的变更都必须得到有效控制,变更的类型包括(但不限于)如下所列:

(1)原辅料的变更;

(2)标签和包装材料的变更;

(3)处方的变更;

(4)生产工艺的变更;

(5)生产环境(或场所)的变更;

(6)质量标准的变更;

(7)检验方法的变更;

(8)有效期,复检日期,储存条件或稳定性方案的变更;

(9)验证的计算机系统的变更;

(10)厂房、设备的变更;

(11)公用系统的变更;

(12)产品品种的增加或取消;

(13)清洁和消毒方法的变更;

(14)其他。

(二)分类

根据变更的性质、范围和对产品质量潜在的影响程度以及变更是否影响注册、变更时限等,可以有不同的分类方法,其分类包括(但不限于)如下所列:

1. 主要变更:对产品关键质量特性可能有潜在的重大影响,并需要主要的开发工作(如稳定性试验、对比试验和再验证等)以确定变更的合理性。

2.次要变更:对产品的关键质量特性不大可能产生影响,亦不会使生产工艺发生漂移,因而无须主要的开发工作便可批准执行的变更。

3.涉及注册的变更:超出目前注册文件的描述,需要报告或报送药品监督部门批准的变更。

4.不涉及注册的内部变更:注册文件中无描述或在注册文件描述的范围内,无须报送药品监督部门批准的变更。

5.永久变更:批准后将长期执行的变更。

6.临时变更:因某种原因而作出的临时性的改变,但随后将恢复到现有状态。

(三)技术要求

变更的技术要求基于知识和风险两个方面的评估:

1.知识的评估主要指产品和工艺的知识评估。

2.风险的评估主要指评估变更对质量、工艺、系统、文件、培训等各方面的潜在影响。

(四)变更程序

1.Ⅰ级变更程序(不涉及注册的内部变更程序)。任何变更都应该经过如下程序:变更申请;变更评估;变更批准;跟踪变更的执行;变更效果评估;变更关闭(图10-1)。

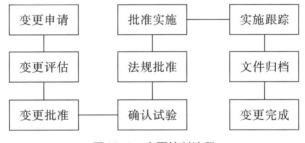

图10-1 变更控制流程

详述如下:

(1)变更申请。变更发起人应起草一份变更申请,变更申请至少包括但不限于如下内容:

A.变更描述;

B.变更理由;

C.受影响的文件和产品;

D.受影响的生产厂、经销商和使用单位等;

E.支持变更的追加文件;

F.行动计划;

G.变更申请人和批准人的签名。

(2)变更评估。变更应由相关领域的专家和有经验的专业人员组成专家团队进行评估,例如由生产管理、质量控制、工程、物料管理、法规和医学部门的人员等组成专家团队评估变更可能带来的影响,并确定应采取的行动。包括是否需要进行开发性的研究工作以确保变更在技术上的合理性。这些开发性的工作可能包括但不限于如下内容：

　　A. 稳定性研究；

　　B. 生物等效性研究；

　　C. 验证和（或）确认研究；

　　D. 小规模和（或）试验批生产。

　　应制定预期可接受的评估标准。可接受的标准应根据产品质量标准结合相关的验证、稳定性试验、溶出对比等结果而制定，并应在研究方案中描述并经过质量和相关部门的批准。可以使用质量风险管理系统来评估变更，评估的形式和程度应与风险水平相适应。应评估变更是否会对注册产生影响。不涉及注册的变更可以按内部程序批准。涉及注册的变更应按"Ⅱ级变更程序（涉及注册的变更程序）"操作。评估的结果应由相关部门和质量负责人批准。

　　（3）变更批准。批准变更至少要提供如下信息：

　　A. 开发性工作所产生的所有支持数据；

　　B. 需要的其他文件和信息；

　　C. 变更批准后应采取的行动（例如：修改相关文件、完成培训）；

　　D. 行动计划和责任分工。

　　变更必须得到相关部门和质量部门的批准。变更如果影响到其他生产厂、经销商和使用单位等，则应通知外部并获得其认可。

　　（4）变更执行。只有得到书面批准后，方可执行变更。同时应建立起追踪体系以保证变更按计划实施。

　　（5）变更效果的评估。变更执行后应进行效果评估，以确认变更是否已达到预期的目的。对于次要或明显的变更评估可以作为变更执行过程的一部分。但是，对于影响和范围较大的变更，评估要在得到了适当数据的基础上进行。

　　（6）变更关闭。当变更执行完毕，相关文件已被更新，重要的行动已经完成，后续的评估已进行并得出变更的有效性结论后，变更方可关闭。

　　2. Ⅱ级变更程序（涉及注册的变更程序）。涉及注册的变更除须经过内部审批外，还须通过相关药监部门的批准。通常，涉及注册的变更还须提供如下附加方面的信息：

　　（1）受影响的市场；

　　（2）变更的注册要求；

　　（3）跨国公司的全球性审批；

　　（4）制备注册文件；

　　（5）申请注册的策略；

　　（6）注册批准后的通知。

　　存在不同批准时限的全球性变更的执行策略，世界各地区或国家对于涉及注册的变更有不同的分类、注册文件的要求和报告、备案或注册审批的规定。应遵守不同地区或国家的要求。

　　3. 委托生产的变更。委托生产的变更应依据委托方和受托方所签署的协议执行，但最低限度是Ⅱ级变更需要报告委托方并通过委托方获得药监部门的批准后，受托方才能实施。

　　4. 小结。任何影响产品质量或注册的变更应通过正式的变更程序加以控制。变更控制系统应包括从变更申请、到执行和效果评估的全过程。所有涉及注册的变更还应通过药监部门的批准。

第四节　偏差处理

一、概述

企业应建立偏差程序、标准（例如偏差分类标准等）和相应的记录表格；企业应充分培训并运行该系统，有效识别并及时报告、记录、调查、处理偏差，生成和保存相应的记录和报告；偏差调查应彻底；偏差系统应能控制偏差对产品质量的影响，在根本原因被识别和纠正活动被确定之前，相关产品不得放行；企业应进行偏差趋势分析，推动公司产品质量和质量管理体系的持续改进。

关于偏差，《药品生产质量管理规范》（2010 年版）第 250 条中描述为"任何偏离生产工艺、物料平衡限度、质量标准、检验方法、操作规程等的情况"，但没有给出"偏差"的正式定义。本节对"偏差"的讨论是基于 ICH Q7 的定义：

偏差——指偏离已批准的程序（指导文件）或标准的任何情况。

这里的"标准"指制药企业为实现药品质量而建立的各种技术标准，包括（但不局限于）物料的分析检验标准。技术标准可以体现为各种文件形式，可以直接是程序文件的一部分，可以是独立的技术标准文件，也可以体现为受控模板或其他适当的形式。

这里指的程序是指广义"生产"活动的程序文件，偏离非"生产"类的程序（例如仓储程序和实验室程序）也完全可能导致对产品质量的不良影响。

一般而言，偏离分析检验标准的情况通过实验室检验结果偏差（OOS）系统进行管理，偏离"生产"的程序文件其他技术标准的情况通过偏差系统进行管理。

"偏差"定义的核心是"偏离"，没有区分偏离程度的大小。所有偏离程序或标准的情况都属于偏差的范畴。

二、偏差管理的实施

（一）偏差管理系统人员职责和资质

所有与生产质量相关的人员应接受偏差管理程序的培训和必要的考核，应具备识别偏差的能力；部门主管和/或技术人员应当有能力判断偏差的性质，确定即时（紧急）处置措施以防止偏差的影响继续扩大；跨职能（跨学科）团队的成员应具备本职能/学科领域的丰富的专业知识，有能力展开根本原因调查并提出合理的纠正以及预防措施；质量管理部门的相关人员应具备足够的知识和权威，有能力判断偏差的性质从而进行偏差处理。

偏差管理人员的职责如表 10-3 所示：

表 10-3　偏差管理人员职责

人员	职责
操作人员	识别偏差,如实记录偏差,并立即向部门主管和/或技术人员报告偏差
部门主管和/或技术人员	(必要时)负责偏差的即时(紧急)处置 负责立即报告质量管理部门和(必要时)更高层的管理人员
跨职能(跨学科)团队	负责调查偏差的根本原因 负责评估偏差的影响 负责提出纠正(Correction)以及纠正预防措施(CAPA)
质量管理部门	负责偏差的分类 负责批准纠正(Correction)以及纠正预防措施(CAPA) 负责审核批准偏差调查报告 负责跟踪纠正和纠正预防措施的执行,并结束偏差和/或启动 CAPA程序 负责保存偏差调查、处理的文件和记录

(二)偏差的分类

任何偏差都应评估其对产品质量的潜在影响。企业可以考虑下列因素,并根据品种、工艺特点和质量体系情况建立适当的偏差分类标准:

(1)偏差的性质;

(2)偏差的范围大小;

(3)对产品质量潜在影响的程度;

(4)是否影响患者健康;

(5)是否影响注册文件。

可以采用不同的分类方式,例如:

(1)重大偏差、次要偏差;

(2)关键偏差、中等偏差、微小偏差;

(3)关键偏差、重要偏差、小偏差;

(4)Ⅰ类偏差、Ⅱ类偏差、Ⅲ类偏差。

(三)偏差的识别

偏差的识别是偏差处理活动的起点。清晰明确的生产工艺、物料平衡限度、质量标准、检验方法、操作规程等是偏差识别的基础,一线操作员关于偏差识别的培训、经验和能力是非常关键的。

偏差也可能没有在操作过程中被发现,而是在记录复核或审核过程中被识别出来。在进行偏差调查、定义纠正行动和纠正预防措施、偏差趋势分析的过程中,应包括对员工是否具备适当偏差识别能力的评估;必要时采取适当的改进措施(例如培训、职责或职务的调整等)。

(四)偏差的记录和报告

任何偏离预定的生产工艺、物料平衡限度、质量标准、检验方法、操作规程等的情况都应当以文件形式记录并有清楚的解释或说明。对产品质量有潜在影响的偏差应当进行调查，调查及结论均应记录在案。

（五）偏差处理

偏差有时涉及安全问题或者其他紧急的情况，必要时，偏差发生部门的主管和技术人员应当具备能力根据公司的安全程序或其他适用的程序，负责进行偏差的即时（紧急）处置（例如紧急避险），以防止偏差继续扩大或恶化。在发生偏差时，为了避免、减少可能的损失，如果可能的话，生产人员应及时对产品做好标记，尽可能地将发生偏差前、偏差中、偏差处理完恢复正常后的产品分开，单独作为若干小批。

（六）纠正

基于对偏差性质和根本原因的判断，可能需要立即采取措施。常见的偏差处理措施示例如下：

1. 报告监管部门；

2. 联系注册负责人；

3. 联系相关客户（例如原料药企业联系制剂药客户）和销售负责人。

同时制定偏差处理方案，方案应明确责任人、完成时限、批否决—质量受权人、生产工艺否决—生产负责人、设备、设施或房间的否决—该问题的专业部门负责人等。

三、实例分析

某企业产品 A 生产过程中发生残损片的调查报告

1. 事件背景

事件描述：某车间某工段产品 A 生产过程中发现铝塑包装中有一个残损片（剩余了 1/2 片）。

2. 铝塑工艺图（略）

3. 根本原因分析如表 10-4 所示

表 10-4　根本原因分析

调查范围的描述 A–发生了什么	AA–什么没有发生
Ⅰ–产品 A	Ⅰ–其他的产品
Ⅱ–发生了残损片	Ⅱ–少片
B–事情是在哪发生的？	BB–事情没有在哪发生
Ⅲ–铝塑槽中	Ⅲ–给料斗/片子的散装桶中
C–事情是什么时候发生的	CC–事情没有发生在什么时间
Ⅳ–在装盒过程前	Ⅳ–装盒过程后
Ⅴ–从××年××月××日××时间	Ⅴ–日期之前

续表 10-4

调查范围的描述 A-发生了什么	AA-什么没有发生
Ⅵ-发生的频率 时间：一次	Ⅵ-很多报告
D-事情发生的程度	DD 事情没有发展到什么程度
Ⅶ-缺陷片的数量：1 片	Ⅶ-多余一片
Ⅷ-影响的程度：>1/2 片	Ⅷ-<1/2 片

（1）潜在原因的分析（图 10-2）

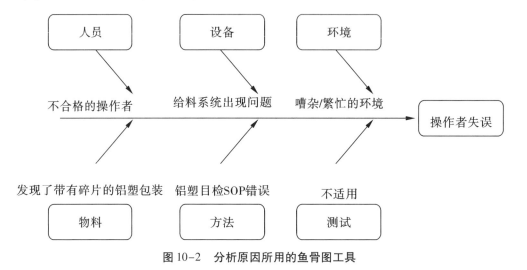

图 10-2　分析原因所用的鱼骨图工具

（2）最有可能的原因评估

（3）找出根本原因

A. 给料控制系统出现问题

现使用的给料控制系统设备和铝塑设备：当没有检测到（感应到）片子时，会自动剔除铝塑单元；碎片在铝塑槽中的位置合适时，检测器能检测到片子但不能识别片子是否完整，给料控制检测器会认为检测到了片子，从而进行放行。所以基于这个原因，证明现使用的给料控制检测器不能检测到装有碎片的铝塑单元。

B. 嘈杂/繁忙的环境

这个批的生产时间表安排得不是很紧张。并且在这批生产时没有发生大事情，所以环境不太可能是嘈杂的或繁忙的。

C. 生产过程中产生了很多碎片

分别对产品 A 和其他产品的碎片数据进行了比较，没有显著的区别。

D. 铝塑目检 SOP 错误

现场的 SOP 清楚地说明了铝塑目检需要检查什么项目。SOP 中说明，在检查中一定要检查整个铝塑板，并且铝塑板的两面都要进行检验，然后挑出所有有缺陷的片子进行返工或报废。进行目测检测的人都是合格的。所以说铝塑目测检测的 SOP 没有问题。

4.结论

基本原因分析:因为给料控制系统不能把装有碎片的铝塑板剔除,并且操作工不够细心,所以没有把装有碎片的铝塑板挑出。

5.建议/采取的行动

措施 1:给料系统应该由操作工进行实时监控。

负责人:×××;计划执行日期:××××.××.××。

措施 2:制定一个提高现行给料控制检查系统检测能力的计划。

负责人:×××;计划执行日期:××××.××.××。

第五节 纠正措施和预防措施

一、概述

导致偏差产生的根源不是单一的、孤立的,纠正措施和预防措施往往涉及程序、培训、资源等要素的纠正和更新。因此,在多数情况下纠正之后要有预防措施。例如在进行偏差的确定、拒收、召回、OOS(检验结果偏差的英文缩写)、投诉以及内部或外部审计检查的缺陷项、趋势分析等。首先要进行补救或改正,随后要采取纠正措施和预防措施。这个体系叫CAPA 体系(纠正和预防措施)。一般而言,在程序或产品出现问题时必须始终按照 CAPA体系的方法进行管理。

在制药行业,对纠正和预防措施最常见的理解是:

纠正措施:纠正措施是指为直接消除所发现的问题所采取的措施。采取纠正措施是为了防止不合格再发生。

预防措施:预防措施是指为防止所发现的错误或缺陷在将来重复发生,或防止该错误或缺陷更严重而采取的措施。

二、纠正措施和预防措施的实施

(一)CAPA 系统模式

CAPA 系统通常有集中型 CAPA 和分散型 CAPA 两种类型,但并不排斥其他模式。企业可以根据自身的特点,设计符合自己的 CAPA 体系。

1.集中型 CAPA 系统。优点:集中统一的处理、统计、跟踪和关闭,强化了在持续改进各个上游输入系统的功能的同时,能从区域的角度评估并采取改进和预防措施,能够更容易地给公司质量管理部门和管理层提供关于所有 CAPA 的全面情况,更方便进行整体性的统计分析和绩效评价;这种方式保留了各个上游输入系统的独立性和灵活性,每个系统都可以根据自身的特点进行设置和管理。

其缺点是两个阶段的程序相互独立，为了将两个阶段联系起来必须通过唯一识别编号进行参照索引，也必须指定专人进行集中统计、跟踪。这也意味着在传递过程中信息可能丢失或传递错误，只有把两个阶段的所有文件汇总起来才能获得该 CAPA 清晰、完整的全面信息。

2. 分散型 CAPA 系统。优点：CAPA 活动是一个具有漫长的、多个环节的质量管理过程，从发现问题开始，到最终关闭 CAPA 项目，大量的信息和活动通过一份完整连续的表格完成，可以避免不同阶段/系统之间进行传递时信息丢失或传递错误。

缺点：不同子系统的水平可能参差不齐，分散型的 CAPA 体系借助水平较高的系统将所有系统进行迅速地提高；另外，分散型 CAPA 系统需要借助额外的统计报告活动，才能发现区域性的缺陷，才能给公司质量管理部门和公司管理层提供一个清晰、全面的 CAPA 情况总结。

（二）CAPA 程序的内容

无论企业选择哪种类型的 CAPA 体系，都应当在文件中明确描述体系的结构，定义相关的流程，规定相应的职责。这可以通过独立的 CAPA 程序，或者质量管理手册等文件中的描述来完成，包括：如何启动 CAPA 程序、如何报告和跟踪、职责分配、合适或如何评估 CAPA 的效果、如何管理 CAPA 过程中形成的文件、何时或如何同管理层沟通等。

（三）CAPA 系统的统计分析及应用

企业可以针对 CAPA 系统的运行情况进行各种统计分析，例如不同 CAPA 来源的比例及其变化趋势，每月/季度新增 CAPA 的数目及其变化趋势，每月/季度完成 CAPA 的数目及其变化趋势，以及其他可能的分析。企业应根据自身质量管理体系、品种和工艺的具体情况，选择对改进质量体系、工艺性能和产品质量真正有意义的项目进行统计分析。分析的结果应及时报告企业管理层，并至少应在管理评审中予以评估。CAPA 的方法应用应贯穿整个产品生命周期。CAPA 系列方法应使产品和工艺得到提高，产品和工艺的理解得到加强。纠正措施和预防措施的方法能够被整合在反复设计和开发过程之中。

纠正和预防措施的流程如图 10-3 所示：

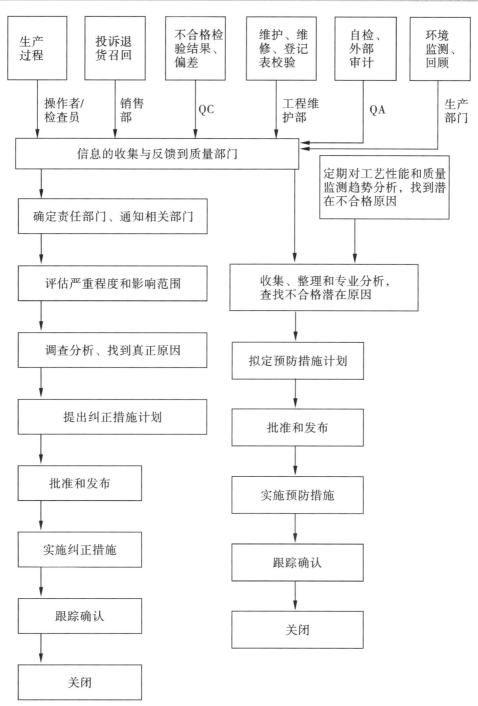

图 10-3 纠正和预防措施的流程

第六节　供应商的评估和批准

一、概述

供应商管理应遵循风险管理方法和生命周期模式,企业可以根据物料分类和物料需求标准决定不同类型供应商的管理要求,主要有以下几方面内容:

1. 供应商确认标准;

2. 审计周期;

3. 到货检验频次;

4. 变更控制标准;

5. 信息传递要求等。

在应用于具体供应商时,还应考虑供应商的行业、适用法规和质量管理体系、供应商的信誉和合作历史等。不同行业的供应商,应符合该行业的适用法规,具备法定的生产/供应资质,这是进行供应商确认的基础和前提。例如:国内药用辅料的生产商应遵循药典、《药用辅料生产质量管理规范》文件的要求。

二、供应商评估和标准的实施

(一)供应商审计和批准操作规程

企业应建立物料供应商审计和批准的操作规程,明确供应商的资质、选择的原则、质量评估方式、质量审计内容、评估标准、质量审计人员的组成及资质,确定现场质量审计周期以及物料供应商批准的程序。

(二)供应商审计方法

1. Ⅲ类物料(关键物料)供应商。

(1)供应商的调查问卷,质量协议等书面资料;

(2)检查并对比供应商的分析报告书上的结果和自己的检验数据(例如 3 个批号/3 批货物);

(3)物料小试或试生产的总结报告,必要时包括稳定性试验结果;

(4)现场审计;

(5)其他数据和资料(适用时)。

2. Ⅱ类物料供应商。

(1)供应商的调查问卷,质量协议等书面资料;

(2)检查并对比供应商的分析报告书上的结果和自己的检验数据(例如 3 个批号/3 批货物);

（3）物料小试或试生产的总结报告，必要时包括稳定性试验；

（4）通常不需要进行现场审计，但当发生特定的质量事件时（例如物料有污染的风险或供应商近期的供货产品质量经常出现不合格），应考虑进行现场审计；

（5）其他数据和资料（适用时）。

3．Ⅰ类物料供应商。

（1）供应商的调查问卷，质量协议等书面资料；

（2）检查并对比供应商的分析报告书上的结果和自己的检验数据（例如 3 个批号/3 批货物）；

（3）其他数据和资料（适用时）。

（三）现场供应商审计内容

现场质量审计应核实供应商资质证明文件和检验报告的真实性，核实是否具备检验条件。应对其人员机构、厂房设施和设备、物料管理、生产工艺流程和生产管理、质量控制实验室的设备、仪器、文件管理等进行检查，以全面评估其质量保证体系。现场质量审计应有报告。

第七节　产品质量回顾分析

一、概述

（一）目的

在药品生产企业开展产品质量回顾的目的，是通过每年定期对药品生产企业生产的所有药品按品种进行分类后，开展产品质量汇总和回顾分析，以确认其工艺和流程稳定可靠程度，以及原辅料、成品现行质量标准的适用性，及时发现出现的不良趋势，从而确定对产品及工艺、控制过程进行改进的必要性和改进的方法。

（二）范围

产品质量回顾的范围包括药品生产企业及附属机构生产的所有药品以及合同生产所有药品。包括由本公司生产或为本公司生产的所有上市的（国内销售或出口的）原料药和制剂，涉及隔离和暂存、拒收的所有批次。同时药品生产企业也要结合以前的质量回顾结果，确认药品生产的各种趋势，并最终形成一份书面的报告。

（三）分类

企业的质量回顾可以根据产品类型进行分类，如固体制剂、液体制剂、无菌制剂等。

二、产品质量回顾的实施

(一) 回顾的时间要求

原则上产品质量回顾应覆盖一年的时间,但不必与日历的一年相一致。但如果产品每年生产的批次少于3批,则质量回顾可以延期至有2~3批产品生产后再进行,除非法规部门对此有特殊要求。通常企业的产品质量回顾应该在年度生产结束后3个月内全部完成,但企业应该在日常生产结束后即完成相关数据的采集、汇总,避免在年度生产结束后才统一进行数据的采集。企业应该记录需要开展纠正措施的原因,并保证批准的纠正和预防性措施能够及时有效地完成。企业应该建立相应的管理程序,对这些措施的有效性进行审核和管理,在企业的自检过程中还应该对该程序的有效性进行回顾。

(二) 回顾内容

企业至少应当对下列情形进行回顾分析。

(1)对规定周期内所有生产批次进行回顾(通常为每年);

(2)对起始物料(原料、辅料)、包装材料进行回顾;

(3)关键中间控制、原料、产成品的检验结果(数据分析、趋势)回顾;

(4)对所有不符合质量标准的批次及其调查的回顾;

(5)所有重大偏差(包括不符合要求)、OOS及相关的调查、所采取的整改和预防措施的有效性回顾;

(6)生产工艺或检验方法等的所有变更(包括所有返工和再加工)回顾;

(7)对企业已提交/获得批准/被拒绝的上市许可变更申请的审核,包括向第三国(仅用于出口)递交的上市许可申请进行回顾;

(8)稳定性考察的结果及任何不良趋势(对有效期和复检期)回顾;

(9)对所有因质量原因造成的退货、投诉、召回及当时的调查和所采取的整改和预防措施的有效性进行回顾;

(10)对与产品工艺或设备相关的纠正措施的执行情况和效果进行回顾;

(11)相关设备和设施,如空调净化系统、水系统、压缩空气等的确认状态的回顾;

(12)对委托生产或检验的技术协议的回顾分析,以确保内容更新等。

（三）回顾流程

产品回顾的流程一般如图10-4所示。

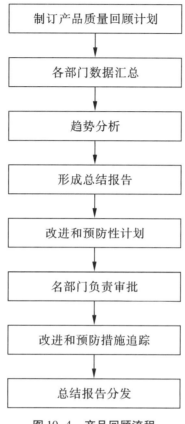

制订产品质量回顾计划

各部门数据汇总

趋势分析

形成总结报告

改进和预防性计划

名部门负责审批

改进和预防措施追踪

总结报告分发

图 10-4　产品回顾流程

第八节　投诉与不良反应报告

一、概述

（一）投诉

建立和运行一个有效的投诉管理系统,不仅是针对制药行业的强制性要求,也是每一个追求客户满意、追求长期商业成功的企业的自然选择。企业应建立投诉程序、标准(例如投诉分类标准等)和相应的记录表格;应充分培训并运行该系统,及时有效地接收、调查和处理投诉;若是质量问题,企业应调查导致质量问题的原因,并采取措施,防止再次发生类似的质量缺陷;生成和保存相应的记录和报告;通过进行投诉趋势分析,推动公司产品质量和质量管理体系的持续改进。

（二）不良反应报告

1. 概念。

（1）药品不良反应：是指合格药品在正常用法用量下出现的与用药目的无关的或意外的有害反应。

（2）可疑不良反应：是指怀疑而未确定的不良反应。

（3）新的药品不良反应：是指药品使用说明书或有关文献资料上未收载的不良反应。

2. 药品不良反应的报告范围。

国家对药品不良反应实行定期报告制度。严重或罕见的药品不良反应须随时报告，必要时可以越级报告。

药品不良反应的报告范围如下：

（1）上市 5 年以内的药品和列为国家重点监测的药品，应严密注意临床使用情况，及时报告该药品引起的所有可疑不良反应。

（2）上市 5 年以上的药品，主要报告该药品引起的严重、罕见和新的不良反应。

二、投诉与不良反应管理的实施

（一）药品 GMP 要求企业对药品质量投诉和药品不良反应的处理

制药企业应制定药品质量投诉与不良反应监察、处理等规章制度和标准操作规程（DP）。对用户的药品质量投诉和不良反应监察，应分类登记编号，并做详细分析和认定记录，建立台账。投诉和不良反应监察记录应归档保存至药品有效期后 1 年。

企业对药品质量投诉和不良反应的调查处理方法有：

（1）对药品不良反应，应及时向当地药品监督管理部门报告；

（2）复查留样样品；

（3）及时专访用户，做好记录，听取意见；

（4）提出处理意见，并积极配合有关部门现场调查。

（二）投诉的具体实施和管理流程

（1）投诉的分类。客户提出的对任何已经放行的产品有关安全性，有效性和质量（包括稳定性、产品性能、均一性）、服务或产品性能不满的书面的、电子的或口头的信息都视为投诉。根据投诉事件的性质可分为医学投诉、质量投诉和假药投诉，见表10-5。

医学投诉一般情况下由药物安全相关人员负责处理。假药投诉一般涉及法律、知识产权等相关部门。本节所述投诉管理，主要针对质量投诉。

另外一种可行的做法是针对投诉的严重程度进行分类，可以采用不同的分类标准，例如投诉所隐含的潜在质量风险和/或法规符合风险的大小、客户的重要程度、投诉涉及金额大小等，也可以综合考虑各项指标建立复合分类标准。

表 10-5 客户投诉的简单分类

投诉	描述
医学投诉	使用药品后,发生不良事件的投诉。[不良事件:药物应用于患者或临床试验受试者时出现的任何不良的医学事件,这种医学事件不一定与药物相关。不仅限于药物不良反应(ADR)]
质量投诉	任何从第三方报告的(书面的,电子的或口头的)关于企业产品潜在的或假定的质量缺陷,包括产品的均一性、稳定性、可靠性、安全性、药效
假药	是针对假药(即故意或欺诈性的就其药品和/或来源错误标识为某企业产品)的投诉

(2)投诉时限规定。企业应根据其市场、业务和客户的具体情况设立合理的投诉处理时限。可能的做法包括:根据不同的市场区域(省外、省内、国际、国内)、客户(A 类客户、B 类客户、C 类客户)和投诉严重程度定义不同的时限;以集中资源,优先处理关键客户和对患者健康/法规符合风险高的投诉定义不同的时限;也可以为了保持投诉体系的简单性而规定统一的时限。在相关步骤不能按期完成时,应提供临时性报告,并与相关方保持顺畅的沟通。

典型的投诉处理时限见表 10-6:

表 10-6 典型的投诉处理时限

步骤	时限
初步反馈	2 个工作日
核实投诉事实	10 个工作日
根本原因调查,影响评估和提出 CAPA 方案	从收到投诉之日起 30 个工作日
答复客户	10 个工作日
最终答复客户后无法获得客户反馈时的投诉关闭时限	25+10 个工作日。正式答复客户超过 25 天后,如果客户没有反馈,投诉管理负责人将(通过负责联系客户的部门)提醒客户,10 个工作日后如果还没有反馈,并经销售部门确认,投诉管理部门将关闭该投诉
投诉记录保存时限	至少保存至相关产品有效期后一年或关闭投诉后一年,取二者中较长的时间;有些企业要求投诉处理记录以适当的形式保存至产品生命周期+1 年

(3)投诉的回顾和趋势分析。投诉应当定期进行回顾,以便及时发现需引起注意的问题,以及可能需要从市场召回药品的特殊问题或重复出现的问题。回顾活动应总结同类型投诉的发生频率和严重性,并对多次发生的投诉进行原因分析,提出纠正措施和预防措施。对于可能存在的潜在产品质量问题的,应当采取相应的措施,防止同样的问题再次发生。回顾的内容应当包括但不限于对不同投诉比例,趋势,及原因分析,针对投诉所进行的纠正措施和预防措施的完成情况及有效性等。必要时,投诉的回顾和趋势分析应当采用适当的统计学方法,其结果应当作为增进对产品和产品生产工艺的理解,确定产品潜在质量缺陷,考察工艺稳定性,改进工艺和进行风险评估的参考。投诉回顾应作为产品质量回顾的一部分,结合产品质量回顾的其他内容共同进行,以便企业获得该品种质量情况的全面信息。

三、实例分析

以针对投诉的严重程度为例,企业基于对投诉本质及对消费者安全风险的评估,可将投诉分为以下五类,见表10-7。企业根据自身的实际情况,如工艺、产品类型等,对相应类别投诉的描述和规定可有所不同。

表 10-7 投诉分类示例

分类	描述
Ⅰ类	对于可能危及生命或可能严重威胁患者健康的缺陷的投诉,如: ●错误的产品(标签与内容物不相符) ●正确的产品,但规格错误(有严重的医学后果) ●无菌注射剂或眼用制剂受到微生物污染 ●有严重医学后果的化学污染 ●不同容器内的产品混淆 ●复合制剂中的活性成分错误(有严重的医学后果) ●有严重医学后果的假药
Ⅱ类	对于可能引起疾病或误诊的缺陷的投诉,但不属于Ⅰ类,如: ●标签错误:文字或数据错误或缺失;信息缺失或不正确(说明书或插页) ●非注射剂,非眼用制剂的无菌产品受到微生物污染,有医学后果 ●化学/物理污染(重要杂质,交叉污染,微粒,包括在原容器中的玻璃微粒) ●同一容器内的产品混淆 ●与规格不相符(例如含量、稳定性、装量/重量) ●密封不可靠,有严重医学后果(例如细胞毒素,容器缺乏儿童保护,有效的药物) ●疑为假药(初始分类)
Ⅲ类	对于可能不会严重威胁患者健康的缺陷的投诉,如: ●包装缺陷(例如批号或有效期错误或丢失) ●密封缺陷 ●容器破裂 ●合并用药时不符合装量/重量 ●无标签的个例
Ⅳ类	对患者健康没有危害的缺陷的投诉,如: ●偶尔缺失药板 ●药片装量偶有缺片 ●偶尔缺少打印的信息 ●损害或污染次级包装 ●不严重的打印错误 ●不严重的偶尔的装置缺陷
Ⅴ类	无缺陷产品,如:多剂量溶液药品开封之后,发现有颗粒,调查表明非产品本身或过程引入,是使用环节中环境引入,投诉方认可。疑似假药,最后证明是真品。

习 题

一、填空题

1. 持续稳定性考察中,对任何已确认的不符合质量标准的结果或重大不良趋势,企业都应当考虑是否可能对已上市药品造成影响,必要时应当_____。调查结果以及采取的措施应当报告当地药品监督管理部门。

2. 药品生产企业对召回药品的处理应当有_____,并向药品生产企业所在地省、自治区、直辖市药品监督管理部门报告。

3. 变更实施时,应当确保与变更相关的文件均已_____。

4. 质量管理部门应当保存所有变更的_____和_____。

5. 企业应当建立偏差处理的操作程序,规定偏差的报告、记录、调查、处理以及所采取的_____,并有相应的记录。

6. 企业应当采取_____,有效防止类似偏差的再次发生。

二、选择题

1. 企业应当建立变更控制系统,对所有影响产品质量的变更进行评估和管理。需要经(　　)批准的变更应当在得到批准后方可实施。

A. 质量管理部　　　　　　B. 生产技术部
C. 药品监督管理部门　　　D. GMP 办公室

2. 质量控制实验室的检验人员至少应当具有(　　)以上学历,并经过与所从事的检验操作相关的实践培训且通过考核。

A. 初中　　　　　　　　　B. 中专或高中
C. 专科　　　　　　　　　D. 本科

3. (　　)应当保存所有变更的文件和记录。

A. 质量管理部　　　　　　B. 生产技术部
C. 药品监督管理部门　　　D. GMP 办公室

4. 下面(　　)用于前瞻式质量风险管理。

A. 防错设计　　　　　　　B. 患者健康危害评价
C. 鱼骨图　　　　　　　　D. 失效模式分析

三、问答题

1. 质量控制实验室的具体工作主要包括哪些内容?

2. 持续稳定性考察的原则是什么?

3. 变更控制的适用范围包括哪些?

4. 举例说明出现偏差的根本原因分析?

5. 质量管理部门对供应商的评估至少应当包括哪些方面?

6. 产品质量回顾分析的内容至少应该包括哪些方面?

7. 对药品质量投诉和不良反应的调查处理方法主要有哪几方面?

第十一章

委托生产与委托检验

学习目标

1. 掌握委托生产相关概念与内容。
2. 掌握委托检验与生产的程序。

为确保委托生产产品的质量和委托检验的准确性和可靠性,委托方和受托方必须签订书面合同,明确规定各方责任、委托生产或委托检验的内容及相关的技术事项。而且委托生产或委托检验的所有活动,包括在技术或其他方面拟采取的任何变更,均应当符合药品生产许可和注册的有关要求。

第一节　委托生产

为确保委托生产产品的质量和委托检验的准确性和可靠性,委托方和受托方必须签订书面合同,明确规定各方责任、委托生产或委托检验的内容及相关的技术事项。而且委托生产或委托检验的所有活动,包括在技术或其他方面拟采取的任何变更,均应当符合药品生产许可和注册的有关要求。

一、委托生产的概念、特点及遵循原则

委托生产的定义为:取得国家药品批准文号的企业委托其他取得药品生产许可证的药品生产企业进行药品品种生产的行为。

(一)委托生产的特点

1. 委托生产的药品批准文号不变更;

2. 涉及该药品生产的有关对外的责任仍由药品批准文号持有者承担;

3. 委托生产的药品由委托方销售;

4.药品委托生产的受托方只负责按照委托方的要求生产药品。

（二）委托生产遵循的原则

1.签订书面合同：明确规定各方责任、委托生产的内容及相关的技术事项。

2.均符合有关要求：药品生产许可和注册的有关要求。

二、委托方

委托方应该具备的条件：

1.取得该药品批准文号：应该是取得该药品批准文号的药品生产企业。

2.药品的质量和销售：委托方负责委托生产药品的质量和销售。

3.对受托方进行评估：对受托方的条件、技术水平、质量管理情况进行现场考核，确认其具有完成受托工作的能力，并能保证符合本规范的要求。

4.提供所有必要的资料：委托方应当向受托方提供所有必要的资料，以使受托方能够按照药品注册和其他法定要求正确实施所委托的操作。委托方应当使受托方充分了解与产品或操作相关的各种问题，包括产品或操作对受托方的环境、厂房、设备、人员及其他物料或产品可能造成的危害。

5.生产和检验的全过程进行监督：委托方应当对受托方生产或检验的全过程进行监督。

6.为确保物料和产品符合相应的质量标准，委托方应当对受托方进行评估，对受托方的条件、技术水平、质量管理情况进行现场考核，确认其具有完成受托工作的能力，并能保证符合本规范的要求。委托方应当确保物料和产品符合相应的质量标准。

三、受托方

受托方应该具备的条件：

1.受托方应当是持有与生产该药品的生产条件相适应的《药品生产质量管理规范》认证证书的药品生产企业。

2.必须具备足够的厂房、设备、知识、经验以及人员，满足委托方所委托的生产或检验工作的要求。

3.物料、中间产品和待包装产品：受托方应当确保物料和产品符合相应的质量标准。

4.其他：受托方不得从事对委托生产的产品质量有不利影响的活动。

四、合同内容

1.应详细规定各自的产品生产和控制职责，其中的技术性条款应由具有制药技术、检验和熟悉本规范的主管人员拟定。委托生产及检验的各项工作必须符合药品注册批准的要求，并经双方同意。

2.应详细规定质量受权人批准放行销售每批药品的程序，确保每批产品都已按照药品注册批准的要求完成生产和检验。

3.应规定何方负责物料的采购、检验、批准放行使用、生产和质量控制（包括中间控制);还应明确何方负责取样和检验。在委托检验的情况下,合同应阐明受托方是否在委托方的厂房内取样。

4.合同应当规定由受托方保存生产、检验和发运的记录及样品,委托方应当能够随时调阅或检查;出现投诉、怀疑产品有质量缺陷或召回时,委托方应当能够方便地查阅所有与评价产品质量相关的记录。

5.应当明确规定委托方可以对受托方进行检查或现场质量审计。

6.应当明确受托方有义务接受药品监督管理部门检查。

五、其他规定

1.委托生产药品:由国家食品药品监督管理局负责受理和审批的品种:注射剂、生物制品(不含疫苗制品、血液制品)和跨省、自治区、直辖市的委托生产申请药品。

2.不得委托生产的品种:疫苗制品、血液制品以及国家食品药品监督管理局规定的其他不得委托生产的药品。

3.其他:

(1)麻醉药品、精神药品、医疗用毒性药品、放射性药品、药品类易制毒化学品的委托生产按照有关法律法规规定办理。

(2)注射剂、生物制品规定之外的其他药品委托生产申请,由委托生产双方所在地省、自治区、直辖市(食品)药品监督管理部门负责受理和审批。省、自治区、直辖市(食品)药品监督管理部门应当将药品委托生产的批准、备案情况报国家食品药品监督管理局。

4.中药材前处理和中药提取的委托生产还应符合以下要求:

(1)委托生产使用的中药材和中药饮片来源和质量应由委托方负责。

(2)委托方应制定委托生产产品质量交接的检验标准并检验。

(3)委托生产产品放行时,应查阅中药材和中药饮片检测报告书,确认中药材和中药饮片质量。

(4)中药提取的委托还应注意以下事项,并在委托生产协议中确认:

1)所使用中药材和中药饮片的质量标准;

2)中药提取物的质量标准;

3)中药提取物的收率范围;

4)中药提取物的包装容器、储存条件、储存期限;

5)中药提取物的运输:中药提取物运输包装容器的材质、规格;防止运输中质量改变的措施;

6)中药提取物交接的确认事项:每批提取物的交接记录;受托人应当向委托人提供每批中药提取物的生产记录。

第二节 药品委托生产申请材料项目

一、药品委托生产申请材料项目

1. 委托方和受托方的药品生产许可证、营业执照复印件。
2. 受托方《药品生产质量管理规范》认证证书复印件。
3. 委托方对受托方生产和质量保证条件的考核情况。
4. 生产药品的批准证明文件,委托方拟委托生产药品的批准证明文件复印件并附质量标准、生产工艺,包装、标签和使用说明书实样。
5. 委托生产药品拟采用的包装、标签和使用说明书的式样及色标。
6. 委托生产合同。
7. 产品检验报告书:受托方所在地省级药品检验所出具的连续三批产品检验报告书。委托生产生物制品的,其三批样品由所在地省级药品检验所抽取、封存,由中国药品生物制品检定所负责检验并出具检验报告书。
8. 质量保证体系考核:受托方所在地省、自治区、直辖市(食品)药品监督管理部门组织对企业技术人员、厂房、设施、设备等生产条件和能力,以及质检机构、检测设备等质量保证体系考核的意见。

二、药品委托生产延期申请所需要的申请材料项目

1. 委托方和受托方的药品生产许可证、营业执照复印件。
2. 受托方药品生产质量管理规范认证证书复印件。
3. 前次批准的药品委托生产批件复印件。
4. 前次委托生产期间,生产和质量情况的总结。
5. 与前次《药品委托生产批件》发生变化的证明文件。

三、相关规定

1. 由委托方向国家食品药品监督管理局或省、自治区、直辖市食品药品监督管理部门提出申请,并提交规定的申请材料。食品药品监督管理部门参照有关规定进行受理。
2. 受理申请的食品药品监督管理部门应当自受理之日起 20 个工作日内,按照有关规定的条件对药品委托生产的申请进行审查,并作出决定;20 个工作日内不能作出决定的,经本部门负责人批准,可以延长 10 个工作日,并应当将延长期限的理由告知委托方。
3. 经审查符合规定的,予以批准,并自书面批准决定作出之日起 10 个工作日内向委托方发放药品委托生产批件;不符合规定的,书面通知委托方并说明理由,同时告知其享有依

法申请行政复议或者提起行政诉讼的权利。

4.药品委托生产批件有效期不得超过2年,且不得超过该药品批准证明文件规定的有效期限。《药品委托生产批件》有效期届满需继续委托生产的,委托方应当在有效期届满30日前,按有关规定提交有关材料,办理延期手续。委托生产合同终止的,委托方应当及时办理药品委托生产批件的注销手续。

5.药品生产企业接受境外制药厂商的委托在中国境内加工药品的,应当在签署委托生产合同后30日内向所在地省、自治区、直辖市(食品)药品监督管理部门备案。所加工的药品不得以任何形式在中国境内销售、使用。

第三节 委托检验控制程序

一、目的

为了确保检验结果的有效性、准确性制定本程序。

二、适用范围

本程序只适用于委托检验工作。

三、工作程序

(一)样品的接收程序

(1)样品由样品管理员负责接收。填写委托检验登记表,详细记录委托方及样品的信息,如检验依据、检验项目、检验方法等,双方签字或盖章认可。

(2)样品管理员应对样品做唯一标识,并将唯一性标识写在规定标签上,对大小相适的样品可将标签直接粘贴在样品上,移交给检验人员,由检验人员根据标准要求的样品数在标识号上编上序号,检验结束后检验人员负责对已检样品标记"已检"或其他有效标识,已与未检样品的区别。样品入样品库。

(二)样品的内部传递

(1)检验人员凭所下达的任务通知单到样品库领取标识号与任务单号一致的样品,并与样品管理员做好样品交接手续,在出入库登记表上记录。

(2)对分包项目的样品由检验人员负责送分包单位,与分包方做好交接手续,检验完毕后负责将样品提回。

(3)检验结束后,待检验报告批准后,将样品交还到样品库,与样品管理员做好交接手续,在出入库登记表上记录。

(三)样品的保管

(1)建立样品出入库登记表,内容包括样品名称、商标规格型号、数量、生产企业(或委托单位)样品状况,收领人员和时间、提回时间等情况。

(2)样品接收后,样品管理员立即在样品出入库登记表上登记。将样品分类存放到样品室,并根据下达的任务单,做好唯一性的标识号。对大件样品,办好接收手续后,可直接运到检验/检定、校准室,由样品管理员做唯一性的标识并通知检验/检定、校准人员办理领样手续。

(3)样品室应保持整洁、干燥、防火、防盗。对环境有特殊要求的样品,应将其储存在符合要求的环境条件下并做好环境的监控和记录。

(4)样品在储存和检验期间,管理员和检验员不得将样品提供给与检验无关人员或非委托方人员查看或带出样品库和检验室,确保样品保密性和安全性。

(5)检验过程中,样品由检验室负责保管,按检验流程程序流转到检验结束后,样品返回样品库,由样品管理员负责。

(6)样品在检验过程遇到人为的损坏和损失,检验人员要及时编写事故分析报告报质量负责人,由质量负责人进行原因分析,报技术负责人作出处理。

(7)样品管理及检验人员只有对样品妥善保管的权利,而不授予对样品处理的权利。

(8)样品保管期限根据检验性质而定,委托检验样品一般经委托方对报告确认无误后,在取检验报告时取回。

(9)无论何种原因未能及时取走的样品,超过期限由办公室向受检单位发出通知,一个月内若无任何反应,则由办公室列出清单提出书面报告,经质量负责人审批后统一处理,样品管理员应在样品出入库登记表上详细登记处理情况。

(四)检验工作流程

(1)检验前的准备工作:

1)检验人员必须经过考核合格,才能从事检验工作。上岗操作仪器设备的检验人员必须取得操作合格证持证上岗,不合格者不能独立操作。

2)检验人员熟悉产品标准,掌握检验方法、检验细则和判定准则,准备检验用器具、实物标准和试剂等。

3)依据样品传递卡对样品数量、规格、封签进行检查并记录,杜绝混样、错样和污染样品。

4)试样制备、缩分由检验员按标准要求进行并留足备查份数;委托外单位加工的试样,需经样品管理人员同意,回实验室后由检验人员会同样品管理人员检查、验收。

5)检验前检验人员必须认真检查仪器设备、检验设备是否在检定周期内,工装附件是否正常,未检查或不正常时,严禁启动仪器设备,并如实记录。

6)检查并记录检验环境温度和湿度及电磁干扰等,检验过程中注意检验环境的变化。

(2)产品检验:

1)检验必须严格在规定的环境条件下,按检验程序、检验细则、仪器设备操作规程进行,并如实记录实测值和实测结果。

2)标准规定需要做空白检验、平行检验的检验,必须制作。新的检验项目,新投产使用的仪器设备,采用新标准物质必须做平行检验。

3)检验必须按规定时间完成,尽力缩短再检期。检验之后要清理现场,检查仪器设备,整理工作器具。

（3）检验过程要求:

1)做好检验前的准备工作,如仪器外观检查、平衡温度、通电预热等。

2)检验一般由两人进行,特殊情况下可由一人进行。必须严格按委托方认可的检验标准和方法,依作业指导书正确的检验程序进行操作,如实填写检验原始记录,对检验结果负责。

3)检验过程中出现边缘数据时,应重复测三次以上确定。

4)按检验标准要求填写完整原始记录,对检验结果做出复核性结论,出具检验报告。

5)无特殊原因应在约定时间内完成检验任务。

6)检验人员为客户产品技术保密,保护其所有权。具体按 JYGQP-03-2009 执行。

7)检验过程中,样品控制严格按 JYGQP-22-2009 执行。

8)检验过程中应做好记录、数据留存,以便能复现检验过程和产品原有属性。

9)检验记录,必须按记录控制程序要求执行。

10)检验之后按检验报告管理程序要求编写检验报告。

（4）产品的复检:当发生下列情况之一时应进行复检。

1)检验过程发生异常情况(仪器设备出现故障,发生人身事故,突然停水停电,环境条件发生不符合规定要求等)使检验程序中断,可能影响检验结论时。

2)检验值在标准极限附近易造成误判和平行检验出现疑问时。

3)各级审核人员对检验结果提出异议,检验人员解释不清,领导认为有复检必要时。

4)委托方对检验结论提出异议,按抱怨处理程序办理。

5)委托方提出异议的复检,质量负责人应参加监测。

6)复检时,原样品失效不能应用者,必须用原批次中抽取的备查样品。

（5）质量判定:

1)产品经检验或复检后,必须对其质量状态做符合性或评价性判定,得出检验结论。

2)判定依据:现行标准、内控标准、经济合同和协议、有关技术文件、检验细则等规定等。

3)符合性判定是将实测值或实测结果与标准要求相比较,对产品符合标准与否做出明确结论。

4)每个检验项目都要做出符合、通过或不符合、未通过单项判定;每份检验报告都要做出准确检验结论;全项检验的要对整个产品或样品作判定;只检验部分项目的,仅就已检验的项目作判定(根据项目的分类,可按检验报告管理程序的要求进行判定);需做评价性判定的应做出质量水平评价;有分级分等规定的,要做出等级结论;只要求实测值的可以不作判定。

5)判定必须符合 GB 8710《数字修约规则》和 GB 1250《极限数值的表示方法和判定方法》的规定。

6)检验结论必须明确、清楚、简练,不得使用含义不清的模糊词语。

（五）检验报告和印章

（1）职责:

1）质量负责人负责对出具证书或报告的质量监督抽查。

2）办公室负责使用的各类证书和报告格式统一,负责证书和报告形式审核、印制、保管和发放、原始记录及副本保存等工作。

3）检验、校准人员负责编制、打印证书和报告,并对其出具测量结果的正确性负直接责任。

4）核验人员对证书报告结果的内容正确性负责。

5）授权签字人签发证书和报告,并对结论的规范性及正确可靠负全责。

（2）程序:

1）根据承担的检验、校准任务的性质和结果,向客户出具(包括各种形式的检验结果)检验报告。

2）检验人员在完成相应的工作后,根据相关技术文件的规定出具报告,分包者承担项目的结果,应予以注明。

3）报告连同原始记录交核验人员复核,由授权签字人审核报告的结论并签发。

4）核验员如果发现问题可拒绝签字或退回,由原出证人员重新编制打印。

5）客户要求采用电话、电传、传真或电子邮件的方式传输检验结果时,应由技术负责人事先与客户商定传输方式,并做好记录。

6）办公室由专人负责,按客户的要求将报告实施电子传输,在电子传输时,应首先确认对方的有效身份,详细记录传输过程,并对传输结果的准确性负责。

7）电子传输应遵守《保护客户机密信息和所有权的规定》(JYGQP-03-2009)的有关规定,为客户保密。

（3）报告的格式:

1）采用国家统一规定的报告,特殊格式的报告由实验室提出申请,交技术负责人审核,经技术负责人批准后采用,由办公室统一印制。

2）报告的格式,未经许可不得擅自变更。

（4）报告的内容:报告的内容应包括检验结果的表述所需的全部信息及客户要求的检验方法中所要求的全部信息。检验报告至少包括以下信息:

1）标题(例如:"检验报告");

2）检验报告的唯一性标识(如系列号)和每一页的标识,以确保能够识别该页是属于检验报告的一部分,以及表明检验报告结束的清晰标识,采用报告的骑缝印章;

3）实验室的名称和地址,进行检验地点(如果与实验室的地址不同);

4）顾客的名称和地址;

5）所用方法的标识;

6）检验物品的描述、状态和明确的标识;

7）对结果的有效性和应用、至关重要的检验物品的接收日期;

8）检验报告批准人的姓名、职务、签字或等同的标识;

9）结果仅与被检验物品有关的声明。

（5）报告的编制:

1）实验室人员到办公室签名领取检验报告。

2）内容格式(检验结果)由实验室按照检验技术规范、标准检验,按规定的格式认真填写编排的检验结果。

3）报告的填写要求。

4）检验报告编号：字号（两位） 年份（四位）和顺序号（六位）。

填写式样：嘉××字（××××）-×××-×××

5）报告除批准、核验人员、主检人员等处用手写外，一律用计算机打印。报告不得涂改、粘贴，要求清晰、整洁、完整。

6）出具的报告：应正确使用法定计量单位。

（6）报告的修改：对本所已签发批准并交给客户的报告，因出现以下情况之一的，应对该证书和报告进行修改：

1）发现报告对应的仪器设备出现问题，且影响了该证书或报告的结果；

2）发现由于采用了不正确或不完善的检验方法导致结果有误；

3）发现出具的报告有其他错误；

4）为满足客户提出的合理要求；

5）当发现报告有以上问题之一时，质量负责人应及时通知报告持有方，收回原报告，以避免因此而造成或可能造成的损失，同时应组织有关人员查明原因，提出修改方案，并经技术负责人批准后实施；

6）报告的修改必须采取重新出具一份完整的新的报告的形式，应对新的报告重新编号，并申明该证书或报告代替"×××字第×××××号"检验报告；

7）收回的原报告连同修改后的报告副本由办公室归档保存。

（7）报告的管理：

1）空白报告印制后，由各室负责人办理登记手续后，统一领取保管。

2）报告的编制、打印和审批过程完成后，由出据报告人员负责保管，但必须为客户保密。

（8）专用印章：

1）办公用章：公章，由办公室负责公章的管理；

2）检验专用章：检验专用章，用于检验报告上的专用章；

3）私章：实验室检验员负责各自姓名印章的管理；

4）印章的启用、废止均应由正式文件予以公布；

5）所有印章由办公室负责统一制作保管；

6）所有印章均应清晰、完整。残缺或磨损的印章应停止使用，并经主管领导批准后由办公室负责给予更换；

7）废止、更换、回收的印章，报所长批准后应由办公室负责予以销毁，若要保留回收印章由办公室归档保存；

8）若出现印章被盗或丢失的情况，应立即逐级上报，采取应急或善后措施；

9）质量负责人不定期对本程序文件执行情况进行检查，检查结果予以记录。

（9）相关文件：

1）《文件控制和维护程序》（JYGQP-05-2009）

2）《不合格工作的控制程序》（JYGQP-37-2009）

3）《技术档案管理程序》（JYGQP-32-2009）

4)《保护客户机密信息和所有权的规定》(JYGQP-03-2009)

四、报告发放

报告由检验报告收发室发放。报告发放后,应登记造册并备案。

案例:

【委托生产加工合同】申请药品委托生产需提交的资料

[提要]本文介绍了申请药品委托生产需提交的资料,注射剂、生物制品、特殊药品和跨省的药品委托生产的审批,委托方填写国家药品委托生产申请表(一式三份);其余药品的委托生产审批填写湖南省药品委托生产申请表(一式两份);并提供专业律师进行免费法律咨询……

【委托生产加工合同】申请药品委托生产需提交的资料

一、材料目录

1.委托生产药品须提供以下材料:

(1)注射剂、生物制品、特殊药品和跨省的药品委托生产的审批,委托方填写国家药品委托生产申请表(一式三份);其余药品的委托生产审批填写湖南省药品委托生产申请表(一式两份);

(2)委托方和受托方的药品生产许可证、营业执照复印件;

(3)受托方药品GMP证书复印件;

(4)委托方对受托方生产和质量保证条件的考核情况;

(5)委托方拟委托生产药品的批准证明文件复印件并附质量标准、生产工艺、包装、标签和使用说明书实样;

(6)委托生产药品拟采用的包装、标签和使用说明书式样及色标;

(7)委托生产合同;

(8)受托方所在地省级药品检验所出具的连续三批产品检验报告书。生物制品的三批样品由受托方所在地省级药品检验所抽取、封存,由中国药品生物制品检定所负责检验并出具检验报告书;

(9)受托方所在地省、自治区、直辖市食品药品监督管理部门组织对企业技术人员、厂房、设施、设备等生产条件和能力,以及质检机构、检测设备等质量保证体系考核的意见;

(10)申请人所提交申请材料真实性的自我保证声明。

2.药品委托生产延期申请所需要提交的材料:

(1)注射剂、生物制品、特殊药品和跨省的药品委托生产审批,委托方填写国家药品委托生产申请表(一式三份);其余的药品委托生产审批填写湖南省药品委托加工申请表(一式两份);

(2)委托方和受托方的药品生产许可证、营业执照复印件;

(3)受托方药品GMP证书复印件;

(4)上次批准的药品委托生产批件复印件;

（5）上次委托生产期间生产、质量情况总结；

（6）与上次药品委托生产批件发生变化的证明文件；

（7）申请人所提交申请材料真实性的自我保证声明。

3.接受境外制药厂商委托加工药品备案需提交的材料：

（1）境外制药厂商在所在国家或者地区的商业登记证明；

（2）境外制药厂商所在国家或者地区药品管理机构出具的该委托加工药品上市许可证明或有关部门出具的销售许可证明；

（3）药品委托加工合同复印件；

（4）受托方的药品生产许可证和药品 GMP 证书复印件；

（5）委托加工药品处方、生产工艺、质量标准；

（6）委托加工药品的包装、标签和说明书式样；

（7）委托方为委托代理人的，还应提供委托代理人的商业登记证明和与境外制药厂商签订的委托代理合同；

（8）接受委托的药品生产企业应当在签署加工合同后 30 日内填写接受境外药品委托加工备案表；

（9）接受委托的药品生产企业应当在签署加工合同后 30 日内填写承诺书。

二、材料要求

1.所提交的材料应为按 A4 纸大小；

2.所有申报材料复印件均应加盖申请单位红色印章。

药品委托生产申请表

受理编号：

药品委托生产申请表

申请企业集团公司名称：（盖章）

地　　址：

联系人：

电　　话：

新疆食品药品监督管理局印制

注意事项

一、药品委托生产所需申报资料：

1.委托双方的药品生产许可证及企业法人营业执照复印件。

2.符合认证规划要求的"药品 GMP 证书"复印件。

3.拟委托生产品种的批准证明文件（批准文号批件）复印件，药品生产质量标准，包括生产工艺。

4.药品的最小包装、标签和使用说明书实样。

5.拟使用的最小包装、标签和使用说明书样式。

6.委托生产合同。

7.连续三批产品的检验报告书原件。

二、延长委托生产所需申报资料:

1.委托双方的药品生产许可证及企业法人营业执照复印件。

2.受托方的药品 GMP 证书复印件。

3.前次批准的药品委托生产批件复印件。

4.前次委托生产期间,生产、质量情况的总结。

5.与前次《药品委托生产批件》发生变化的证明文件。

三、申请表(一式一份),单独装订,其他装订成册;材料使用 A4 纸打印;申请材料中需提交复印件的,申请人(单位)须在复印件中注明"此复印件与原件相符"字样或文字说明,加盖单位公章。

委托方 企业名称				邮政编码	
企业地址				电话传真	
许可证编号			GMP 证书编号		
法人代表		职务		职称	
质量负责人		职务		职称	
许可证范围					
认证范围					
拟委托品种		剂型/规格		批准文号	

受托方 企业名称				邮政编码	
企业地址				电话传真	
许可证编号			GMP 证书编号		
法人代表		职务		职称	
质量负责人		职务		职称	
许可证范围					
认证范围					
拟委托品种		剂型/规格		批准文号	

审查情况				
属地省级药品督管理部门审查意见	签字：　　　　　年　　　月　　　日			
属地省级药品监督管理部门审核意见	签字：　　　　　年　　　月　　　日			
属地省级药品监督管理部门审批意见	签字：　　　　　年　　　月　　　日			

委托方	委托单位(或委托人)					
	详细地址					
	联系人		电话		邮编	
样品信息	样品名称			是否加急	□是　　　□否	
	数量			取样方式	□委托方取样并送样 □受托方厂房内取样	
	样品或附件的描述或说明	样品及附件的描述： 样品特性或供样数量：□可供复检　□不可复检				
	样品处理意见	样品加工或制备的特殊要求：				
		储存条件：				
		试毕样品处置：□试毕取回　　□受托方自行处理				
受检单位			地址			
联系人			电话			

检测要求	检验类别	□委托检验并下结论　□产品定期检验　　□接受省市级监督抽查					
	检验依据标准	重金属及有害元素	《中国药典》2010 年版一部附录ⅨB 原子吸收分光光度法	检验项目及品种	重金属及有害元素	白芍、甘草、丹参、枸杞子、薄荷脑	
		汞盐	《中国药典》2010 年版二部三硅酸镁项下汞盐 P27		汞盐	三硅酸镁	
		铬	《中国药典》2010 年版二部明胶空心胶囊项下铬 P1204		铬	明胶空心胶囊	
		铬	《中国药典》2010 年版二部明胶项下铬 P460		铬	明胶	

报告交付	报告留存	受托方需留存检验记录及报告原件至药品有效期后一年,以供委托方随时调阅或检查		
	检验流程	按照相应要求完成检验,并有质量受权人签字。		
	交付方式	□自取　　□邮寄(按上面填写的地址)　□其他方式:		
	报告份数	□2 份　□3 份　□　　份	商定交付日期	年　月　日

其他	其他约定或说明:		
	收费标准:按照发改价格〔2003〕213 号检验收费标准		
	费用总计		□已收费　□未收费　□银行转账　□签订协议 (加急加收检验费的　%,提供　份以上报告每份加　元)

委托方保证对提供的一切资料、实物的真实性负责,并承担相应责任,委托方同意按此协议的条件进行检测,并支付所需费用和提供必要的合作。委托方需对受托方进行质量审计,审计合格后合同方才生效。

　　　　　　　　　委托方(签名):　　　　　　　　　　　　　年　月　日

受托方保证检验的公正性,对检验数据负责,并对委托单位所提供的实物和技术资料保密。

　　　　　　　　　受托方(签名):　　　　　　　　　　　　　年　月　日

　说明:1.检验报告出具 50 天后仍未取回的样品,受托方自行处理;2.除非另有约定或费用未付清,受托方不得权拒发检验报告;3.本协议一式二联,第一联存受托方、第二联存委托方。

习 题

一、填空题

1. 为确保_____质量和_____准确性和可靠性,委托方和受托方_____,明确规定_____。

2. 委托方应当_____,_____,确认其具有完成_____,并能保证符合本规范的要求。

3. 委托方应当向受托方提供_____,以使受托方能够按照_____操作。

4. _____物料和产品符合相应的质量标准。

5. 受托方不得从事对委托生产或检验的产品质量有_____。

6. 委托方与受托方之间签订的合同_____,其中的技术性条款应当由具有制药技术、检验专业知识和熟悉本规范的主管人员拟订。委托生产及检验的各项工作必须符合药品生产许可和药品注册的有关要求并经双方同意。

7. 合同应当详细规定质量受权人批准放行_____的程序,确保每批产品都已按照药品注册的要求完成生产和检验。

8. 合同应当明确规定委托方_____。

9. _____合同应当明确受托方有义务接受药品监督管理部门检查。

二、简答题

1. 委托方是否可以对受托方进行检查或现场质量审计?

2. 委托检验合同受托方应有什么义务?

3. 委托生产申报资料委托方提供哪些证明文件?

4. 委托方除了提供证明文件外,还应提供哪些资料?

5. 委托生产的药品包装、标签和说明书有什么要求?

第十二章

产品的发运与召回

学习目标

1.掌握药品发运的控制。
2.掌握召回的概念以及相关系统。

企业建立必要的药品发运和召回系统,以便必要时能够迅速、有效召回任何一批有安全隐患的产品。并且应建立具有可追溯性的产品发运记录系统,保证发运药品的可溯源性。其主要内容为产品的发运控制、产品召回系统。

第一节　产品的发运控制

在有关销售记录管理条款基础上,根据本规范管理的范围和产品发运去向的可追溯原则,企业应建立完整的产品发运记录,每批产品均应当有发运记录。根据发运记录,应当能够追查每批产品的销售情况,必要时应当能够及时全部追回。发运记录内容应当包括:产品名称、规格、批号、数量、收货单位和地址、联系方式、发货日期、运输方式等,发运记录是实施产品召回和质量追溯管理的基础。药品发运的零头包装只限两个批号为一个合箱,合箱外应标明全部批号,并建立合箱记录。增加了发生混淆或差错的风险,有关销售记录管理的条款基础上,根据本规范管理的范围,强调对产品发运去向的管理,发运记录应当至少保存至药品有效期后一年。

案例：　　　　　　　　　　　产品发运管理规程

文件名称	产品发运管理规程		编　　码	FY-SMP-05-001
编制人		审核人	批准人	
编制日期		审核日期	批准日期	
编制依据	《药品生产质量管理规范》2010 年版		版本号	A/04
颁发部门	公司办公室		实施日期	
分发部门	档案室　营销(供应)部　质管部		制作备份及分发编号	03-

目的：建立规范的公司产品发运管理规程。

范围：本规程适用于公司产品发运的管理。

责任：公司经营副总经理和营销部全体人员对实施本规程负责。

内容：

1. 公司经营副总经理、营销部经理和全体营销人员，必须树立诚信为本的观念，坚持恪守合同承诺，积极开展发运工作，并做好售后服务。

2. 在经营副总经理指导下，营销部经理每年对发运人员进行《药品管理法》和《药品生产质量管理规范》和相关营销基本知识的培训，结合市场和本公司具体情况组织实施，并进行考核，促使其依法开展发运工作。

3. 营销人员所发运的产品，必须是经公司 QC 全项检验合格，公司 QA 同意成品出库，已经质管部审核并经质量受权人批准放行的产品，并执行先产先销的管理规定。

4. 营销人员应熟悉和掌握中药制剂的基本知识，对购货单位和使用者，应正确介绍药品的成分、性状、性能、用途、用法、用量、禁忌证和注意事项，便于购货单位准确采购、使用者对症安全用药。

5. 由营销部建立产品批发运记录，根据批发运记录能追查每批药品的销售情况，必要时能及时全部追回。批发运记录应包括：产品名称、规格、批号、数量、量、收货单位和地址、联系方式、发货日期、运输方式、经办人等。

6. 药品发运的零头包装只限于两个批号为一个合箱，合箱外应当标明全部批号，并建立合箱记录，发运记录应当至少保存至药品有效期后一年。

7. 药品的运输应按照快速、准确、安全、经济的原则，根据用户的实际情况，采用最简便、经济的方式进行运输，努力压缩运输期和费用支出。

8. 在发货时，按规定认真填写托运单据，做到字迹清楚，项目齐全，严禁在单据上乱写乱画，标明轻拿、轻放、防潮、防火、易碎等标志，应核对产品名称、规格、批号、数量、收货单位及收货人，做到单、货相符，单、货同行，注意检查包装质量，防止漏运、漏托、错托的情况发生。

9. 产品的销售宣传，严格按照《药品管理法》和《广告法》以及药品监督管理部门制定的有关规定执行。

10. 公司经营副总经理、营销部经理，应在组织开展营销工作的同时，积极开展市场调查，拓展信息来源渠道，掌握销售形势变化和发展趋势，为公司及时采取应变对策提供依据。

11. 营销部应协助质量管理部做好用户访问、用户投诉和不良反应报告与处理等工作。

第二节　产品召回

一、概述

产品召回,是指药品生产企业按照规定的程序收回已上市销售的存在安全隐患的产品。企业应建立产品召回系统,包括建立召回操作规程、组织机构,提供资源,如运输、仓储以及必要的资金等。建立产品召回系统的目的:必要时可迅速有效地从市场召回任何一批存在安全隐患的产品。

企业应当制定召回操作规程,确保召回工作的有效性。应当指定专人负责组织协调召回工作,并配备足够数量的人员。产品召回负责人应当独立于销售和市场部门,如产品召回负责人不是质量受权人,则应当向质量受权人通报召回处理情况,提出召回工作专人负责和资源的管理要求。强调产品召回工作的独立性,确保召回工作有效、迅速实施。强调质量受权人在召回工作中的作用。召回应当能够随时启动,并迅速实施。

根据《药品召回管理办法》相关要求,在 1998 年版规范第八十二条有关质量缺陷产品上报药品监督管理部门要求条款的基础上,强调"因存在有安全隐患"的产品在召回的同时应当立即向当地药品监督管理部门报告的管理要求。安全隐患是指由于研发、生产等原因可能使药品具有的危及人体健康和生命安全的不合理危险。产品召回负责人应当能够迅速查阅到药品发运记录。已召回的产品应当有标识,并单独、妥善储存,等待最终处理决定。并且对已召回产品进行质量状态控制。召回的进展过程应当有记录,并有最终报告。产品发运数量、已召回数量以及数量平衡情况应当在报告中予以说明。应当定期对产品召回系统的有效性进行评估,评估的方法一般采用模拟召回的形式进行。

二、药品召回的分类

根据药品安全隐患的严重程度,药品召回分为:

一级召回:使用该药品可能引起严重健康危害的;

二级召回:使用该药品可能引起暂时的或者可逆的健康危害的;

三级召回:使用该药品一般不会引起健康危害,但由于其他原因需要收回的。

药品生产企业应当根据召回分级与药品销售和使用情况,科学设计药品召回计划并组织实施。

三、企业产品召回负责人的要求

企业应确定专人负责召回工作。产品召回负责人的要求:

1. 负责组织协调召回工作。

2. 应独立于销售和市场部门。

3. 配备足够数量的实施召回的工作人员。

4. 一般情况下,产品召回负责人应为质量受权人。如产品召回负责人不是质量受权人,则应向质量受权人通报召回处理情况。

四、召回应能随时启动,并迅速实施

召回时效性控制要求,做好召回准备。

1. 召回应能随时启动。按《药品召回管理办法》的规定一级召回在 24 小时内,二级召回在 48 小时内,三级召回在 72 小时内,通知到有关药品经营企业、使用单位停止销售和使用。

2. 召回能迅速实施,提升召回的速度,尽量降低风险。

五、对产品召回的要求

1. 因产品存在安全隐患决定从市场召回的,应立即向当地药品监督管理部门报告。

2. 药品生产企业在作出药品召回决定后,应当制定召回计划并组织实施,一级召回在 24 小时内,二级召回在 48 小时内,三级召回在 72 小时内,同时向所在地省、自治区、直辖市药品监督管理部门报告,并通知到有关药品经营企业、使用单位停止销售和使用。

3. 药品生产企业在实施召回的过程中,一级召回每日,二级召回每 3 日,三级召回每 7 日,向所在地省、自治区、直辖市药品监督管理部门报告药品召回进展情况。

六、已召回产品的要求

1. 已召回的产品应有标识。标识内容应包括:产品名称、规格、批号、召回数量、药品经营企业或使用单位名称和地址、联系方式、联系人、退回日期等。

2. 召回产品的储存:应单独、妥善、安全储存,等待最终处理决定。

七、召回的进展过程

1. 应有记录:通常召回的进展过程每日都应有记录。

2. 最终报告:药品生产企业在召回完成后,应统计产品发运数量、已召回数量以及计算数量平衡情况,对召回效果进行评价,写出药品召回最终报告,报送所在地省、自治区、直辖市药品监督管理部门。

案例

文件名称	产品召回管理规程			总页—分页	3-1
文件编号	10-GL-TY007			修订号	2011-01
编制人		审核人		批 准 人	
编制日期	年 月 日	审核日期	年 月 日	批准日期	年 月 日
颁发部门	质量管理部	颁发数量	4	生效日期	年 月 日
分发部门	质量管理部、销售部、生产技术部、供应部				

目的:建立产品召回管理规程,避免或最大程度降低产品质量事故的发生。

范围:有重大质量疑问的已销售产品。

职责:质量管理部负责编制;

质量管理部部长审核;

质量副总经理批准;

相关部门及人员执行。

内容:

1. 召回已上市销售的存在安全隐患的药品。安全隐患,是指由于研发、生产等原因可能使药品具有的危及人体健康和生命安全的不合理危险。

2. 由质量副总经理担任产品回收负责人,负责产品回收的实施工作,销售部、物控部等相关部门全力配合,执行批准的产品回收工作程序。

3. 产品召回决定作出后,质量副总经理要立即组织成立产品召回领导小组。领导小组由生产技术部、质量管理部、销售部、物控部负责人或骨干人员担任,负责产品召回全过程的领导决策和异常情况处理。

4. 药品安全隐患调查的内容应当根据实际情况确定,可以包括:

(1)已发生药品不良事件的种类、范围及原因;

(2)药品使用是否符合药品说明书、标签规定的适应证、用法用量的要求;

(3)药品质量是否符合国家标准,药品生产过程是否符合 GMP 等规定,药品生产与批准的工艺是否一致;

(4)药品储存、运输是否符合要求;

(5)药品主要使用人群的构成及比例;

(6)可能存在安全隐患的药品批次、数量及流通区域和范围;

(7)其他可能影响药品安全的因素。

5. 药品安全隐患评估的主要内容包括:

(1)该药品引发危害的可能性,以及是否已经对人体健康造成了危害;

(2)对主要使用人群的危害影响;

(3)对特殊人群,尤其是高危人群的危害影响,如老年、儿童、孕妇、肝肾功能不全者、外科病人等;

(4)危害的严重与紧急程度;

(5)危害导致的后果。

6.根据药品安全隐患的严重程度,药品召回分为:

一级召回:使用该药品可能引起严重健康危害的;

二级召回:使用该药品可能引起暂时的或者可逆的健康危害的;

三级召回:使用该药品一般不会引起健康危害,但由于其他原因需要召回的。

7.公司应当根据召回分级与药品销售和使用情况,科学设计药品召回计划并组织实施。

8.公司在作出药品召回决定后,应当制定召回计划并组织实施,一级召回在24小时内,二级召回在48小时内,三级召回在72小时内,通知到有关药品经营企业、使用单位停止销售和使用,同时向所在地省、自治区、直辖市药品监督管理部门报告。

9.药品生产企业在启动药品召回后,一级召回在1日内,二级召回在3日内,三级召回在7日内,应当将调查评估报告和召回计划提交给所在地省、自治区、直辖市药品监督管理部门备案。

10.调查评估报告应当包括以下内容:

(1)召回药品的具体情况,包括名称、批次等基本信息;

(2)实施召回的原因;

(3)调查评估结果;

(4)召回分级。

11.召回计划应当包括以下内容:

(1)药品生产销售情况及拟召回的数量;

(2)召回措施的具体内容,包括实施的组织、范围和时限等;

(3)召回信息的公布途径与范围;

(4)召回的预期效果;

(5)药品召回后的处理措施;

(6)联系人的姓名及联系方式。

12.公司对上报的召回计划进行变更的,应当及时报药品监督管理部门备案。

13.公司在实施召回的过程中,一级召回每日,二级召回每3日,三级召回每7日,向所在地省、自治区、直辖市药品监督管理部门报告药品召回进展情况。

14.对召回药品的处理应当有详细的记录,并向药品生产企业所在地省、自治区、直辖市药品监督管理部门报告。必须销毁的药品,应当在药品监督管理部门监督下销毁。

15.公司在召回完成后,应当对召回效果进行评价,向所在地省、自治区、直辖市药品监督管理部门提交药品召回总结报告。

16.在回收过程中销售部及时向领导小组报告回收进展情况、回收数量与规定的差额,异常情况处理及请示。领导小组24小时留有值班人员,密切注视事态发展,随时处理可能发生的情况。

17.从市场回收的产品进库后,立即置于退货区,用红绳围拦单独隔离存放,专人保管,不得动用,等候处理。

18.产品回收的每一阶段所采取的措施和时间详细做好产品退货召回记录(10-JL-002-00),内容包括:品名、批号、规格、数量、退货召回单位及地址、退货召回原因及日期、处理意见等。回收工作结束后,交行政部归档保存,保存至产品有效期后 3 年。

19. 附件:产品退货召回记录。

 习 题

一、填空题

1. 企业应当建立_____,必要时可迅速、有效地从市场召回任何一批存在安全隐患的产品。

2. 因质量原因退货和召回的产品,均应当按照规定_____,有证据证明退货产品质量未受影响的除外。

3. 药品发运的零头包装只限_____批号为一个合箱,合箱外应当标明全部批号,并建立合箱记录。

4. 发运记录应当至少保存至药品有效期后____年。

5. 应当制定召回_____,确保召回工作的有效性。

6. 产品召回负责人应当独立于_____和_____部门。

7. 因产品存在安全隐患决定从市场召回的,应当立即向当地_____报告。

二、问答题

发运记录的内容包括哪些?

第十三章

自 检

学习目标

1. 熟悉自检的基本原则。
2. 掌握自检的程序。

自检,由企业自主负责组织实施。通常称为第一方审计。药品生产企业应定期按规定的程序,对人员、厂房、设备、文件、生产、质量控制、药品销售、用户投诉和产品召回的处理等项目进行自我检查,以证实和 GMP 要求的一致性,这是药品质量管理的客观要求。本章重点介绍自检的基本原则和自检的程序两个方面的内容。

第一节　GMP 自检

GMP 自检必须是一项系统化、文件化的正式活动,依照正式特定的要求进行,这些要求主要是 GMP 规范、企业质量管理程序文件、相关法律、法规和标准的要求。药品生产企业应制订内部自检的形成文件的程序,并规定如下内容:①对自检方案应进行计划;②应规定自检的职责;③按照文件程序化实施自检过程;④需对纠正措施实施和确认。自检工作要依照书面的、正式的程序和检查表进行,药品生产企业应按计划的时间间隔进行自检,药品生产企业应制定自检方案,通常每年进行一次完整的自检,自检范围应事先明确,以确保药品生产质量规范的符合性和一致性。自检的结果要有正式的报告和记录,在自检结束后,自检小组应提供自检报告和缺陷项目的不符合项报告,自检报告和自检记录都应视为正式文件存档并保留规定的期限。自检只能由胜任工作有资格的人员进行。

一、自检的步骤

(1) 启动阶段;

(2) 自检准备阶段;

（3）自检实施阶段；

（4）自检报告阶段；

（5）自检后续活动阶段。

二、GMP 自检管理的主要工作内容

（1）制订 GMP 自检年度计划,年度计划的目的是保证自检工作能够有计划地实施,便于管理、监督和控制自检,是实施 GMP 自检工作的开始也是总的工作纲领。

年度工作计划内容如下：自检的目的；自检的范围；自检的依据；自检小组成员；主要自检活动的时间安排。年度自检计划的类型：

1）集中式自检：自检集中在一段时间内完成,每次自检针对 GMP 全部适用条款及相关部门,具有连续性和系统性的优点,但需要同一占用时间,人员难以召集,比较适合中小企业实施。

2）滚动式自检：在一个自检周期内,针对企业执行 GMP 所涉及的各有关部门和区域按照一定的顺序有计划地实施自检。自检持续时间长,自检时间短且灵活,可对重要的条款和部门安排多频次的检查,检查有一定的深度和质量,但自检周期跨度时间长,适用于大、中型企业,以及设有专门 GMP 自检机构或专职的情况。

示例：GMP 年度自检计划（集中式）

20××年度 GMP 自检计划

编号 GZ20××

1. 自检的目的

第一次自检的目的：检查企业执行 GMP 的符合性、适宜性和有效性。

第二次自检的目的：在 20××年××月接受国家药品 GMP 认证检查前,进行的一次全面的符合性自查,评价是否正式申报认证检查。

2. 自检的范围

所有涉及 GMP 条款的所有部门

3. 自检的依据

《药品生产质量管理规范》(2010)；

《中国药典》；

公司现行的有关生产质量管理程序文件。

4. 自检小组成员

组长：×××

成员：×××　×××　××　×××　××××××

5. 自检计划

（2）GMP 自检管理 2：自检工作职责。

（3）GMP 自检管理 3：自检管理程序。

制定 GMP 管理程序的目的：开展 GMP 工作的依据和纲领,规范自检过程,确保自检工

作的质量和有效性。

GMP 自检管理程序的主要控制点：自检员的规定、自检的频次、自检的依据、自检的范围、年度自检计划制定、自检的实施、纠正措施的实施与跟踪确认、有关自检文件的保存。

第二节　自检程序

一、目的

通过自检确保公司持续、有效地执行 GMP 规范,通过定期地 GMP 自检确认公司执行 GMP 的符合性,找出改进机会,实现持续改进。

二、适用范围

本程序适用于公司内部 GMP 自检的管理。

三、相关环节的职责

质量部经理：负责自检工作的协调、管理工作,审核自检年度计划,批准自检报告,向公司管理层报告自检结果。

质量保证部(QA)：负责公司自检年度计划的制订,提出自检小组名单,组建自检小组,并组织对缺陷项目不符合项的整改纠正措施进行确认。

自检组组长：负责自检活动,提交自检报告。

被检查部门：在职责范围内,协助自检,负责本部门缺陷项目不合格项的纠正整改措施的制定和实施。

四、工作程序

(一)自检员

自检工作必须由经过公司自检培训、持有自检资格并经聘任的人员执行,执行自检的人员必须与被检查对象无直接责任关系。

(二)自检频次

每年进行 2~3 次自检,2 次自检时间间隔不得超过 6 个月,但在发生下列情况之一时,应及时调整或增加自检频次：

(1)公司组织机构,产品剂型、生产工艺,生产设施和设备等发生重大变化时;

(2)有重大质量事故发生、出现严重的质量客户投诉或受到国家药品监督管理部门的警告时；

(3)外部环境发生重大变化时,如法律、法规、规范标准及其要求发生变更；

(4)公司的生产质量管理程序进行了重大修改时；

(5)接受国家药品GMP认证检查前2个月,接受集团公司GMP检查前2个月。

(三)检查依据

(1)相关规范和标准,如《药品生产质量管理规范》(现行版),GB/T 19001-2000。

(2)生产质量管理文件,包括程序文件及其他管理文件。

(3)国家有关的法律、法规、标准和其他要求。如《中国药典》(现行版)、《药品管理法》、《中华人民共和国卫生部药品标准》等。

(四)自检的范围

(1)药品生产企业各级人员及组织机构。

(2)厂房、设备、设施。

(3)设备、计量。

(4)卫生。

(5)物料。

(6)生产管理。

(7)质量管理。

(8)文件。

(9)验证。

(10)销售与退货。

(11)投诉与不良反应。

(12)上一次自检缺陷项目整改及措施落实。

(五)年度自检计划

质量保证部(QA)每年12月底制订下一年度的年度GMP自检计划,经质量部经理审核,总经理批准后实施,计划内容包括:

(1)自检的目的和范围。

(2)自检的依据。

(3)自检的安排,如自检小组的组成、自检的频次、自检总体时间计划等。

(六)自检实施

1. 自检启动。由质量部经理指定自检小组组长,由自检小组组长分配自检小组成员的检查任务,自检小组组长依据GMP年度自检计划的安排,编制本次自检的GMP自检实施计划,报质量部经理批准后在自检实施前5个工作日下发到有关部门与人员。

GMP自检实施计划的内容包括:

(1)自检的目的。

(2)自检的依据。

(3)自检小组组成与分工。

(4)自检的范围、内容、时间安排、要求等。如采用集中式自检还应规定首、末次会议时间及参加人员等内容。

2. 自检准备。自检小组组长依据本次的 GMP 自检实施计划组织自检小组成员编制检查表,准备自检所依据的文件。

3. 首次会议。自检小组组长主持,召集自检组成员,受检查部门负责人、质量部经理、企业负责人及其他有关人员召开首次会议,宣读本次自检的 GMP 自检实施计划并对本次自检做出必要的说明。

4. 现场检查。自检员依据 GMP 自检实施计划和检查表进行现场检查,并认真在检查表上记录检查发现,检查中发现的缺陷项目在 GMP 自检不符合项报告上客观描述,并让受检查部门负责人签字确认。

5. 自检报告。现场检查(包括程序文件检查)完成后,自检小组组长召集自检员对本次自检情况进行综合、汇总、分析、确定 GMP 自检报告,并报质量部经理批准。

6. 末次会议。自检小组成员、受检查部门负责人以及有关人员参加的末次会议,报告自检结果。

7. 自检记录的移交。末次会议结束后,5 个工作日内,自检小组组长将本次自检的 GMP 自检报告、缺陷项目的 GMP 自检不符合项报告、检查表等全部自检文件移交质量保证部(QA),质量保证部(QA)在接到文件后 2 个工作日内,将自检报告分发至总经理、质量部经理、各受检部门,将缺陷项目的 GMP 自检不符合项报告分发至责任部门或人员。

（七）纠正整改措施的实施与跟踪确认

有关部门收到 GMP 自检不符合项报告后,5 个工作日内分析产生的原因,提出纠正整改措施,报质量部经理后实施,纠正整改措施的跟踪确认由质量保证部(QA)安排自检员进行。

纠正措施的制定、实施、跟踪确认按纠正整改措施管理程序的规定进行管理。

GMP 自检的自检年度计划、GMP 自检实施计划、检查表、GMP 自检报告、GMP 自检不符合项报告等自检文件,由质量保证部(QA)保存,并按记录管理程序的规定进行管理。

第三节　GMP 自检实施活动及后续活动

一、自检实施活动

自检的启动;自检的准备;自检的实施阶段;自检报告阶段;自检后续活动阶段。

二、自检发现与汇总分析

（一）缺陷的定义

自检所述的缺陷项目是指"未满足规定要求",有些企业也称之为"不符合"或"不合格"相关的"规定要求"或相关标准,如《药品生产质量管理规范》、GB/T 19001:2000 等;企业内部有关生产质量管理要求等,如企业所执行总公司生产质量管理要求等;管理体系文件,包括程序文件及其他管理文件;国家有关的法律、法规、标准和其他要求,如有关药事管理法规、《中国药典》《中国生物制品规程》等。

(二)缺陷的类型

1. 按性质来分,可分为:

(1)体系性缺陷:企业的生产设施、程序文件与《药品生产质量管理规范》或相关药事法规的要求不一致;

(2)实施性缺陷:未执行事先规定的程序要求;

(3)效果性缺陷:按事先规定的程序执行,但缺乏有效性。

2. 按程度来分,可分为:

(1)严重缺陷:有严重违犯药事法规的不符合;对产品质量将带来严重风险的不符合;GMP 规范要求的关键项目没有有效地执行或与规范要求不一致;造成系统运行失效或区域内严重失效的;区域内实施严重失效(可能由多个轻微不符合组成);需较长时间、较大物力和财力进行纠正的。

(2)轻微缺陷:个别、偶然、孤立人为的错误;GMP 规范要求的一般项目没有有效地执行或与规范要求不一致;程序文件偶尔没被遵守,造成的后果不严重;对 GMP 规范执行不产生重要的严重影响的不符合。

案例:缺陷项目描述

在 QC 微生物实验室检查时,在培养基存放柜中放有过期的硫乙醇酸盐培养基,有效期为:2002 年 12 月。另外,在冰箱(设备编号:Q002)里存放有储存温度要求的微生物指示剂,没有发现相应的温度计来监控和冰箱的储存温度记录。

 习 题

一、填空题

1. 应当定期组织对企业进行自检,监控本规范的实施情况,评估企业是否符合本规范要求,并提出必要的_____。

2. 自检的频率可根据自检发起的目的和管理需要来确定,但每年应至少进行_____系统、全面的自检。

二、简答题

一般对哪些项目进行自检?

三、案例分析:

缺陷项目描述

在制剂三车间片剂包装生产线(生产线编号:Z31),正在包装生产的是药品研究所临床试验的×××片剂(空白片),使用的是正式产品带有印刷文字的包装材料,并打印生产批号,在生产现场,没有发现任何与该产品生产的相关生产文件,如生产状态卡、批生产记录、生产线清洁检查表。

参观药厂

一、实训目的

(1)了解专业药厂各部门的设置、新制剂的研制开发,到生产动作、质量监测、环境保护等概况及相互作用。

(2)了解生产岗位操作法,主要生产设备的使用维护、企业生产技术管理,GMP 管理要点。

(3)熟悉常用制型(如安瓿剂、大输液、片剂、丸剂、散剂、胶囊剂、软剂、酊水剂等)的生产工艺流程,设备的使用、质量监控措施。

(4)熟悉原料药和制剂的质量检验方法与程序。

(5)了解药品营销部门的工作内容、工作制度、岗位职责、药政管理和医药商品的条例、方法,应具有的职业道德。

(6)熟悉医药商品的购、销、组织运输、验收、归类、进账、仓库养护、验发等经营管理环节。

(7)参与医药商品零售门市的销售业务。

二、实训学时(18 学时)

三、实训内容

项目一　GMP 概述及理论方法

(一)GMP 概述

(二)TQM 理论、GMP 与 ISO 9000

（三）质量改进的方法和工具——PDCA循环
（四）质量成本和质量经济性分析的概念

项目二　质量系统

（一）质量系统管理要点
（二）药品GMP认证检查评定标准关于质量保证的规定
（三）质量系统的建立
（四）质量系统运行情况的检查

项目三　人员与机构

（一）人员与机构管理要点
（二）药品GMP认证检查评定标准关于人员与机构的规定
（三）组织机构的建立
（四）人员的培训设计

项目四　厂房设施与设备系统

（一）厂房设施与设备系统管理要点
（二）药品GMP认证检查评定标准关于厂房设施与设备的规定
（三）厂房、设施与设备系统组织机构的建立
（四）厂房设施与设备系统的运行管理
（五）系统运行情况的检查
（六）厂房设施与设备系统运行情况确认练习

项目五　物料系统

（一）物料管理要点
（二）药品GMP认证检查评定标准关于物料的规定(除包装、标签、说明书)
（三）物料系统的建立

(四)物料系统的运行管理

项目六　生产系统

(一)生产系统管理要点

(二)药品 GMP 认证检查评定标准关于生产系统的规定

(三)生产系统的建立

(四)生产系统的运行管理

(五)生产系统运行情况确认练习

项目七　包装和贴签系统

(一)包装和贴签管理要点

(二)药品 GMP 认证检查评定标准关于包装和贴签系统的规定

(三)我国药事法规中有关包装和贴签系统规定的总结和分析

(四)包装和贴签系统的建立

(五)包装和贴签系统的运行管理

(六)存在的问题及改进

(七)包装和贴签系统运行情况确认练习

项目八　实验室控制系统

(一)实验室控制系统管理要点

(二)药品 GMP 认证检查评定标准关于实验室控制系统的规定

(三)实验室系统的建立

(四)实验室系统管理

项目九　GMP 自检与认证

(一)GMP 自检与认证管理要点

(二)药品 GMP 认证检查评定标准关于自检的规定

（三）自检

（四）GMP 认证申报

（五）GMP 认证与检查

后记

　　本教程由所有编者通力合作,历经多次讨论,在 2010 年新版《药品生产质量管理规范》的基础上,依据国家《药品生产质量管理规范实施标准》内容,参照全国高等医药院校药学类规划教材新版 GMP 教程,结合中等职业教育的特点而完成的。其具体写作分工为:张庆岭老师,写第一章、第六章、第十一章、第十二章、第十三章;李颖梅老师,写第二章、第十章;李冬老师,写第四章、第五章;李雪雁老师,写第七章、第八章;高月老师,写第三章、第九章。此外,焦作市福瑞堂制药有限公司董事长也参加了有关工作。初稿完成后由本人和李冬协调统稿。本人及李颖梅、李雪雁、李冬老师共同校稿。参编者虽费尽心血,但依然深感书稿粗糙,存在各种问题,需要继续提高。因此,敬请各位同仁批评与指正。

　　本教程的编写自始至终得到焦作卫生医药学校领导和教务处的大力支持,不仅多次商讨研究编写事宜,而且还给予可贵的研究资助,使编写工作得以顺利进行。本教程出版还得到郑州大学出版社的大力协助和指导,并为此付出了辛勤劳动。没有他们的支持,本教程是难以如期出版的。在此,本人及全体作者对所有帮助、关心和支持本教程写作和出版的各位专家和朋友表示衷心的感谢。

张庆岭

2013 年 7 月